A EXPERIÊNCIA DO HORROR

A EXPERIÊNCIA DO HORROR
arte, pensamento e política

Rafael Araújo

Copyright © 2014 Rafael Araújo

Grafia atualizada segundo o Acordo Ortográfico da Língua Portuguesa de 1990,
que entrou em vigor no Brasil em 2009.

PUBLISHERS: Joana Monteleone/ Haroldo Ceravolo Sereza/ Roberto Cosso
EDIÇÃO: Joana Monteleone
EDITOR ASSISTENTE: Vitor Rodrigo Donofrio Arruda
PROJETO GRÁFICO E DIAGRAMAÇÃO: Lígia Gurgel do Nascimento/João Paulo Putini
CAPA: Gabriel Patez Silva
REVISÃO: João Paulo Putini
ASSISTENTE DE PRODUÇÃO: Gabriel Patez Silva
IMAGENS DE CAPA: Karin Lambrecht. *Morte eu sou teu*. Detalhe, 1997. Fotografia da obra
por Elaine Tedesco.

CIP-BRASIL. CATALOGAÇÃO NA PUBLICAÇÃO
SINDICATO NACIONAL DOS EDITORES DE LIVROS, RJ

A691e

Araújo, Rafael
A EXPERIÊNCIA DO HORROR : ARTE, PENSAMENTO E POLÍTICA
Rafael Araújo. - 1. ed.
São Paulo : Alameda, 2014
308 p. : il.

Inclui bibliografia
ISBN 978-85-7939-222-1

1. Ciências sociais. 2. Arte e sociedade. 3. Participação social.
4. Identidade social. I. Título.

13-03791 CDD: 301
CDU: 316

ALAMEDA CASA EDITORIAL
Rua Conselheiro Ramalho, 694 – Bela Vista
CEP 01325-000 – São Paulo – SP
Tel. (11) 3012-2400
www.alamedaeditorial.com.br

um menino nasceu – o mundo tornou a começar
Guimarães Rosa

para Miguel

SUMÁRIO

PREFÁCIO — 9

A EXPERIÊNCIA DO HORROR — 15

SEÇÃO I - HORROR ENTRANHADO — 31

CAPÍTULO 1 — 33
A verdade impossível e a arte como criação do mundo

Capítulo 2 — 45
A imagem da razão e o subjetivo como real

Capítulo 3 — 61
O horror de si e o niilismo

SEÇÃO II - HORROR CAPITAL — 77

Capítulo 4 — 79
Capitalismo embrionário e o mundo do trabalho

Capítulo 5 — 125
O capitalismo contemporâneo e o labor como
condição da existência

Capítulo 6 — 143
O horror do outro e a sobrevivência

SEÇÃO III - HORROR SUPERLATIVO 163

Capítulo 7 165
Entre o bem e o mal, o horror e a moralidade

Capítulo 8 191
Biopolítica: a vida e o horror

Capítulo 9 213
O horror devastador da guerra

HOMO HORRENS 239

BIBLIOGRAFIA 261

CADERNO DE IMAGENS 281

AGRADECIMENTOS 307

PREFÁCIO

Este é um livro enriquecedor da reflexão, pois permite fazer girar em várias direções a perspectiva política, incorporando a ela formulações da arte e da filosofia. O texto foi produzido no âmbito da suposição da política como esfera polissêmica e fundamentado na ideia da política como tragédia, isto é, circundada por conflitos permanentes. Numa análise instigante e criativa – ampliando assim o campo de estudos da política – Rafael Araújo realiza um esforço intelectual que aproxima a política tanto da história, recortando significativas conjunturas políticas, quanto da vida, relevando aspectos da existência social. Estamos diante de um livro que trata de experiências limites, de casos concretos nos quais a política se deixa contemplar na sua crueza.

Neste processo de exercício do pensamento político, o autor foca obsessivamente o conceito nuclear de "horror", desdobrando-o para abordar a estrutura social, diferentes situações circunstanciais e momentos específicos da existência. Neste sentido, o âmbito do livro se alicerça nas tensões próprias do capitalismo, resgatando expressões destas contradições em diferentes momentos artísticos que trazem à tona os impactos gerados pelo desenvolvimento deste modo de produção. Na análise de Rafael Araújo soberbas obras de artistas como Goya, Käthe Kollwitz, Candido Portinari, Francis Bacon, Leon Ferrari e Karin Lambrecht foram selecionados porque suas obras expressam momentos que imprimem o real significado de uma sociedade capitalista. Neste sentido o livro trata das hostilidades do mundo, colocada num encadeamento possível somente pelo fato do autor unir a centralidade da política à potência artística e à contundência filosófica. A linha teórica perseguida por Rafael Araújo, para abordar as semelhanças e as diferenças entre as situações de horror, apoia-se na arte como uma forma de conhecimento que propicia a compreensão sensível do mundo e também na articulação de formulações da filosofia política dadas por Marx, Nietzsche, Foucault e Agambem.

Este recurso de método permite ao autor deslizar sua análise das condições de sobrevivência aos estados de guerra, passar do espírito ao corpo – enfim da vida à morte nas circunstâncias da difícil sociabilidade. Aliás, a difícil sociabilidade instaurada por circunstâncias históricas perpassa todo o livro, instigando o autor a elaborar uma ontologia do horror, percebida tanto na carne das pessoas quanto no corpo social.

Referenciando-se por Carlos Drummond de Andrade, o próprio autor, a certa altura do texto, aproxima-se da percepção que poderia prostrá-lo: quando reconhece a impossibilidade do conhecimento total, daí a necessidade de reunir filosofia e arte, artistas e pensadores, indivíduo e sociedade e, enfim, vida e morte, para então buscar compreender as experiências do horror. Rafael Araújo retira vitalidade e pensamento do processo de desdobramento deste conceito tornando-o universal para abarcar a história em suas múltiplas facetas tornando mais fértil a perspectiva política.

Estas articulações permitem que o livro instaure novas camadas de saber sobre a difícil sociabilidade, reafirmando a proeminência da teoria, da práxis e da arte para uma compreensão da estrutura social. Nestas circunstâncias de intercambialidade Rafael Araújo reafirma o significado da política, da arte e da filosofia para amplificar as percepções tendo em vista captar os acontecimentos contemporâneos.

Algumas problematizações percorrem a análise do autor e elas podem ser dispostas em dois eixos: primeiro, a consideração de que a história é a fonte de conflito e de tensões; segundo de que é na vida, na existência social que emergem os impactos destes conflitos agônicos. A tragédia se abate sobre os indivíduos, mas não considerados na sua especificidade possessiva, mas sim nos indivíduos considerados em acontecimentos filtrados pelo coletivo. Assim, o autor busca não apenas a gênese da política trágica, mas também proceder a uma analítica das consequências desta política sobre a vida.

Por isso, de imediato sobressai no livro o incontestável vínculo entre poder e dano que permite não só aproximar capital e horror, mas consequentemente aproximar também poder e horror. Por mais que os homens tentem edificar estruturas e instituições para limitar ou bloquear o poder, este possui potência e autonomia que o faz escapar do controle. Ao contrário, ele é que controla, disciplina. Assim como a postura crítica frente ao capital, não impede que o grande Sujeito, ele mesmo se desenvolva em ritmo próprio. Nestas circunstâncias que envolvem capitalismo e poder, o livro nos mostra como se manifesta a política na forma de tragédia, permitindo observar as frequentes experiências limítrofes danosas, que encontra sua síntese na situação de guerra – tema fundamental e muito bem abordado pelo autor.

Vale destacar a permanente atualização das questões tratadas neste livro denso e aberto para a vida e para a história: basta olhar ao nosso redor, em qualquer dia e verificar as ocorrências de guerras, de crises econômicas e de repressão. Estão aí, ao nosso alcance, os assuntos deste livro: o horror econômico, o horror político, o horror social, o horror existencial. O livro frisa que o horror se repete, desdobra-se.

Portanto, este livro mostra o seu valor não somente pela fundamentada e complexa trama que envolve filosofia, política e arte, mas também pelo seu potencial de atualização que permite deixar entrever as atuais experiências do horror. Ele abre nossa sensibilidade para acompanhar a política nos dias de hoje.

Miguel Chaia

A EXPERIÊNCIA
DO HORROR

U m ponto de partida para a investigação da experiência do horror pode ser encontrado em Friedrich Nietzsche, quando trata a vontade de saber como um aspecto crucial para o entendimento do modo de vida das sociedades ocidentais. Para lidar com a realidade do mundo, mais do que ter depositado sua fé na cidade de Deus, o homem encontrou na ciência um caminho seguro e irrefutável para a verdade. Entretanto, segundo o autor, a ciência, "esporeada por sua vigorosa ilusão, corre, indetenível, até seus limites, nos quais naufraga seu otimismo oculto na essência da lógica" (NIETZSCHE, 2007c, p. 93). É nesse momento de consciência do homem diante da fragilidade da ciência que Nietzsche relata o surgimento do *conhecimento trágico*, que se ancora na arte como forma de proteção. O autor descreve essa cultura trágica como reação a esse diagnóstico terrível do impossível conhecimento efetivo do mundo.

Nietzsche relata a forma como a cultura trágica se impõe à cultura socrática a partir do seu enfraquecimento. Acusa um pensamento que afasta o homem de sua natureza buscando perscrutar todos os detalhes da existência e controlá-los, como alguém que se propõe a carregar nos braços o volume de um rio. O socratismo, segundo o autor, destinou o homem à eternamente sentir-se famélico, à procura de respostas que outrora eram concebidas através dos mitos.

Nietzsche concebe a necessidade da experiência trágica como possibilidade de se considerar o lado terrível da vida. O dionisíaco e o apolíneo combinam-se de modo a tornar a existência digna de ser vivida. Esses dois impulsos são descritos como prova de um otimismo. O reconhecimento da tragicidade da vida permite deslocar nossa visão do horror para aquilo que afasta o homem da vida, ou dito de outra forma, para aquilo que vai contra o fluxo da vida. O sentimento de horror a alguma coisa é sentido quando essa coisa é vista como diferente do que é. Temos horror pela constatação da impossibilidade da verdade, mas apenas porque estamos imbuídos de uma expectativa de verdade. Assim também ocorre com os valores morais e a expectativa de igualdade, de honestidade, de justiça, de bem. Identificamos o sentimento de horror ao desigual, ao desonesto, ao injusto, ao mal; mas também identificamos o horror frente ao modo de existir que pressupõe valores morais e opositivos, que acabam por afastar o homem de sua vida concreta, plural, composta de instintos, fabulações, riscos, tristezas, decepções e toda sorte de características consideradas inferiores a partir da cultura socrático-platônica.

O horror é uma repulsa provocada por uma percepção, por um pressentimento. É também um sentimento de aversão e ódio àquilo que não está em conformidade com o normal. Diante do desconhecido, o horror é um sentimento de impotência, de medo. Diante da catástrofe, o horror é um incômodo gerado pela culpa ou mesmo pela impotência de ação, pelo assombro de enxergar uma realidade indesejada. O estudo do horror é uma forma de entender como o humano lida com os terrores que lhe circundam, como lida com o espanto do cotidiano e, ao mesmo tempo, é uma oportunidade de entender melhor esse cotidiano e as contingências que atuam sobre ele.

Não existe aqui uma expectativa em descrever a condição humana somente em seus aspectos soturnos; pelo contrário, a exemplo do que fez Nietzsche ao abordar o niilismo em sua ambiguidade, iluminando o horror, outros aspectos do humano acabam por serem esclarecidos. Ao enfatizar o caos, acentua-se o horror sentido e vivido pelo homem. Apontamos para o caminho de se considerar com ênfase a realidade humana, a fim de que isso contribua para que seja mais bem compreendida.

Este livro é resultado da tese de doutorado defendida em 2009 no Programa de Estudos Pós-Graduados em Ciências Sociais da PUC-SP. Na abordagem que realizamos, arte, política e pensamento se imbricam e, nessa relação, possibilitam uma distinta compreensão do mundo e da vida social. Selecionamos algumas obras que permitem apreender em si mesmas visualidades que expressam situações políticas que giram em torno da experiência do horror.

A abordagem adotada nos permite observar na arte uma dimensão trágica do mundo, que implica vivenciar o redemunho da difícil sociabilidade e das arduidades da vida, além de tornar possível ressaltar a maneira como se colocam algumas questões que envolvem a condição humana.

O trabalho, portanto, procura compreender um pouco mais a experiência do horror, partindo do princípio de que se trata de experiência fundamental que perpassa o humano desde seus primórdios. O entendimento da forma como ocorre é um precioso recurso de compreensão de como os homens lidam uns com os outros, mas também de como encaram sua existência mundana.

A investigação da existência humana, diante de suas infinitas implicações, está limitada aqui pelas incitações presentes em algumas obras de arte selecionadas, que representam diferentes tipos de horror, e também pela escolha de determinados conceitos e ideias produzidos por alguns autores que tomam o tema desta pesquisa. O trabalho caracteriza-se por compreender que há uma relação íntima entre arte e pensamento e toma esse vínculo como um método possível de geração de conhecimento.

Ao olhar para os limites do pensamento encontramos a importância da arte. Ela evidencia a impossibilidade do projeto cartesiano de cumprir-se como teoria filosófica de um pensar capaz de sentir e ver, isto é,

> como esforço intelectual para distinguir, separar, analisar e diferenciar sujeito e objeto, consciência e coisa, alma e corpo, sensível e inteligível. As artes, como filosofia selvagem do sensível, desvendam as ilusões da razão ocidental como desejo de purificação intelectual do mundo (CHAUÍ, 2006, p. 485).

A experiência artística nos dá acesso às entranhas do mundo, nos obriga a buscar no fundo da existência aquilo que está oculto aos nossos sentidos, aquilo que precisa ser pensado para ser desvelado. Mas o pensamento também nos amplia esse potencial de acesso. Arte e pensamento dizem a mesma coisa, mas de maneiras diferentes, sem que sejam excessivos. Nem a arte é ilustração do pensamento e nem o pensamento é explicação da arte; ambos ampliam os sentidos do mundo e nos levam à esfera da experiência pelo desenvolvimento da imaginação.

20   RAFAEL ARAÚJO

Esse percurso de construção de sentidos e entendimento se constitui como interminável, tem roteiro não mapeado, segue em direção a horizontes múltiplos e nos obriga a reconhecer que o projeto retilíneo e preciso com começo, meio e fim calculados proposto pelo tradição filosófica e científica é insuficiente. A arte pode ser um meio para o pensamento proceder à interrogação. Ela aponta para a imprecisão constituinte do próprio mundo e da própria existência. Mas a arte também pode ser tomada como indicador para o entendimento filosófico, que poderá refazer suas inquietações a partir de novas perspectivas que se desvelam no fazer artístico. A obra de arte nos chama a atenção para um olhar perspectivo, que nossos sentidos não foram capazes de proceder. Ela nos mostra o mundo de uma forma inédita, distinta da objetividade a que nos habituamos a ver e conhecer. A razão matemática cartesiana daria conta do mundo em sua superfície racional, mas seria incapaz de calcular os ângulos evidenciados pela arte.

Ao tomarmos a obra de arte como potencializadora dos sentidos, chamamos a atenção para um mundo que é mais caro do que nos parece; somos obrigados a considerá-lo em sua infinitude e, ao mesmo tempo, reconhecer que a filosofia e a ciência instituem outras formas para conhecê-lo. A arte coloca em pauta a fragilidade dos sentidos e da razão, mas, ao mesmo tempo, nos conforta com a ideia de que a existência é múltipla e imprecisa e que, portanto, o entendimento não pode dominá-la, mas pode construir essa multiplicidade em ato e na medida em que a experiência permite.

Carlos Drummond de Andrade, em *A máquina do mundo*, nos propõe a imagem de um andarilho à busca da verdade absoluta. Essa procura, também empreendida pela filosofia tradicional e pela ciência, inevitavelmente redunda "nos mesmos sem roteiros tristes périplos"[1] narrados pelo poeta. A busca se mostra enfadonha, sem sucesso e ininterrupta.

Este livro procura aclarar múltiplos movimentos nos quais transita a visualidade que os diferentes tipos de horror adquirem em algumas obras de arte, as ideias de alguns filósofos e os fenômenos políticos atrelados ao horror. Há um esforço em estabelecer um diálogo entre arte, pensamento e política, a fim de ser

---

1   Aqui fazemos alusão ao poema *A máquina do mundo*, de Carlos Drummond de Andrade (cf. ANDRADE, 1993, p. 206-209).

possível mapear a experiência do horror como elemento constituinte do homem e da sociedade, e a partir disso reconhecer uma dimensão trágica da vida. Esse recurso implica encontrar na arte informações singulares, capazes de desenvolver a reflexão filosófica e a estruturação política. Da mesma maneira, reconhecemos que também no pensamento há uma visualidade necessária e um aspecto criativo, capaz de desvelar a experiência, assim como as contingências políticas podem estar expressas na obra de arte.

As obras de arte são mais do que mera ilustração do real, elas trazem em si mesmas informações preciosas sobre o homem e a época a que se referem. São uma forma de conhecimento autônomo, com propriedades próprias, fruto de um esforço criador independente. Esse olhar para a arte nos possibilita reconhecê-la como um saber original, que permite uma análise nela mesma. Este livro, no entanto, apresenta um deslocamento do objeto artístico para uma perspectiva das Ciências Sociais, especialmente da Ciência Política. Por essa perspectiva, consideramos a arte como uma resultante de forças estabelecidas socialmente, o que nos permite identificar tensões e deslocamentos sociais implícitos em sua materialidade.

O pensamento surge como elemento dialógico, capaz de potencializar a arte e, nessa perspectiva, inclusive, ampliar os sentidos da política. Assim sendo, a linguagem poética de expressão de individualidade, que pode ser entendida por sua dinâmica própria, também permite ser examinada através de um olhar que a insere em uma rede de interações sociais.

A obra de arte, nesse sentido, ganha relevância como um objeto capaz de atravessar o tempo e oferecer ao pesquisador significativos vestígios, que sintetizam questões sociais e individuais e que insinuam as formas como os homens vivem conjuntamente e, também, a maneira como experienciam o mundo.

Procuramos fazer um traçado complementar entre as obras que selecionamos para análise e as ideias dos autores que recuperamos, pautado pelo tema do horror, mas tomando o cuidado para que os conceitos não fossem apresentados como explicação das obras e, da mesma forma, que as obras de arte não fossem ilustração das ideias dos autores. Assim, a própria política ressurge como uma contingência colocada no interior da relação que se estabelece entre a arte e a filosofia.

Diferentemente de uma concepção tradicional em que essas duas noções se excluem mutuamente, haveria a possibilidade de vincular arte e pensamento. Segundo Rudolf Arnheim (2004), não se trata de avaliar a possibilidade de coincidir arte e pensamento, mas de enxergar suas existências de forma atrelada. O pensamento seria eminentemente visual, quando desenvolvido de uma forma não mecânica. Diante da arte teríamos um pensamento constituinte capaz de dialogar com outras ideias desenvolvidas por meio das palavras.

> Em termos de pensamento visual, não existe uma separação entre as artes e as ciências, bem como entre o uso das imagens e o das palavras. A afinidade entre a língua e as imagens é demonstrada, antes de tudo, pelo fato de que muitos dos chamados termos abstratos ainda contêm as qualidades e atividades práticas e perceptíveis de que derivaram originalmente. Tais palavras são lembretes da íntima relação existente entre a experiência perceptiva e o raciocínio teórico (ARNHEIM, 2004, p. 154).

A arte será encarada como uma expressão que existe em si mesma, mas que também sintetiza a realidade e provoca idiossincrasias. O esforço desse trabalho implica o reconhecimento de que, primeiro, mesmo a arte sendo uma realidade em si mesma, seu estudo também leva à compreensão da condição da humanidade e, segundo, que a ciência não é suficiente para levar a cabo esse propósito.

Os artistas selecionados, ao criarem as obras aqui estudadas, reuniram numa mesma situação original sensibilidade, consciência crítica e aguda percepção política, fazendo de suas obras vetores possíveis da transformação da subjetividade e, para alguns, da mudança social. O artista, ao politizar sua arte, evidencia seu papel de agente dinâmico, exteriorizando em sua obra componentes subjetivos contra atrocidades, como o bombardeio ocorrido em Guernica e a tortura e a opressão ditatorial no Brasil, durante os anos de chumbo, denunciados por Antônio Henrique Amaral. O observador da obra, por sua vez, exerce um papel essencial. Ao ressignificá-la, com sua interpretação peculiar, transforma o processo de criação e difusão da obra em algo vivo e em constante enriquecimento, além de encontrar novas perspectivas sobre o mundo, que lhe permitem novos sentidos e incentivam novas ações.

A arte, ao possuir um potencial de linguagem, representa também um potencial de resistência porque gera "valores estéticos e políticos para confrontar poderes centralizadores ou micropoderes" (CHAIA, 2007, p. 30). Dessa forma, as obras de arte analisadas neste trabalho não devem ser consideradas de maneira deslocada, mas devem ser encaradas como expressão poética dos horrores circundantes. Trata-se de um instigante paradoxo, o horror representado através da beleza da arte.

Procuramos destrinchar o horror, tornar claro seu sentido e delimitar suas consequências. Haveria formas distintas de horror, que poderiam ser agrupadas em tipos existenciais e tipos sociais, ou, como classifica Luis Costa Lima em *Redemunho do horror* (2003), tipos de horror psicológico e tipos de horror físico.[2] O horror em si é uma sensação, vem do latim *horrĕō*, que significa tremer, recear, mas também erguer-se, colocar-se em pé, no sentido de eriçar os cabelos e pelos do corpo.[3] O horror, portanto, denota uma reação frente a um fato, a uma coisa, a um acontecimento. Entendemos, então, que procurando detectar diferentes formas de horror, chegaríamos a distintas experiências vividas e que correspondem a variadas realidades que nos dizem respeito. Essa distinção das formas de horror em dois grandes grupos, existencial e social, não esgota o tema e ainda estabelece o risco de encará-los de forma dissociada. É preciso, portanto, reconhecer que desses grupos derivam outras formas mais específicas de horror, que devem ser vistas como formas cumulativas e não excludentes. Classificamos alguns tipos de horror que vão desde o horror causado pela impossibilidade da verdade até o horror assolador da guerra. O primeiro tipo que identificamos é o *horror à imprecisão*; o segundo, o *horror de si*, tipos que se agrupam como horrores existenciais. Os outros cinco tipos dizem respeito a experiências vivenciadas socialmente, a partir do desenvolvimento do capitalismo, e correspondem ao desenvolvimento das forças políticas, econômicas e sociais que incidem sobre os homens; são eles: o *horror à reificação*; o *horror ao diferente*; o *horror à moralidade*; o *horror à biopolítica* e o *horror à guerra*.

O horror será examinado neste trabalho em um movimento que parte da consciência do indivíduo, de um lidar consigo transbordante que atinge o outro

---

2   Cf. LIMA, 2003, p. 17-22.

3   Cf. TORRINHA, 1942.

e o coletivo. É nesse sentido que tomamos o homem em sua generalidade mais imediata, a consciência de si. O que o torna *sapiens* é uma forma muito específica de lidar com o mundo, de perscrutá-lo, de lhe atribuir sentidos. Trata-se de uma vontade de entender verdadeiramente sua condição e também todas as coisas que compõem a enigmática e conturbada máquina do mundo. Desenha-se assim uma primeira forma de horror que identificamos como *horror à imprecisão*, relacionada à impossibilidade de cumprir o projeto científico-filosófico de apreensão e domínio do entendimento. É nesse projeto que vemos despontar pela primeira vez a imagem de Sísifo, como aquele que é condenado a uma tarefa infinita que não acaba jamais. Esse tipo de horror aproxima-se de um tipo de horror existencial, que aponta para a forma como o indivíduo lida com seus propósitos e, conforme toma conhecimento de seus limites, vai sentindo gradativamente o tremor diante de uma existência efêmera, que não cumpre aquilo que se propõe. Disso decorre um pessimismo, uma vontade de abandono que o aproxima de si mesmo. Aqui encontramos uma segunda forma de experiência do horror, o *horror de si*, quando o indivíduo, ciente de sua fragilidade, sente-se insuficiente.

Quando o encontro com nós mesmos implica reconhecimento de que não somos deuses, de que há uma multiplicidade em nós que está constantemente se modificando e que, por isso, se apresenta como indomável, há um sentimento de impotência e medo, de total falta de controle diante do mundo que, espera-se, seja controlado. Essa experiência implica o reconhecimento de um descompasso entre o que o mundo racional exige dos homens e o que os homens podem oferecer. Há uma percepção imediata da assimetria do existir, uma consciência de que o habitat que se nos oferece é hostil e que a existência está condenada ao enfado e à perplexidade.

Esse primeiro momento da consciência da fragilidade da verdade firma-se como uma base da existência humana, que transborda e adquire novos contornos. Isso não significa, no entanto, que estamos construindo um percurso linear e consecutivo. Essas diferentes formas de horror são aqui dissecadas com o intuito de serem consideradas com ênfase, a fim de sublinhar um aspecto complexo da condição humana. As diferentes formas de horror devem ser encaradas como reações próprias dos homens, que se manifestam conforme os contornos de sua consciência e conforme as contingências políticas e sociais vão se formando. Quando olhamos para o homem como ser social, imediatamente vemos a necessidade de se olhar para esse acirramento do horror e identificamos outras possibilidades de compreensão. Peter Sloterdijk (1999, p. 31) apresenta a questão de maneira bastante clara:

> A política, no entendimento tradicional, nasceu da urgência de responder à questão: como pode um grupo – ou deveria se dizer sistema social? –tornar-se grande ou muito grande e mesmo assim não fracassar na tarefa de deixar passar o que é grande para as gerações seguintes? Como mil, dez mil, cem mil hordas – no formato de "grandes famílias" entre 30 e 100 membros – podem reunir-se de tal forma que se lhes possa exigir esforços em prol de uma obra comum, algo como contribuições para as instalações de irrigação, cruzadas e impostos de reunificação? Como podem "falar" a tão grandes números de pessoas e convencê-las a se sentirem participantes daquilo que é "grande" – até chegar à disposição de ir ao encontro da morte em exércitos de milhões contra forças de igual ordem de grandeza, a fim de assegurar aos "próprios" sucessores aquilo que os ideólogos chamam de futuro?

As contingências se formam a partir da difícil sociabilidade, e suas consequências são sentidas no cotidiano dos homens. Sloterdijk indica uma lógica natural à sociabilidade que requisita o Estado, mas que também reconhece disputas, desordens, violências oriundas das dificuldades de se viver coletivamente. Diante de um cotidiano assim, em que o sofrimento e a dor são apenas algumas das consequências imediatas, o horror é uma reação esperada.

O horror não poderia ser compreendido contemporaneamente sem a consideração das forças que se impõem aos indivíduos e à sociedade, de forma incisiva, a partir da modernidade. A lógica do capital tem sido mapeada desde o período de acumulação primitiva, passando pelas primeiras sociedades industriais para desembocar no capitalismo contemporâneo. Esse processo implicou uma somatória de fatores que repercutiram diretamente na vida coletiva, no cotidiano da cidade, no mundo do trabalho. Aqui reconhecemos novas possibilidades de se enxergar a experiência do horror. A exploração do homem pelo homem, oriunda da divisão manufatureira do trabalho, implicou num certo tipo de afastamento do homem de si mesmo, um processo de coisificação do humano. O resultado material trouxe aos homens a vivência da desigualdade na carne e, junto dela, a construção de discursos que surtiram consequências imediatas para a vida. Essa forma de experiência do horror, que classificamos como *horror à reificação*, dá origem a outras, porque apresenta uma nova forma de existir.

A passagem do individual para o coletivo, em nosso percurso, adquire um contorno mais evidente. O assombro do indivíduo diante de si cede espaço para o *horror ao diferente*. O homem descartável, força de trabalho substituível, será considerado como um incômodo. O mundo do capital, que para manter-se precisa do controle e da medida, da harmonia entre os homens, tratará de instituir dispositivos eficazes de vigilância e adestramento. Trata-se de uma nova experiência do horror, quando um modo de viver tecnológico é criado, com regras que impõem um padrão de conduta a ser seguido pelo homem, a fim de domesticar suas vontades e reprimir o diferente. As causas do horror passaram a ser dissimuladas, um poderoso equipamento disciplinar foi capaz de tornar o homem dócil e, ao mesmo tempo, marcar o diferente como insurgente, como ameaça à ordem.

Das instituições que se firmam como lugares de controle, a religião emerge como essencial. A experiência espiritual, a necessidade dos rituais, a afirmação solidária tão ancestral ao homem torna-se elemento crucial para a construção de certo modo de vida ocidental. A metafísica criada a partir da vontade de verdade, que resultou na criação de um mundo verdadeiro e um mundo falso, também implicou na criação das noções de bem e mal. O tipo de vida moral que se origina disso resulta em um existir manso, de rebanho, que permite ser conduzido. Trata-se de outra situação em que se prefigura o horror, que classificamos como *horror à moralidade*, quando o homem tem de lidar com uma culpa da qual não consegue livrar-se e o controle sobre seu corpo é incisivo.

A vida ganha contornos inéditos na sociedade de controle. Os dispositivos de docilização sofisticam-se e o tratamento do indivíduo dá lugar ao tratamento da população. A presença das biopolíticas acaba por resultar em uma nova forma de encarar a relação entre a vida e a morte. A morte consolida-se como um tabu diante da perspectiva de fazer viver a todo custo. Mas a vida da população implica no tratamento do outro, do diferente, sobre uma ótica nova, que cumpre olhar para uma economia da morte. O Estado se impõe como gestor da vida e atua no corpo com um biopoder, que implica considerar a vida como manobra política do capital e ampliar o afastamento do homem de si, reduzindo-o à vida nua. Classificamos como *horror à biopolítica* a experiência do horror que se totaliza em um mundo que associa a racionalidade pretensamente libertadora a uma força banalizadora do mal. O horror torna-se uma experiência cotidiana com a qual os homens devem aprender a lidar. Sua amplitude é sentida no *horror à guerra* e no *horror ao desemprego*, mas essas são apenas experiências parciais de um horror superlativo difícil de ser representado. A experiência do horror contemporâneo é limite porque compreende uma somatória de todas as suas formas possíveis. A razão, a moral, as instituições sociais, o Estado, tudo conspira para uma existência difícil. Os homens, muitas vezes, não tomam ciência das tragédias sofridas, são resguardados por conta da alienação. A experiência do horror, nesse sentido, é potencializada pelo conhecimento.

De posse desse mapeamento tipológico sobre as formas de horror, escolhemos algumas obras de arte que julgamos serem representativas dos diferentes tipos de horror que demarcamos, assim como autores que permitissem desvelar a realidade a qual essas diferentes formas de horror se referiam. O livro está, portanto, dividido em três seções que procuram delimitar um movimento que parte do indivíduo e aponta para o coletivo, numa gradação cumulativa, que poderia corresponder ao processo de desenvolvimento da difícil sociabilidade.

Na Seção I, *Horror entranhado*, discutimos um tipo de horror existencial. Selecionamos uma obra de Gustav Klimt,[4] *A Filosofia* (1898-1907), e outra de Jackson Pollock,[5] *Lavender Mist: Number 1* (1950), além de alguns dos autorretratos de Francis Bacon,[6] pintados entre 1969 e 1987. Nessa seção quisemos destacar a forma com que o homem é impelido à busca da verdade, como característica que o acompanha desde o início da socialização. Diante do fracasso dessa empreitada, emerge um sentimento de impotência significativo que diz respeito ao não cumprimento de uma vontade, semelhante a um castigo que consiste numa tarefa que jamais pode ser cumprida.

---

4   Gustav Klimt nasceu em 1862, em Viena, Áustria, e morreu em 1918, também em Viena.

5   Jackson Pollock nasceu em Cody, EUA, em 1912, e morreu em 1956, em East Hampton, EUA.

6   Francis Bacon nasceu em 1909, em Dublin, Irlanda, e morreu em 1992, em Madri, Espanha.

Apontamos o horror sentido pelo indivíduo como consequência de um mundo racionalizado, que foi constituído em torno da vontade de verdade. As ideias de Friedrich Nietzsche são recuperadas aqui, no intuído de tratar essa vontade de saber dos homens como um impulso que resultou em certo modo de vida. Aqui já está esboçado o tipo de vida moral que a civilização judaico-cristã desenvolveu, além de um niilismo frente à realidade.

A angústia, a impotência, a solidão são resultantes da forma como o homem habita o mundo. É nesse sentido que tomamos alguns dos autorretratos de Francis Bacon. Tratamos na Seção I do horror do indivíduo em relação a si e ao mundo, para depois chegarmos ao horror sentido no interior da difícil sociabilidade.

Na Seção II, *Horror capital*, tomamos por cenário o desenvolvimento e o fortalecimento do capitalismo como elemento crucial para o entendimento da sociabilidade contemporânea. Aqui há um vínculo entre a racionalidade que tornou possível certo modo de existência e o mundo do trabalho, que afastou o homem de si mesmo. Procuramos nessa seção apresentar como o sistema capitalista ampliou suas forças para todos os aspectos da vida ocidental. A discussão sobre a exploração do trabalho, a propriedade privada e a imediata segregação social foram tomadas a partir de suas consequências para a vida das pessoas, a partir do período industrial.

A desigualdade material é causa de sofrimento e a condição humana é sentida como destituída de potência política, uma vez que os homens tornam-se seres ocupados com a luta por sua sobrevivência. Reavemos as ideias de Karl Marx com o intuito de explicitar a racionalidade do capital como algo abrangente, totalizador, além de recuperar algumas das ideias de Hannah Arendt para evidenciar as consequências da vitória do *animal laborans* sobre o *homo faber* como sintoma de uma condição que contribui para o entendimento da realidade vivida.

Selecionamos para essa seção algumas das obras de Käthe Kollwitz,[7] realizadas entre 1897 e 1921, que retratam as dificuldades vividas pelo proletariado no início da industrialização alemã. Escolhemos também três quadros da série

---

7   Käthe Kollwitz nasceu em 1867, em Konigsberg, Alemanha, e morreu em 1945, em Moritzburg, Alemanha.

Os retirantes de Candido Portinari,[8] pintados em 1944, e alguns dos quadros das séries *Brasilianas* e *Campos de batalha*, além de *A Morte no sábado*, de Antonio Henrique Amaral,[9] pintados entre 1968 e 1975, como representativas de diferentes tipos de horror oriundos de uma fase específica do desenvolvimento do capitalismo. O horror ao diferente é aqui analisado levando em conta os limites da convivência com o outro, dentro dessa nova conjuntura econômica e social. Esse tipo de horror surge diante da necessidade do homem de viver em coletividade e, ao mesmo tempo, não suportar o coletivo.

Na Seção III, *Horror superlativo*, retomamos o pensamento nietzschiano para avaliar os impactos da moralidade para a civilização ocidental judaico--cristã. Essa retomada explicita a maneira pela qual temas como o niilismo e a vontade de verdade resultam num tipo de vida reativo, que viabiliza não apenas a coerção física, mas também a psíquica. É o cristianismo que estabelece aos homens ocidentais um julgamento a partir de certo e errado, de bem e mal. É pautando-se por esse julgamento que surge o falso, o mentiroso, o mau e, por consequência, é o indivíduo mentiroso e mau que será considerado uma ameaça à ordem, aquele que não segue os padrões da coletividade e que deve ser punido e vigiado.

Duas obras de León Ferrari,[10] realizadas em 1965 e em 1985, foram selecionadas como representativas da experiência de um horror causado pela moralidade. Aqui o cristianismo é considerado como elemento gerador de horror, não por consequências materiais, como as Cruzadas e a Inquisição, ou mesmo pelos discursos conservadores, mas pela conformação de certo modo de vida que impede os homens de viverem para além de bem e de mal, ou dito de outra forma, um impedimento de que o homem considere o mundo em sua multiplicidade.

Também nessa seção tratamos uma fase do desenvolvimento do capitalismo contemporâneo em que atua a biopolítica descrita por Michel Foucault. Para essa discussão foi feita uma revisão das ideias de Giorgio Agamben sobre o *homo sacer* e selecionadas algumas das obras pertencentes à série *Registros de sangue*,

---

8 Candido Portinari nasceu em 1903, em Brodoswki, São Paulo, Brasil, e morreu em 1962, no Rio de Janeiro, Brasil.

9 Antônio Henrique Amaral nasceu em 1935, em São Paulo, Brasil, onde vive e trabalha.

10 León Ferrari nasceu em 1920, em Buenos Aires, Argentina, onde vive e trabalha.

de Karin Lambrecht,[11] realizadas entre 1997 e 2005. Houve uma preocupação em mostrar o afastamento do homem da natureza por consequência de uma racionalidade exacerbada, além de evidenciar como o próprio homem torna-se descartável, uma vida "matável".

A guerra encerra a seção como forma evidente de horror. Para tanto, selecionamos a obra *Os fuzilamentos de 3 de maio*, de Goya,[12] pintada em 1814, além de algumas de suas gravuras pertencentes à série *Os desastres da guerra*, feitas entre 1810 e 1829, bem como duas das gravuras de Käthe Kollwitz sobre o mesmo tema, realizadas em 1907 e 1922-1923. Também nessa seção analisamos a *Guernica*, de Picasso,[13] pintada em 1937. Procuramos com isso cercar o tema, tratando a guerra de diferentes perspectivas.

A experiência do horror será assim tomada como um elemento que perpassa distintos momentos da existência humana, desde a solidão interior frente ao estranhamento de si mesmo até a vivência de diferentes tragédias. Entendemos que as relações sociais são permeadas pela política, que surge como uma necessidade. Essa necessidade pode ser explicitada através da experiência do horror, que carrega em si, enquanto consequência diretamente potencializada por um estado de consciência, as pistas que indicam os percursos tomados pelos homens ao longo da história até chegarem ao presente. Dessa forma, *homo horrens* é o termo que designa o homem como aquele que vivencia a experiência do horror nas diferentes situações da sua existência. Tal experiência é apresentada nas seções que se seguem como algo eminentemente humano. Não é possível pensar o horror separadamente do homem e do social, assim como não é possível pensar a condição humana sem a experiência do horror.

---

11   Karin Lambrecht nasceu em 1957, em Porto Alegre, Brasil, onde vive e trabalha.

12   Francisco José de Goya y Lucientes nasceu em 1746, em Fuendetodos, Espanha, e morreu em 1828, em Bordéus, França.

13   Pablo Picasso nasceu em 1881, em Málaga, Espanha;, e morreu em 1973, em Mougins, França.

Seção 1

HORROR ENTRANHADO

Estirpe miserável e efêmera, filhos do acaso e do tormento!
Por que me obrigas a dizer-te o que seria para ti intei-
ramente inatingível: não ter nascido, não ser, nada ser?
Depois disso, porém, o melhor para ti é logo morrer.

Sileno a Midas, ao ser perguntado sobre
o bem supremo

1

A VERDADE IMPOSSÍVEL E A ARTE COMO CRIAÇÃO DO MUNDO

A condição do homem diante do cenário encontrado para a sua atuação implica um sem-número de adaptações para tornar possível a vida. Albert Camus apresenta o problema da existência a partir do absurdo de se tomar consciência de uma realidade inexplicável. Seu questionamento passa pelo indivíduo que finalmente se vê privado do sono necessário para a vida. O homem que, diante de sua vida, coloca-se um porquê, dá início a um processo de reconhecimento que pode resultar no horror. "A lassidão está ao final dos atos de uma vida maquinal, mas inaugura ao mesmo tempo um movimento da consciência. Ela o desperta e provoca a continuação. A continuação é um retorno inconsciente aos grilhões, ou é o despertar definitivo" (CAMUS, 2008, p. 27). Camus chamará de assombro o diagnóstico desse homem ante a vida e arriscará dizer que diante do fastio de ver sua vida inexplicável optará pelo suicídio ou pelo restabelecimento. Para o autor existem apenas essas duas alternativas para o indivíduo que de fato encara sua existência absurda. Esse percurso pode durar toda uma vida e pode ser retomado inúmeras vezes, podendo dizer respeito ao mundo do trabalho, à rotina diária daquele que busca objetivos improváveis, mas também ao simples reconhecimento do tempo, da morte que se aproxima.

> A hostilidade primitiva do mundo, através dos milênios, remonta até nós. Por um segundo não o entendemos mais, porque durante séculos só entendemos nele as figuras e desenhos que lhe forneciamos previamente, porque agora já nos faltam forças para usar esse artifício. O mundo nos escapa porque volta a ser ele mesmo.

> Aqueles cenários disfarçados pelo hábito voltam a ser o que são. Afastam-se de nós (CAMUS, 2008, p. 29).

O mundo mostra-se finalmente pelo seu não conhecimento, pelos seus enigmas. O desconhecido está em todas as coisas, mas é a própria morte que se mostra presente sem ser conhecida. O tempo vivido reveste-se de experiências que são revertidas em consciência para o indivíduo, mas a morte não pode ser experienciada. O máximo que se pode é experienciar a morte alheia. É a presença do moribundo que materializa o tempo em suas consequências e dita o prazo para o indivíduo entender seus mistérios. Diante da morte alheia, o indivíduo aproxima-se da certeza de sua finitude. A morte implica um reconhecimento de prazos que obrigam o indivíduo a programar sua vida. É a própria vida que nos interessa, mas é preciso reconhecer a morte como parte da vida para entender sua condição. Toda uma política de preservação da vida passa a reger a existência dos homens, bem como sua organização e governança. A vida passa a ser tão valorizada que a morte torna-se o tabu supremo. Do ponto de vista do indivíduo, a morte é o absurdo de ver a existência comprimida e se mostrando irredutível, impossível de ser inteligível.

O sentimento de absurdo descrito por Camus aqui coincide com o horror de ver a impossibilidade da certeza. O autor reporta-se a Aristóteles para ilustrar o paradoxo da imprecisão da verdade:

> A conseqüência, muitas vezes ridicularizada, destas opiniões é que elas se destroem a si mesmas. Pois afirmando que tudo é verdade, afirmamos a verdade da afirmação oposta e em conseqüência a falsidade da nossa própria tese (pois a afirmação oposta não admite que ela possa ser verdadeira). E se dizemos que tudo é falso, esta afirmação também se revela falsa. Se declaramos que só é falsa a afirmação oposta à nossa ou então que só a nossa não é falsa, mesmo assim somos obrigados a admitir um número infinito de juízos verdadeiros ou falsos. Pois aquele que emite uma afirmação verdadeira, pronuncia ao mesmo tempo que ela é verdadeira, e assim por diante até o infinito (*apud* CAMUS, 2008, p. 30-31).

Os paradoxos trazidos permitem um joguete de palavras que no limite coincide com o diagnóstico de Nietzsche de que nos perdemos na própria gramática na tentativa de buscar controlar e precisar a verdade. Mesmo os saberes filosófico e científico implicam a inviabilidade da verdade, ainda que travestidos e ocultados por discursos e promessas que sobrevivem ao tempo e aos grupos sociais, porque significam conforto necessário para a existência. Camus também considera a consciência da impossibilidade da verdade como fonte para o sentimento de absurdo. Não se trata de considerar essa questão como um fato isolado que diz respeito apenas a realidades particulares, a indivíduos localizados voltados ao desvelamento da metafísica. A questão da verdade impossível se apresenta no correr do tempo ao homem, nos mais diversos aspectos do cotidiano. A impossibilidade da verdade diante dos fatos do cotidiano implica na ampliação do horror para toda a existência. O tomar consciência da impotência, da inviabilidade de controlar a máquina do mundo, implica num aspecto notável da condição humana que nos acompanha permanentemente, independente do tempo e espaço que ocupamos. Camus explicita esse sentimento de absurdo que habita também a relação do homem com a ciência:

> Eis também umas árvores, e eu conheço suas rugosidades, a água, e experimento seu sabor. Esses aromas de ervas e de estrelas, a noite, certas noites em que o coração se distende, como poderia negar este mundo cuja potência e cujas forças experimento? Mas toda a ciência desta Terra não me dirá nada que me assegure que este mundo me pertence. Vocês o descrevem e me ensinam a classificá-lo. Vocês enumeram suas leis e, na minha sede de saber, aceito que elas são verdadeiras. Vocês demonstram seu mecanismo e minha esperança aumenta. Por fim, vocês me ensinam que este universo prestigioso e multicor se reduz ao átomo e que o próprio átomo se reduz ao elétron. Tudo isto é bom e espero que vocês continuem. Mas me falam de um sistema planetário invisível no qual elétrons gravitam ao redor de um núcleo. Explicam-me este mundo com uma imagem. Então percebo que vocês chegaram à poesia: nunca poderei conhecer. Tenho tempo para me indignar? Vocês já mudaram de teoria. Assim, a ciência que deveria me ensinar tudo acaba em hipótese, a lucidez sombria culmina em metáfora, a incerteza

se resolve em obra de arte. Que necessidade havia de tanto esforço? (CAMUS, 2008, p. 33-34).

O fato de que a busca pela verdade estrutura-se a partir de técnicas e métodos a serem percorridos com a finalidade de segurança e controle implica num ponto a mais na construção de uma ilusão incontornável a partir de sua consciência. A tarefa de buscar a verdade, que se apresenta como *conditio sine qua non* do lidar humano com o mundo, mostra-se como um deserto percorrido ainda a ser percorrido infinitas vezes. O horror dessa existência se expressa nos questionamentos científicos, que já não podem se justificar senão pela fé, mas também nos questionamentos cotidianos do homem comum, que se inquieta com a lógica geométrica de tudo e indigna-se pela falta de sentido de um fato específico. À indignação segue-se a busca de explicação, e tudo o que se consegue é um novo percurso no deserto de nós mesmos.

Em um texto de 1873, *Sobre verdade e mentira no sentido extra-moral* (1999b), Nietzsche apresenta uma ácida descrição do filósofo, comparando-o a uma mosca. Nessa crítica, podemos entender que o juízo de Nietzsche deve ser extensível ao homem em geral, pela arrogância de querer tudo entender e saber. Esse tipo de homem é localizado no tempo. Sua existência e seu intelecto são insignificantes se comparados à natureza. Mas é como o centro do universo que o homem se vê, assim como uma mosca ao voar, que sente em si o centro voante do mundo. Nietzsche nos chama atenção para essa perspectiva enquanto tal, longe de uma intimidade com a realidade. Seu sarcasmo nos revela um *páthos* capaz de permitir ao homem viver um mundo mítico, protegido pela fábula da ciência.

> Não há nada tão desprezível e mesquinho na natureza que, com um pequeno sopro daquela força do conhecimento, não transbordasse logo como um odre; e como todo transportador de carga quer ter seu admirador, mesmo o mais orgulhoso dos homens, o filósofo, pensa ver por todos os lados os olhos do universo telescopicamente em mira sobre seu agir e pensar (NIETZSCHE, 1999b, p. 53).

Esse homem autocentrado cria expectativas a respeito da possibilidade de tudo poder conhecer e dominar. Sua fé na possibilidade de tudo saber desenvolve-se a tal ponto que estabelece um modo de vida doentio, que a tudo quer submeter. O controle da natureza é apenas a consequência dessa vontade de saber. O primeiro controle estabelecido pelo homem é o do conhecimento, que lhe fornecerá as regras para o convívio consigo, com o outro e com a coletividade. O *tópos* a ser buscado é o da explicação verdadeira e absoluta do mundo, de seus ciclos, sua lógica, suas potências, mas também o conhecimento sobre aqueles que o habitam. Tudo o que existe pode e precisa ser dominado por esse homem faminto e ansioso, que tem como primeira informação o fato de que o mundo está ao seu alcance, girando ao seu redor. Se todo o mundo é exterior e está girando em torno do homem, onde afinal poderia estar o homem? Se não há lugar no mundo para ele, ele mesmo não pode existir. Mesmo diante dessa inconsistência, a utopia será um não lugar inalcançável, mas sempre perseguido. A busca dessa utopia nos permite identificar uma primeira forma de horror. O horror de perceber a impossibilidade da verdade e a impotência do conhecimento, sentido pelo filósofo, mas também extensível a todos os homens por sua ancestral vontade de saber.

É preciso reconhecer a necessidade do homem de conviver com o outro. A busca pela verdade impulsiona o homem a olhar para si e para seus semelhantes de um modo específico. Aos poucos um padrão de conduta é estabelecido a partir da busca e do domínio da verdade.

> [...] O homem, ao mesmo tempo por necessidade e tédio, quer existir socialmente e em rebanho, ele precisa de um acordo de paz e se esforça para que pelo menos a máxima *bellum omnium contra omnes*[1] desapareça de seu mundo. Esse tratado de paz traz consigo algo que parece ser o primeiro passo para alcançar aquele enigmático impulso à verdade (NIETZSCHE, 1999b, p. 54).

O convívio com os demais implica a possibilidade de validação do conhecimento. De que serviria a verdade se ninguém a legitimasse? Para que a intuição do homem fosse compartilhada com outros, foi preciso as palavras. Com elas, foi possível compartilhar conceitos e comparar ideias. Mas com as palavras surge também a mentira. Nietzsche fará um esforço para mostrar que as palavras são frutos de uma abstração e, por isso, não podem ser

---

1   Expressão hobbesiana: guerra de todos contra todos.

correspondentes diretas da verdade. As palavras são arbitrárias, são criações do homem, tanto o som quanto a escrita. São metáforas do real, são representações estabelecidas socialmente, que variam de acordo com o tempo e com as culturas que as engendram. "Acreditamos saber algo das coisas mesmas, se falamos de árvores, cores, neve e flores, e no entanto não possuímos nada mais do que metáforas das coisas, que de nenhum modo correspondem às entidades de origem" (NIETZSCHE, 1999b, p. 56).

Nietzsche coloca em cheque o produto final do pensamento ao questionar a validade das palavras. Ao fazer isso, está dizendo que a natureza não conhece conceitos, espécies, gêneros e, portanto, a gramática é apenas uma forma do homem expressar sua relação com o mundo. As teorias, que são desencadeamentos de palavras, não passam de expressões de perspectivas sobre a vida. Isso em nada garante, para Nietzsche, uma proximidade com uma verdade precisa. O esforço intelectual reduz-se à busca de semelhanças, nivelamentos e representações.

> Todo conceito nasce por igualação do não-igual. Assim como é certo que nunca uma folha é inteiramente igual a uma outra, é certo que o conceito de folha é formado por arbitrário abandono dessas diferenças individuais, por um esquecer-se do que é distintivo, e desperta então a representação, como se na natureza além das folhas houvesse algo, que fosse "folha", uma espécie de folha primordial, segundo a qual todas as folhas fossem tecidas, desenhadas, recortadas, coloridas, frisadas, pintadas, mas por mãos inábeis, de tal modo que nenhum exemplar tivesse saído correto e fidedigno como cópia fiel da forma primordial (NIETZSCHE, 1999b, p. 56).

As ideias de Nietzsche não implicam um desmerecimento do trabalho intelectual. Pelo contrário, é preciso constatar a busca pela verdade como algo próprio da vontade humana. O risco que encontramos está no modo de vida que emana dessa crença em uma verdade precisa, disponível apenas aos homens. Se o homem é um animal que fala e, a partir da fala, um animal político, a palavra é responsável pelo pensamento e a consideramos como um caminho natural e seguro para a verdade. Vemos, no entanto, uma incongruência entre o que a palavra oferece e o que se espera dela.

> O que é a verdade, portanto? Um batalhão móvel de metáforas, metonímias, antropomorfismos, enfim, uma soma de relações humanas, que foram enfatizadas poética e retoricamente, transpostas, enfeitadas, e que, após longo uso, parecem a um povo sólidas, canônicas e obrigatórias: as verdades são ilusões, das quais se esqueceu que o são, metáforas que se tornaram gastas e sem força sensível, moedas que perderam sua efígie e agora só entram em consideração como metal, não mais como moedas (NIETZSCHE, 1999b, p. 57).

A convivência social requer que o homem diga a verdade, ou seja, que use as metáforas convencionais e os signos acordados, de modo a se fazer entender e manter sob controle as ações e os pensamentos. Mas a mentira também precisa ser convencional, também deve seguir as mesmas metáforas e acordos. Se a própria verdade é distante das coisas, é apenas uma convenção entre os homens, então tanto faz verdade ou mentira. A verdade se faz parecer como tal ao homem porque ele próprio se distancia do processo de formação das palavras e porque pensa através das palavras. Assim é que o homem chega ao sentimento de verdade. A partir do discurso verdadeiro, assim reconhecido pelos outros, o homem encontra um valor moral para a verdade e estabelece uma expectativa de conduta para a coletividade. Não se pode designar uma coisa como verde se todos temos o sentimento de que é vermelha. Aqueles que insistem em dizer algo diferente do que o coletivo dos homens estabeleceu e, pelo hábito, tomou por conhecimento verdadeiro, estão ameaçando a ordem do rebanho e devem ser afastados.

A expectativa de existência em sociedade apresenta uma lógica pactual que permite resolver possíveis problemas identificando os que deliberadamente mentem, mas também os que nutrem um sentimento diferente sobre o mundo. Se realmente vejo verde aquilo que se estabeleceu coletivamente ser vermelho, não posso viver com o grupo e devo ser excluído, confinado. Assim resolve-se boa parte dos problemas da sociedade, com a criação de dispositivos sofisticados de disciplina e controle. Mas o que aconteceria se pelas próprias palavras, já instituídas, nós, os que vemos a coisa como vermelha, fôssemos encontrando argumentos para descobri-la finalmente como verde? Passaríamos a confinar os que se dispusessem a defender o verde? E se os argumentos de ambas as partes fossem convincentes o suficiente para dividir, de maneira equânime, a coletividade? O que fazer diante desse impasse?

Essa situação hipotética indica a possibilidade do homem de se tornar frágil diante da gramática. Por isso a necessidade de trabalhar bem os conceitos, argumentá-los, comprová-los, para que sejam aceitos e praticados. Uma vez pensado e aceito o conceito de verde, quando um homem examina algo e o julga ser verde, os demais irão validar uma verdade. Dirão todos em uníssono: "de fato, é verdade que este objeto é verde". No entanto, o que ocorreu foi apenas a aplicação de um conceito criado pelo próprio homem e que lhe possibilitou uma forma de lidar com uma propriedade do objeto. Não há nada, afirma Nietzsche, que seja verdadeiro que não o seja em relação ao próprio homem. "O pesquisador dessas verdades procura, no fundo, apenas a metamorfose do mundo em homem, luta por um entendimento do mundo como uma coisa à semelhança do homem e conquista, no melhor dos casos, o sentimento de uma assimilação" (NIETZSCHE, 1999b, p. 58). A verdade, portanto, será para Nietzsche uma afirmação, sendo que sua existência não se relaciona à representação do pensamento pautada por conceitos e proposições criados sobre o mundo. É nesse sentido que Nietzsche compara o homem à mosca, a qual voa acreditando que o mundo gira à sua volta, mas também a um hábil construtor, que edifica seus conceitos à semelhança de uma teia de aranha, que é sólida e, ao mesmo tempo, flexível ao bater do vento.

A procura pela verdade acaba por ser um fardo, uma vez que a linguagem limita a intuição. Nietzsche vai nos lembrar que o homem tem também uma propensão a deixar-se enganar, trata-se de uma tendência ao mito, ao fantástico, ao fabuloso. É assim que a arte se impõe sobre a verdade, fazendo valer essa felicidade do homem em ouvir histórias inventivas, em ver representações caricaturais, sob a permissão da arte. Através da arte, o intelecto permite-se o engano e propicia ao homem uma sensação de liberdade. O homem, tomado pela vontade de verdade, vai olhar para a arte como um escape ao labor terrível de perscrutar o mundo com precisão. Para Nietzsche, a vida só é suportável por conta da arte. Assim é que a arte vai lhe parecer uma ordem lúdica, uma alternativa ao sofrimento de fazer possível o impossível, uma redenção à sentença de estabelecer-se num lugar que não existe.

A ideia de que Nietzsche concebe a vida diretamente ligada à arte implica considerar a impossibilidade da verdade. Roberto Machado recupera, em *Nietzsche e a verdade* (2002), a necessidade dos homens de adquirirem uma perspectiva capaz de ultrapassar a moral e criticar a vontade de verdade como sendo um desvio da capacidade do homem de ser artista, de ser criador.

> Utilizando o procedimento de inversão tão caro a Nietzsche, poder-se-ia dizer que enquanto a "mentira" da ciência seria querer encontrar a verdade do mundo como outra coisa que não a aparência, a "verdade" da arte é acreditar na imagem como imagem, na aparência como aparência. Ou, em outros termos, enquanto "a humanidade tem no conhecimento um belo meio de perecer", a superioridade da arte sobre a ciência é não opor verdade a ilusão, é afirmar integralmente a vida (MACHADO, 2002, p. 40).

Para Nietzsche, haveria na arte uma força afirmativa criadora da vida que a ciência, ou a busca pela verdade, não teria. A metafísica teria desvalorizado a arte, e com ela a própria vida, a partir de uma crença na razão que estipulou um antagonismo entre o verdadeiro e o falso. Nietzsche entende como necessária uma postura para além de bem e de mal e que torne possível a existência de um filósofo capaz de julgar as pretensões da ciência, de impor limites ao conhecimento que, a partir de Sócrates, se mostrou desmedido. Essa tarefa implica restituir à arte um valor que o socratismo destituiu: "uma reabilitação da ilusão, da aparência como características essenciais da arte e da vida" (MACHADO, 2002, p. 43).

A busca do conhecimento ilimitado teria consequências que a arte trágica evidencia. O resultado dessa busca seria uma hipertrofia do lógico que tem por consequência uma atrofia dos instintos fundamentais, tal como o exemplo de Édipo, que Nietzsche recupera para mostrar que o desejo de saber excessivo acaba por ser uma violência contra a natureza.

> [...] o mito parece querer murmurar-nos ao ouvido que a sabedoria, e precisamente a sabedoria dionisíaca, é um horror antinatural, que aquele que por seu saber precipita a natureza no abismo da destruição há de experimentar também em si próprio a desintegração da natureza. "O aguilhão da sabedoria se volta contra o sábio; a sabedoria é um crime contra a natureza" (NIETZSCHE, 2007c, p. 62).

Roberto Machado descreve a forma como Nietzsche apresenta a arte como uma alternativa para os limites da busca pelo conhecimento ilimitado. A arte trágica teria uma força afirmativa da vida e serviria de modelo capaz de impregnar o próprio conhecimento, impondo-lhe o limite e a adequação. Segundo Machado (2002, p. 44),

> contra a oposição metafísica de valores, a arte oferece uma valorização da aparência, da ilusão que dá conta de um valor essencial da vida menosprezado pela racionalidade. Controlar a ciência, limitando o instinto de conhecimento, é impor ao conhecimento o valor da ilusão ou a ilusão como um valor tão importante quanto a verdade; é, portanto, pensar o valor do conhecimento neutralizando a questão da verdade ou falsidade e privilegiando a dimensão da força, que é a marca dos valores artísticos.

Essa valorização da ilusão trazida pela arte deve ser visto como potência instauradora do real capaz de vincular a atitude artística ao pensamento. O ato artístico pode ser considerado, portanto, uma forma afirmativa capaz de vincular vida e mundo. A busca de um saber verdadeiro, metafísico, pode ser superada pelo ato artístico que atribui ao mundo propriedades legítimas e inéditas.

Se de fato formos capazes de dar um sentido novo ao mundo que habitamos, a verdade sobre esse mundo dependerá do pensamento. Se arte e pensamento têm em comum a capacidade de imaginar, também a verdade dependerá da arte, pois extrairá dela a capacidade de vincular o ausente objetivo e o subjetivo que foram materializados. A imaginação artística consegue escapar ao domínio autotélico da razão e estabelecer uma relação entre o sentir e o pensar, característica que nos fica evidente se pensarmos no caráter dialético do esclarecimento e também do pensamento mitológico. É o trabalho artístico o único capaz de extravasar a percepção do mundo e determinar sua indeterminação.

O artista se incorpora ao mundo, rompendo a fronteira entre o entendimento e a existência para, visceralmente, criar forma e existência ao mundo, de maneira dinâmica. A verdade do mundo, portanto, pressupõe sua ruminação criadora, permitindo sua digestão interrompida e reiniciada constantemente, dando contornos a um sentido antes velado e que agora, pontualmente, se desvela.

Ao mesmo tempo, o artista incorpora o mundo ao seu próprio corpo e existência através de uma leitura sensível capaz de enxergar o que já não está posto, de fazer submergir o que já não respira, de tornar evidente ao pensamento o que foi enclausurado pela percepção. Utiliza-se da memória para preencher lacunas em sua existência e a toma como matéria-prima para desenvolver a criação. A leitura do mundo requer os sentidos e a memória como contato inicial e a imaginação como motor de significados, que mantêm o sujeito como predicado do real, estabelecendo uma simbiose, de modo que não se pode vislumbrar a existência sem o existente, o pensado sem o ser pensante, o criado sem o criador.

É possível olhar para o homem destituído da condição de sujeito criador de sentidos pelo intelecto e recuperar um modo de ser que admite o real em sua imprecisão, em sua liquidez, em sua superfície rugosa, porque é controversa e conflitante, mas também por ser intangível, porque só se faz ser em si mesma. O contato sensível com o sujeito faz o objeto mostrar-se como um não objeto, faz a coisa ser algo que traga constantemente, que devora o sujeito para realizar-se.

O mundo se apresenta a nós como mistério penetrável, que nos convida sedutoramente a perscrutá-lo. A experiência fará do homem um ser persecutório, curioso sobre aquilo que lhe é exterior e, sendo assim, a experiência será o meio possível de estarmos ausentes de nós mesmos e de assistir por dentro à fissão do ser.[2]

A experiência artística permite ao ser, por meio da obra de arte, vasculhar seu espírito e deparar-se com os cacos do vivido, recompondo-os de formas possíveis e improváveis, constituindo o que somos e ofertando aquilo que somos ao mundo como parte abissal dele mesmo. A experiência artística permite recompor as partes do mundo desconhecido com o pó de nossa existência, de modo a dar forma estética ao mundo, mas uma forma frágil, momentânea, porque vai requerer outras experiências infinitamente. O mundo exterior e também o nosso ser mostram-se a nós como cacos, que unidos adquirem uma forma constituída por lacunas. Essas lacunas são espaços de sentidos que deverão ser preenchidas por esse pó. Essa imagem metafórica deve considerar que esse pó,

---

2   Cf. CHAUÍ, 2006, p. 473.

encontrado para dar forma ao mundo, foi produzido pela fissão de nosso ser, pelo resultado a que nos conduziu a experiência.

A experiência artística, portanto, vincula-se diretamente à criação do mundo. Não se trata apenas de reconhecer a arte como forma de ação construtiva do real, empreendida pelo artista, mas também de encontrar no contato do observador com a obra de arte uma experiência que o conduz a um processo de interpretação e atribuição de sentidos ao mundo. As informações que acumulamos a partir do pensamento sobre as coisas nos permitem lidar com o mundo de uma maneira controlada e, de certa forma, arrogante, porque pressupõe uma capacidade de domínio fornecida pelo pensamento, que toma os seres e as coisas como dadas e imutáveis, com propriedades fixas, que dependem apenas de método para serem desveladas. No momento em que o pensamento encontra limites, que sua ação metódica se mostra distante do absoluto, quando a matemática do real se revela insuficiente para dar conta do mundo, então arte e pensamento imbricam-se. A experiência diante da obra de arte implica um lidar com a imprecisão, com o infinito interpretativo da existência. A arte fornece ao observador elementos inéditos sobre o mundo, porque se configura ao mesmo tempo como a interpretação do real e a constituição do real. A arte é em si mesma objeto do mundo, passível de ser conhecido, mas é também sujeito do mundo, que o reorganiza e o povoa com sentidos. O mundo só existe em função dos sentidos que suscita aos homens, é apenas dessa forma que podemos encará-lo. Se o tomamos como coisa a ser dominada, o reduzimos à nossa vontade de saber e caminhamos para a ilusão de ver como possível a verdade absoluta.

2

A IMAGEM DA RAZÃO E O
SUBJETIVO COMO REAL

Gustav Klimt e a filosofia nietzschiana

Em 1894, o estado vienense encomendou a Gustav Klimt (1862-1918) uma série de painéis que descrevessem o triunfo da razão para o novo edifício da Universidade de Viena. A primeira dessas telas representava a filosofia, seguidas por outras duas telas, a medicina e a jurisprudência. Esse trabalho coincidiu com uma ampla revolução artística, conhecida por Secessão, que em Viena foi liderada por Klimt. A forma como a razão foi apresentada nesses três painéis gerou intensa discussão sobre o papel da arte e o seu vínculo com o Estado, que terminou, depois de muitos anos de trabalho, com a devolução do dinheiro recebido pelo artista como forma de protesto pela censura com que estava lidando. Sobre a polêmica, Klimt, em uma entrevista, disse:

> Chega de censura! Vou recorrer à auto-ajuda. Quero libertar-me. Quero regressar à liberdade, virando as costas a todas estas coisas ridículas e desagradáveis que impedem o meu trabalho. Recuso qualquer ajuda do Estado, renuncio a tudo... O principal é que quero fazer frente ao modo como os assuntos artísticos são tratados e regulamentados no Estado austríaco e no Ministério da Educação. Qualquer oportunidade é boa para atacar a verdadeira arte e os verdadeiros artistas (FLIEDL, 1998, p. 88).

A polêmica que se estabeleceu diante das obras de Klimt e que o fez tomar essa atitude política foi uma insistente discordância por parte de cientistas, filósofos e intelectuais em relação à forma como a razão foi representada. Klimt não pintou as luzes vencendo as trevas, como tradicionalmente se fazia. A visão do artista em relação ao saber de fato não estava em sintonia com a visão de que a luz vence a obscuridade, com a consequente utilidade da razão para a sociedade. A visão do artista não está de acordo com essa visão racional do mundo.

> Em *A filosofia*, Klimt mostrava-se ainda como criança numa cultura de teatro. Representa-nos o mundo como se o estivéssemos a ver da platéia, como um *theatrum mundi* na tradição barroca. Mas nos pontos em que o *theatrum mundi* parecia estar nitidamente dividido em zonas de Céu, Terra e Inferno, a Terra parecia estar dissolvida e ter-se fundido com as outras duas esferas (SCHORSKE *apud* FLIEDL, 1998, p. 77).

A imagem traçada pelo artista sobre a filosofia coincide com a crítica feita por Nietzsche aos homens que buscam precisão no conhecimento do mundo. Klimt, ao representar a filosofia dessa forma, afasta a representação fria da racionalidade e propõe uma reconciliação com a natureza, ao dar ênfase a seus aspectos sombrios. Nada na representação de Klimt indica resultados positivos do conhecimento para a sociedade, como querem crer os cientistas, técnicos e filósofos. A tela de Klimt compõe-se de uma coluna de seres humanos, crianças, jovens e velhos, em distintas situações, em uma mescla de erotismo e desespero. Pernas, mãos, cabeças parecem fazer parte de uma espécie de corda torcida, como se o tempo pudesse envolver a todos os homens em sua trama e extrair de cada corpo uma reação. A ideia de tempo transcorrido é dada pela presença de pessoas de todas as idades e por um movimento presente na coluna, semelhante a um redemunho que a tudo engolfa e confunde. Todos parecem imaginar algo, seja em um esforço por compreender ou mesmo sonhando. Em alguns, há um misto de lascívia e medo, outros escondem os rostos com as mãos, como fazem os que têm vergonha, tristeza ou desespero. Os corpos nus nos remetem à associação da filosofia com a natureza, não há roupas, adornos ou utensílios, nada que lembre a civilização. Parece que Klimt, ao associar a representação do tempo aos corpos nus, considera a filosofia algo ontológico. A busca pelo conhecimento, no entanto, apesar do tempo transcorrido, não parece ter tido sucesso. Todos nessa coluna estão de olhos fechados ou com a cabeça baixa, nada parece indicar sucesso.

Não é possível ao observador da obra cruzar os olhos com qualquer um dos personagens que compõem essa coluna humana. Na sua parte inferior, uma mulher enigmática, envolta em uma espécie de manto, essa sim com os olhos abertos, volta-os para quem a observa de fora da pintura. Essa imagem feminina, segundo Yusta (2007), representa a própria filosofia. Se tomarmos a disposição dos corpos, o tempo parece transcorrer de cima para baixo. Na extremidade inferior da tela, um velho esconde o rosto com as mãos na cabeça, num gesto de aflição, como se tivesse chegado ao fim de um percurso sem êxito algum. Aos seus pés, a própria filosofia deixa-se ver parcialmente. Talvez Klimt tenha aproximado a filosofia da velhice, indicando que a sabedoria requer tempo e, mesmo com toda a vivência acumulada, ainda assim não se pode possuir o conhecimento senão de uma maneira muito eclipsada. É preciso atentar para o fato de que a mulher que representa a filosofia ocupa um lugar periférico na obra, ainda que apresente uma nitidez que está ausente no resto da pintura. Com isso, Klimt, para significar a filosofia, utiliza pessoas de todas as idades, uma vez que a curiosidade e o questionamento são inerentes aos homens, e uma ampla área da tela repleta de traços, pontos e manchas, donde emerge um rosto, semelhante a uma máscara mortuária.

Esse grande rosto que se mistura à zona de indiscernimento na parte direita da tela representaria a humanidade. Essa face que ocupa lugar de destaque na obra não apresenta nitidez, confunde-se com o fundo da composição e apresenta os olhos petrificados, sem vida alguma. Se de fato representa a humanidade, Klimt também a faz enigmática, de olhos impenetráveis. Se os olhos são janelas da alma, somente o espírito da filosofia pode ser acessado. Seria possível conhecer a natureza da filosofia, mas não a natureza dos homens. Mas o olhar fixo da filosofia para o observador não parece deixar-se penetrar. São, antes de janela, um espelho, capaz de refletir a todos que os encaram.

A Filosofia intriga pela representação enigmática daquela que deveria ser a esclarecedora de todos os enigmas. Aqui o artista indica a impossibilidade do conhecimento verdadeiro e absoluto. O ciclo da vida pode ser associado aos corpos representados em diferentes idades, com diferentes sentimentos. Esse ciclo não está comprometido com linearidades e congruências de tempo e espaço. Ao lado, a humanidade permanece em repouso, impassível, sem encontrar o sentido preciso para a máquina do mundo. Segundo Fliedl (1998, p. 78), a obra contradiz

> a concepção da ciência reinante e universitária como ilustrava antes e mais precisamente a representação que primava o *"fin de siècle"*, segundo o qual a história, avançando inexorável e logicamente para o seu objetivo, se dissolve num movimento circular sobre si mesmo efetuado pela Natureza e que não é acessível à racionalidade humana.

Klimt nos apresenta uma composição que nos afasta do conhecimento do espírito humano. Somente a própria filosofia, enquanto ato, se permite conhecer. A dialética está em ser a filosofia, aquela que quer conhecer, possível de ser conhecida, mas sua finalidade está impedida de ser alcançada.

A filosofia está velada, observa e não se deixa observar. O emaranhado de corpos que se entrelaça está atrás, não a atinge. Essa figura parece ter ciência de tudo que ocorre, de todo movimento, todos os anseios e todas as aflições. Mas sua postura indica que, de tudo isso, nada lhe diz respeito. A impossibilidade de seu desvelamento revela a impotência dos homens. Podemos interpretar, a partir da obra de Klimt, que a filosofia é apontada como impossibilidade do absoluto, o que é desesperador. A sensação que temos diante de *A Filosofia*[1] é a de descompasso com o desejo de saber, o que só faz afirmar o horror dos homens ao tomarem conhecimento de sua fraqueza. [**FIGURA 1, CADERNO DE IMAGENS, p. 283**][2]

A filosofia de Nietzsche, em larga medida, se parece com a imagem trazida por Klimt. Seus textos se contradizem, seu estilo é ácido, polêmico e poético. Sua obra compõe-se de muitos personagens, que ora deixam-se ver, ora são obscurecidos. Suas ideias são sibilinas e a forma de seus personagens também, nem sempre seus sentidos estão claros. A maneira direta e pessoal com que se dirige ao leitor confunde suas expectativas. É possível encontrar discursos antagônicos utilizando-se dos textos de Nietzsche, como argumento, por isso, é preciso considerar esse autor com cuidado, para que não se caia em simplificações.

O cerne da filosofia de Nietzsche é oposto ao da filosofia tradicional. Sua concepção de verdade não pode ser vinculada à representação do real, mas à

---

1   Gustav Klimt. *A Filosofia*. Óleo sobre tela, 430 x 300 cm, 1898-1907 (destruída em 1945).

2   O *Caderno de Imagens* se encontra no final do livro, e as indicações para consulta das figuras serão feitas dessa maneira ao longo do texto.

sua criação. Para Nietzsche a verdade será uma afirmação. Uma filosofia que considera a verdade dessa forma aproxima-se da própria arte,

> afinal, se o que caracteriza a filosofia e o que a distingue de outros tipos de discurso é justamente a pretensão à verdade, o que resta uma vez que se abandonou esta pretensão? A resposta é: nada. Mas neste caso, isso se aplica também a toda e qualquer filosofia: ao negar a existência da verdade, é a possibilidade mesma de distinguir entre arte e filosofia que se encontra posta em questão (ROCHA, 2003, p. 171).

A postura do filósofo tradicional, que age de acordo com a *reta razão* em busca de um saber preciso e que para isso adquire uma neutralidade frente ao mundo, a fim de dominá-lo, de descobrir sua verdade, para Nietzsche, é uma dissimulação, pois não há verdade desinteressada. Mesmo o interesse obedece a um interesse mais profundo, mais dissimulado. O mundo, de acordo com o perspectivismo nietzschiano, "é algo que não se pode pensar, e o conhecimento é a atividade de inventar um mundo que se possa pensar" (ROCHA, 2003, p. 170). De forma que a reflexão sobre o mundo não pode ser encarada apartada da reflexão sobre o conhecimento. Esse aspecto coloca a filosofia de Nietzsche como ato criador afirmativo, como algo que não atenua a vontade de saber do homem, pelo contrário, a provoca, suscitando novos dados que compõem o enigma do mundo. O resultado de uma filosofia assim é sua confusão com a arte, pelo impacto que causa e pela potência que possui. Trata-se, portanto, de considerar a possibilidade de uma estética da existência, que somente é possível através de um pensamento fluido e imanente.

Nietzsche fala em seu próprio nome, não busca ser porta-voz de uma verdade universal. Mas isso não significa que seja um pensador egocêntrico. Nietzsche consegue dissolver sua própria pessoa através do pensamento. Quando diz "eu", esse "eu" já são muitos que implicam diversos pontos de vista, muitas inclinações e perspectivas. Isso é o oposto do que exige a sociedade pautada pelo positivismo, que reclama coerência na ação e no pensamento. A filosofia de Nietzsche não é, portanto, a filosofia tradicional, que os catedráticos de Viena gostariam de ter visto representada por Klimt em sua tela.

No aforismo 40 de *Além do bem e do mal*, Nietzsche diz: "tudo o que é profundo ama a máscara" (NIETZSCHE, 2007b, p. 42). Por que um filósofo adotaria uma máscara? Nietzsche vai responder: por pudor que sentiria um deus em apresentar-se pessoalmente; para preservar seu perigo mortal e sua certeza de vida, que uma compreensão muito rápida e imediata abortaria. Mas para preservar o perigo mortal de um pensamento, é preciso, ao escrever, evitar o risco de vulgarizar as ideias, de torná-las inofensivas e infecundas. Nietzsche preconiza uma dificuldade em ser entendido prontamente. Se entendemos muito rápido um autor, em geral, é porque transformamos aquilo que ele inventou em algo que já conhecíamos, transformamos o novo em velho, reduzimos o pensamento a pó. Mas por que, afinal, um pensador ou um artista quer esquivar-se à comunicação? A comunicação é o império do consenso, o acordo imediato, a interpretação rasa, a interpretação que enxerga tudo pelo canal mais corriqueiro. A máscara garante uma reserva, uma obliquidade, obriga o pensamento a levantar voo. Ora, o rosto pintado por Klimt para representar a humanidade assemelha-se a uma máscara que muito pouco ou nada diz sobre os homens. É esse caráter não manifesto da humanidade que está presente na obra de Klimt, como se o conhecimento do humano pudesse ocorrer somente em sua superfície falsa, aparência que não varia sua expressão, que mascara a realidade.

Parece haver em Nietzsche uma relutância em ser entendido, um desejo de manter à distância os leitores superficiais. Não quer ser compreendido por qualquer um, de qualquer jeito. A resistência de Nietzsche não deve ser vista como um elitismo, mas como uma discordância com o senso comum, com a vulgaridade. São esses os leitores que buscam fórmulas e simplificações sobre a vida. São esses os leitores que procuram atalhos para os caminhos que devem ser percorridos por inteiro. Nietzsche não quer seguidores, detesta rebanhos e o espírito gregário. Na medida em que o homem opta por ser rebanho, recusa o entendimento profundo de sua própria vida. Acredita na ficção de que a máquina do mundo se explica pela lógica e pela retórica. Esse desejo de identificação com a materialidade, que promove a recusa de certos tipos de pensamento, também pode ser aplicado à arte. Nietzsche quer leitores que possam traí-lo, que possam seguir seu próprio caminho: "Retribui-se mal um mestre quando se permanece sempre e somente discípulo. [...] Agora, vos mando perder-vos e achar-vos a vós mesmos" (NIETZSCHE, 2007e, p. 105).

A obra de Klimt, repleta de enigmas, gera no observador uma espécie de revolta semelhante àquela causada no leitor que espera coerência de ideias em um pensador. Se uma obra teórica deve expressar a verdade de uma ideia, para esse leitor, ela não pode cair em contradições. Assim como uma obra de arte, ao buscar expressar o mundo, ou a filosofia, não deveria tomar formas obscuras, indiscriminadas. Se tomarmos o pressuposto de que de fato a teoria e a arte devem indicar a verdade do mundo, uma escritura como a de Nietzsche e uma obra como a de Klimt apontam para um mundo bastante diferente do representado e pensado tradicionalmente.

O estilo de Nietzsche beira a caricatura, sua intenção não é produzir um retrato fidedigno da realidade que vemos. Qualquer retrato, em si mesmo, já é uma perspectiva. Num retrato já se injeta no objeto retratado o olhar do artista. Quando um artista mente, nos faz enxergar algo que não veríamos por estarmos numa espécie de embriaguez do olhar. Nietzsche nos sacode e nos livra do torpor da percepção e do pensamento. O excesso tem a função de abalar nossas mais cotidianas crenças e certezas.

O fato de Nietzsche dizer coisas opostas, às vezes contraditórias, dificulta seu entendimento e gera muitas discordâncias. Isso parece fazer parte do experimentalismo do autor, cujo pensamento tenta sucessivamente várias hipóteses, várias formas. Essa experimentação evita o risco de se cair em dogmatismos e requer do leitor uma espécie de estado de inquietação duradoura. Trata-se de uma estratégia para desfazer as reduções metafísicas. Ao diversificar suas metáforas, Nietzsche evita que uma única interpretação seja consagrada, impede que se estabeleça uma perspectiva única sobre o mundo. Com isso, reclama a necessidade de se ver o mundo com a maior quantidade de olhares possível.

O conhecimento é um jogo de perspectivas que se multiplica incessantemente, mas é preciso cuidado para não se apegar a uma perspectiva única e transformá-la em um totem. Trata-se de transportar o seu eu em direção a outros *eus*: "Quanto mais afetos permitirmos falar sobre uma coisa, quanto mais olhos, diferentes olhos, soubermos utilizar para essa coisa, tanto mais completo será nosso 'conceito' dela, nossa 'objetividade'" (NIETZSCHE, 2007a, p. 109). O filósofo ou cientista social é, ao mesmo tempo, aquele que se coloca diante do mundo com uma pluralidade de olhares, mas é também um ser pertencente a esse mundo e, nessa condição, sente, experimenta, transforma. Para Nietzsche, o pensador é aquele que se permite percorrer os múltiplos estados do homem, de forma que o pensamento não é algo abstrato, mas visceral. O mesmo se pode dizer do ato artístico.

Assim como não existe um estilo coeso e sistemático em Nietzsche, também não existe uma verdade em si. Não há na obra desse autor a arrogância de submeter o leitor a uma verdade universal. Nietzsche exagera, se contradiz, reclama, e o leitor percebe que está diante de um pensador e não diante da verdade. A presença do "eu" parece ser uma estratégia para não submeter o leitor a um dogmatismo, não se trata de um narcisismo. Ao desejar a desordem no pensamento, o desacordo de ideias, Nietzsche propõe ao mesmo tempo uma liberdade e uma proximidade com o mundo. Isso é o oposto do julgamento que muitos fazem sobre esse autor, como produtor de um pensamento desenraizado, desencarnado. Nietzsche não é um autor sem alma. Sua obra deve ser vista como um ponto de vista, que é fruto de determinado impulso, determinado modo de vida.

O leitor sempre sabe que é Nietzsche quem está escrevendo. Existe aqui uma semelhança com o que quer Brecht com seu teatro, não há infantilização, ilusão, criação de realidades. Os vários estilos de Nietzsche poderiam ser compreendidos como uma luta antitética contra a filosofia, especialmente o pensamento que quer homogeneizar, estabelecer acordos e coerências. No entanto, existe um esforço paradoxal no autor de se insinuar entre seus leitores e o mundo. É possível que os leitores sejam convencidos de alguma coisa, mas será pelos seus escritos, que são produtos de idiossincrasias. Concordar não é tanto uma questão de argumento, mas de escolha.[3] São as escolhas que modelam os modos de vida. Em *Assim falou Zaratustra* (2007e), Nietzsche vai apontar que não existe um único caminho a ser percorrido, mas muitos. Diante das infinitas possibilidades de escolha, o maior problema para o leitor de Nietzsche, portanto, será o estatuto da verdade.

---

3   É curioso lembrar que a palavra ler vem do latim *legere*, "escolher", "selecionar".

A maioria dos autores parece propor uma verdade. Nietzsche sequer questiona a verdade de outro filósofo, ele põe em questão a própria verdade em si. Não substitui uma verdade por outra, questiona o próprio valor da verdade. O leitor é provocado diante desse questionamento. Ao procurar entender as razões da existência, o leitor que se depara com Nietzsche é comparado a uma mosca. Isso só enfatiza o horror causado pelo abalo do narcisismo. A percepção de que a verdade conhecida do mundo é fruto apenas de pontos de vistas, de perspectivas sobre o real, é intolerável.

O que está em xeque é o desejo de verdade, a vontade de verdade, que caracteriza o pensamento ocidental desde Sócrates. Não interessa a Nietzsche o que é a verdade, como ou quais os critérios segundo os quais se dá a verdade. Nada disso lhe interessa. Nietzsche vai questionar que sentido teria nosso ser se não o de que em nós a vontade de verdade toma *consciência de si* mesma como problema. Nessa gradual *consciência de si* em busca da verdade haverá uma preservação da moral, e colocar em xeque a vontade de verdade significa o seu desmoronamento. Quando a verdade aparece enraizada numa vontade, ocorre o que Nietzsche prevê para os próximos séculos: um abalo do edifício moral. É nesse sentido que entendemos que o horror causado pela percepção da inexistência de uma verdade absoluta caminha para o horror causado pela moralidade. Ambos estão imbricados e serão alicerce para o modo de vida ocidental, que entendemos como o resultado de um processo que, uma vez analisado, nos permite uma perspectiva sobre a condição humana.

> Nietzsche insiste que o argumento contra a hipótese de um mundo verdadeiro não é de natureza teórica, mas prática. Não se trata de pretender demonstrar a inexistência de um tal mundo – projeto tão impossível quanto o seu contrário – mas de apontar as conseqüências que a simples crença nesta hipótese produz: o niilismo e a desvalorização da vida, considerada como deficiente com relação ao mundo ideal. A crítica à metafísica engloba uma crítica moral, à religião e ao racionalismo, entendidos como diferentes expressões da crença em um mundo verdadeiro. Esta vontade de verdade consiste na crença de que o sentido do mundo está dado, cabendo ao homem apenas a tarefa de descobri-lo (ROCHA, 2003, p. 47).

A verdade que se pode encontrar na filosofia nietzschiana é uma verdade que constrói o mundo cujas propriedades não existem antes do ato de conhecer. O mesmo se poderia dizer da pintura de Klimt, que é força constitutiva do mundo, que pauta-se por si só, sem levar em conta propriedades determinadas, ordens estabelecidas, padrões recorrentes. A polêmica instaurada em torno de sua visão sobre o conhecimento aproxima-se da polêmica existente em torno da filosofia de Nietzsche. Essa coincidência se dá pelo fato de haver, em ambos os casos, um ato originário, selvagem, destituído de um *a priori* capaz de fornecer pistas ao leitor e ao observador. A reação diante de uma concepção da filosofia como essa é ultrajante ao homem positivista, que cultiva sua vontade de saber. Isso justifica as polêmicas e o horror sentido por aqueles que finalmente percebem um abalo de sua fé na verdade. Esse horror é próprio dos pensadores, mas também pode ser ampliado a todos aqueles que buscam domar a verdade – ato que ocorre constantemente diante dos diversos questionamentos cotidianos – e que, de uma forma ou de outra, percebem-na como impossível. Para esses homens, que nutrem um olhar cartesiano sobre tudo, dizer que o mundo não é algo que se possa pensar é de causar assombro; assim como dizer que o conhecimento é tão-somente uma forma de construí-lo de modo a poder apreendê-lo é confirmar a fragilidade da existência, é destituir o homem de uma imagem e semelhança que lhe é cara.

Jackson Pollock e a leitura do mundo conturbado

O fazer artístico implica num inevitável desacordo com as ideias positivistas. Como considerar a separação entre o artista e o mundo que ele quer representar? Não é o mesmo mundo de que faz parte? Como fragmentar a experiência artística no tempo se a cada instante a obra de arte suscita novos sentidos para o olhar, de forma hermenêutica? O artista não tem o poder de tornar visível aos demais um mundo que já existe em si, imutável. Pelo contrário, seu poder está em fazer visíveis suas interpretações do mundo e, na medida em que o faz, dá início a outros processos de interpretações. O mesmo ocorre com o pensamento. O conhecimento do mundo implica um sem-número de perspectivas e interpretações. Considerá-lo de outra maneira, buscando sua precisão e controle, implicaria um pensamento mítico e dogmático, tal como nos diz Nietzsche (2007d, p.278):

O mundo tornou-se novamente "infinito" para nós: na medida em que não podemos rejeitar a possibilidade de que ele encerre infinitas interpretações. Mais uma vez nos acomete o grande temor – mas quem teria vontade de imediatamente divinizar de novo, à maneira antiga, esse monstruoso mundo desconhecido? E passar a adorar o desconhecido como "o ser desconhecido"? Ah, estão incluídas demasiadas possibilidades não divinas de interpretações nesse desconhecido, demasiada diabrura, estupidez, tolice de interpretação – a nossa própria, humana, demasiado humana, que bem conhecemos...

Procuramos vincular pensamento e arte, partindo do pressuposto de que a arte oferece uma perspectiva sobre o conhecimento do mundo tão legítima quanto o pensamento. A obra de Jackson Pollock nos oferece a possibilidade de uma interpretação do mundo na qual fica delineado um modo de ser específico. Seria possível identificar nos traços de Pollock um dos desejos mais primitivos do homem, o de compreender o mundo.

Os artistas modernistas respondiam a um mundo conturbado pela guerra e pelo fortalecimento de um sistema econômico e político que ampliava sua dominação para todas as esferas sociais. O capitalismo já não era o mesmo entendido e diagnosticado por Marx e a globalização já se manifestava na cultura. A estética modernista pode facilmente ser identificada com o caos vivido a partir do final do século XIX, com os avanços da sociedade tecnológica e industrial. Mas é especialmente a partir dos anos 1930 que os artistas puderam lançar um olhar pontual para o mundo a partir dos horrores da guerra. Não foi o modernismo que inaugurou a representação artística da guerra, mas foi a partir de então que a arte encontrou uma forma de expressão política que abarcasse as ações humanas de maneira a incorporar sua subjetividade.

Ao olharmos para a obra de Jackson Pollock, materializamos esse conhecimento visceral do mundo. Ao procurar nas telas as formas corriqueiras do cotidiano, a impressão que se tem é de que as imagens de Pollock, especialmente os quadros pintados entre 1947 e 1951, distanciam-se da materialidade da vida. Seus traços, no entanto, não estão se reportando a outras representações, como será feito na arte pós-moderna, mas a um interior subjetivo, que é componente genuíno do mundo. Trata-se, portanto, de uma representação autêntica e concreta da vida, ainda que um olhar vulgar possa interpretá-la como esquizofrênica.[4]

Na obra *Lavender Mist: Number 1*,[5] é possível associar os traços a uma necessidade de se ver o mundo com olhos subjetivos e imprecisos. Pollock nos fornece a síntese de incontáveis camadas de pinturas. O conceito original ou o gesto primário do artista se dilui no complexo processo de construção da realidade. O que Pollock nos oferece ao olhar é uma sôfrega sobreposição de planos de realidades, o que sugere um enigma, um perscrutar o que está por trás dos planos, até que se conheça o ato original, quando ainda não havia nada na tela.

As camadas de tinta parecem encobrir o passado, as imagens que se formaram aos poucos e se foram alterando mediante o ato de criação. Ao mesmo tempo, a matéria que encobre é a obra em si. Não se trata de uma imagem em potência, encoberta pelas camadas de tinta, mas sim de uma imagem que somente se realiza a partir da somatória das camadas. [**FIGURA 2, CADERNO DE IMAGENS, p. 284**]

A tela de Pollock fascina pela força dos traços, pela maneira como os pigmentos espalhados na superfície se vinculam, como que se protegendo. Os riscos de tinta se interpenetram e dão coesão ao todo. Como um tecido, que se tornaria deficiente caso um dos fios de sua trama fosse puxado, cada traço pintado pelo artista se justifica e contribui para a existência do todo. Não é à toa que o artista insistentemente, nas entrevistas que concedeu em vida negava o acaso em suas obras.

A partir da obra de Pollock, é possível perceber que a experiência artística não coincide com o objetivismo científico ou com o subjetivismo filosófico que afastam o ser do mundo; então, a precisão da tradição filosófica jamais daria conta da explicação de seus traços. Não é buscando um referente em suas obras que se pode entendê-las; o referente para os signos de Pollock é sua subjetividade, fruto de sua relação com o mundo. Suas formas não acontecem por obra do acaso, mas por sua intenção. A negação do acaso na constituição do quadro implica o impedimento de uma explicação causal para a estética da obra. Embora

---

4   Quando o autor apresenta o pastiche e a esquizofrenia como características substantivas da arte pós-moderna. Cf. JAMESON, 1996.

5   Jackson Pollock. *Lavender Mist: Number 1*. Óleo, tinta automotiva e acrílica sobre tela, 221 x 9,7 cm, 1950.

o pincel sobrevoe a tela, a tinta esparramada está na quantidade, cor e textura exatas, assim, o quadro não suportaria nenhuma gota a mais do que a experiência artística permitisse.

Há em Pollock a busca de uma forma capaz de explicitar as conturbações do mundo real, a multiplicidade de forças que compõem a existência e se coadunam no tempo e no espaço. Para Gilles Deleuze, o traço-linha e a mancha-cor das telas de Pollock

> vão até o fim de sua função: não mais a transformação da forma, mas uma decomposição da matéria que nos revela seus lineamentos e suas granulações. [...] desta vez, o homem moderno encontra seu ritmo mais perto da catástrofe, na proximidade absoluta: vê-se como essa resposta à questão sobre a função "moderna" da pintura é diferente daquela dada pela abstração. Desta vez não é mais a visão interior que dá o infinito, mas a extensão de uma potência manual *all-over*, de um extremo a outro do quadro (DELEUZE, 2007, p. 108).

A forma caótica que a tela adquire, pela sobreposição irregular dos traços, impede a identificação de profundidade e contorno, luz e sombra; perdem-se os elementos que permitem a representação clássica tridimensional do mundo. Há uma sensação de abandono do referente, que Deleuze atribui a uma inversão, pela qual o olho se subordina à mão.

> Mas esses referentes tácteis da representação clássica exprimiam uma subordinação relativa da mão ao olho, do manual ao visual, enquanto, liberando um espaço que se pretende (erroneamente) puramente óptico, os expressionistas abstratos nada mais fazem que mostrar um espaço exclusivamente manual, definido pela "planeza" da tela, pela "impenetrabilidade" do quadro, pela "gestualidade" da cor, que se impõe ao olho como uma potência absolutamente estranha onde ele não tem repouso (DELEUZE, 2007, p. 109).

É significativo pensar que uma imagem assim é a leitura de um homem sobre o mundo que vivia. Dizer que a explicação para sua estética é a vida perturbada que teve o artista é um simplismo que queremos ignorar. Ocorre que também ignoramos que a confusão harmônica expressa por Pollock em sua pintura corresponde ao nosso entendimento do mundo. É legítimo e possível expressar o mundo de outras formas, mas queremos chamar a atenção para o fato de que a estética de *Lavender Mist: Number 1* não coincide com o desejo de precisão, e por isso é mais fácil ouvir que a plasticidade de Pollock é a prova de um desvario ou de um infantilismo do que aceitar que essa estética corresponde ao mundo do qual fazemos parte. Não se trata de considerar o mundo como um lugar para se habitar, mas um lugar que se habita fazendo-o, poeticamente. Se essa é a estética que corresponde ao mundo, diz respeito aos processos e fluxos gerados com a participação ativa dos homens. Considerar o abstrato ou o subjetivo como real é causa de um incômodo que aponta para a decepção de não poder fazer o mundo com a precisão que se deseja.

Pollock "convence-se de que a esfera da arte é o inconsciente: é a grande reserva das forças vitais, à qual se chega apenas com a arte" (ARGAN, 1999, p. 531). A última fase de seu trabalho é o cume de uma busca sofrida por uma forma realmente capaz de expressar sua subjetividade. O encontro dessa estética coincide com o ápice de uma crise de representação iniciada pelos pintores que não podiam competir com a fotografia. Se a pintura passava a expressar uma interpretação sobre o mundo, a pintura de ação de Pollock representa o último suspiro dessa crise, além do qual não poderia haver mais nada. Giulio Argan acredita que o expressionismo figurativo já não dava conta da realidade do mundo ao desvelar suas contradições, agora era preciso uma profundidade capaz de exprimir a angústia da condição humana, do estar-no-mundo.[6] Nesse sentido, a pintura de Pollock será conhecida por *action painting*, uma "dança frenética do pintor ao redor do quadro, ou melhor, no quadro, que não está estendido no cavalete, mas pregado, não estendido, no chão. Pois houve uma conversão do horizonte em chão: o horizonte ótico se converteu completamente em chão táctil" (DELEUZE, 2007, p. 108). Os traços de Pollock encontrarão para o signo "a vitalidade intensa e tenaz do germe que se gera espontaneamente numa água pútrida, estagnada: e a água pútrida é o passado que, não se organizando racionalmente em perspectiva histórica, cai no caos do inconsciente" (ARGAN,

---

6   Cf. ARGAN, 1999, p. 528.

1999, p. 527). Ainda nesse raciocínio, vale insistir na análise que faz Argan (1999, p. 532) sobre o artista:

> Não é a dimensão das lembranças perdidas e sim o mar profundo e borbulhante do ser, de onde provêm os impulsos para a ação. O credo da sociedade puritana dos Estados Unidos diz: existe-se para fazer. O contrário é que é verdadeiro: faz-se para existir, é preciso fazer a existência. Antes da ação, não há nada: não um sujeito e um objeto, não um espaço onde se mova, um tempo em que se dure. Pollock parte realmente do zero, do pingo de tinta que deixa cair na tela. Sua técnica [...] deixa certa margem ao acaso: sem acaso, não há existência. O acaso é liberdade em relação às leis da lógica, porém é também a condição de necessidade devido à qual se enfrentam a cada momento, na vida, situações imprevistas. A salvação não reside na razão que faz projetos, mas na capacidade de viver com lucidez a casualidade dos acontecimentos.

A análise de Argan permite considerar o acaso como liberdade em relação às leis da lógica, e por que não dizer, da racionalidade. Trata-se de livre interpretação que vai sublinhar uma condição que o próprio artista negou. Mas é possível aproveitar os motivos das duas posturas. Argan está mostrando que a vida não é determinada, e quando diz isso está de acordo com a tradição humanista que sublinha a virtude humana como aquela capaz de estabelecer seu destino. Talvez essa fé na virtude tenha sido demasiada e o passar dos anos tenha revelado que de fato os homens não são de todo senhores de suas ações, uma vez que elas jamais estão isoladas de um todo processual. Ainda assim, os processos só se desenrolam a partir das ações e é nesse sentido que a existência é construída. Mas a ação humana se vê diante do acaso na exata medida que não se pode medir tudo, que o imprevisto surge pelas combinações de existências, pelo movimento da história, pelo aprisionamento sempre criativo do progresso. É na medida em que o futuro nos aguarda que vamos preenchendo nossa existência com os acasos. Mas somos nós que colhemos o acaso e o aproveitamos como matéria-prima para a ação. Quando Pollock nega que existe acaso em suas obras, lembra que o *dripping*[7] só pode ocorrer

---

7   Técnica de pintura que consiste no gotejamento da tinta sobre a tela.

porque existe um artista segurando o pincel. É ele quem dá o ritmo da pintura, controlando o fluxo de tinta, sua intensidade e textura, além da combinação das cores e materiais usados. A forma que parece acaso é de fato gestada na intencionalidade do artista e é a materialização de sua subjetividade. Ao comparar a obra de Pollock com o jazz, Argan (1999, p. 532) nos elucida a forma como os elementos do quadro dialogam:

> [...] na composição de um quadro de Pollock, cada cor desenvolve seu ritmo, leva à máxima intensidade a singularidade de seu timbre. Todavia, tal como o jazz constitui não tanto uma orquestra, e sim um conjunto de solistas que se apostrofam e respondem, estimulam-se e relançam um ao outro, analogamente o quadro de Pollock surge como um conjunto de quadros pintados na mesma tela, cujos temas se entrelaçam, interferem, divergem, tornam a se reunir num turbilhão delirante.

Podemos, ironicamente, colocar lado a lado a gradual *consciência de si* em busca da verdade de que nos fala Nietzsche com a representação artística do mundo que Pollock faz a partir de seu inconsciente. É na mesma medida que tomamos ciência de nossa vontade de verdade e fazemos valer uma organização social racional que a pressupõe que Pollock apresenta sua obra e nos alerta para a inconsistência desse projeto. Trata-se de um paradoxo. O mundo representado a partir da subjetividade de Pollock, com suas formas indomáveis, não parece coincidir com o mundo calculado e controlado pela razão. Há aqui um alerta: ao reconhecermos o mundo nas formas de Pollock, emerge uma sensação que nos fala da impossibilidade de dominá-lo.

3

O HORROR DE SI E O NIILISMO

Francis Bacon e a assimetria da existência

O mundo aparece para nós como interpretação. É preciso considerar isso para aceitar sua imprecisão e sua complexidade. Seus mistérios não são desveláveis e são constante convite à investigação. Os homens diante do mundo reconhecem a fragilidade dos sentidos e lançam mão de métodos e técnicas capazes de reunir informações em busca de algum entendimento. Essa busca parece dar sentido à existência humana, ainda que seu êxito absoluto se mostre tão improvável.

A tradição filosófica compreende o mundo como algo passível de ser conhecido e, ao homem, sujeito do conhecimento, caberia um aperfeiçoamento constante de seus recursos no sentido de inquiri-lo corretamente. O mundo, em toda sua complexidade, existiria em si mesmo, bastaria o método correto para compreendê-lo e dominá-lo. Mas, se deixamos essa suposição de lado, tal como o fizeram os pensadores que puseram a razão cartesiana em suspensão, poderíamos inverter essa relação em busca da sintonia entre o mundo e o nosso modo de existir. Haveria então uma necessidade do olhar nu para a compreensão, sem o auxílio de métodos e técnicas. Ao nos colocarmos na posição de sujeitos construtivos, podemos atribuir ao ato de interpretar uma potência criadora. A partir daqui, o olhar que lançamos passa a ser sempre suficiente. Nossa habilidade em alcançar peculiaridades, mistérios e contradições seria a condição para a construção da complexidade do mundo, na inversa medida em que um olhar limitado seria a imposição de limites ao mundo.

Francis Bacon (1909-1992), em suas pinturas, foi capaz de dar uma materialidade inédita aos entes. A maneira com que enxerga o mundo é um exemplo emblemático da possibilidade infinita de reinvenção da vida. Trata-se não apenas de interpretação, mas de relacionar-se com a realidade de uma maneira peculiar, atuando sobre ela com a potência das formas. Para o artista, a imagem criada é mais importante do que a beleza do quadro; em seu ofício, considera-se, a partir do jeito com que lida com as imagens que lhe vêm, como um "fazedor de imagens" (SYLVESTER, 2007b, p. 166). Em Bacon a representação é mais do que interpretação da realidade, é um apreender o real modificando-o. Isso porque se o mundo constitui-se mediante interpretações, ao olharmos a realidade através da obra de Francis Bacon somos levados a considerá-la com outros olhos. As telas desse artista não são apenas um elemento a mais que constitui o mundo e se coloca como objeto à nossa interpretação. Na medida em que as pinturas de Bacon são um misto de ilustração do real com contorções de suas propriedades, acabamos por encontrar novas possibilidades de leituras da realidade.

Em uma entrevista a David Sylvester, em 1966, o artista descrevia uma espécie de angústia na tarefa da pintura. Ao fazer um retrato, dizia que ao colocar a boca em um lugar qualquer, de repente poderia perceber que a boca devesse ir para o outro lado do rosto. Sobre essa sensação, comenta que "adoraria poder, num retrato, fazer da cara um Saara... que ficasse parecido com o modelo, mas que guardasse as escalas do Saara". Sylvester compreende, na ocasião, que se trata de uma questão de conciliar os opostos, de "fazer com que uma coisa seja ao mesmo tempo coisas contraditórias", ao que Francis Bacon concorda e acrescenta: "Não é isso que se deseja? Que uma coisa seja tão factual quanto possível e ao mesmo tempo tão sugestiva ou reveladora às áreas da sensação, em vez de parecer simples ilustração do objeto que se pretendeu fazer? Não é em torno disso que gira toda a arte?" (SYLVESTER, 2007b, p. 56).

Ao identificar uma forma inteligível nas telas de Francis Bacon, recuperamos nossa própria interpretação do real. No entanto, na mesma tela, essa forma é colocada diante de outras, inéditas, retorcidas. Procuramos automaticamente identificá-las. Tentamos, como meio de atenuar a ansiedade, decretar um significado para as formas ou associá-las a um acidente possível, encontrar um sentido lógico e matemático para elas. Como se, por estarem juntas a formas reconhecíveis, ou mesmo associadas, pelo título da obra, a pessoas e coisas conhecidas, julgamos que as formas distorcidas pertencem à mesma ordem de coisas. É assim que ao pintar um corpo humano, ao pintar um relógio de pulso ou uma cadeira, o artista nos obriga a considerar que, havendo correspondente real para esses objetos, haveria também correspondente real para todo o resto da tela. Então, o corpo humano apresenta-se deformado, as mãos parecem derretidas e fundidas às pernas, o rosto retorcido deixa algumas poucas pistas suficientes para ser identificado como um rosto. O observador não se sente diante de uma coisa inédita, um monstro ou coisa que o valha, mas diante de um homem e, ao deparar-se com características inusitadas, poderia confundir-se: talvez sejam características reais, vistas apenas por Francis Bacon. A tela, nesse sentido, é objeto inédito do mundo e a representação que contém é mais do que a interpretação do artista sobre o mundo, é a revelação de uma nova realidade. **[FIGURA 3, CADERNO DE IMAGENS, p. 285]**

Em uma outra entrevista a David Sylvester, Francis Bacon comentava o que fazia com que um dos quadros de Picasso fosse tão real.[1] Sua realidade se dava por conta do contraste da representação literal de uma chave e o buraco de uma fechadura com a figura inventada de uma banhista. O contraste, para Bacon, daria força ao gesto, traduziria as implicações subjetivas contidas no simples ato de girar uma chave na fechadura de uma porta. O realismo, para o artista, precisa ser sempre reinventado, assim como diz:

> Numa de suas cartas, Van Gogh fala da necessidade de introduzirem-se mudanças na realidade que se transfiguram em mentiras mais verdadeiras do que a verdade propriamente. Essa é a única maneira possível que o pintor tem de recuperar a força da realidade que procura apreender. Acho que a realidade na arte é uma coisa profundamente artificial, que precisa ser recriada. Do contrário, estaremos fazendo somente a ilustração de uma coisa – e uma ilustração muito de segunda mão (*apud* SYLVESTER, 2007b, p. 172).

Talvez essa capacidade de ser objeto inédito e, ao mesmo tempo, representação e uma nova revelação do real seja uma característica de qualquer grande obra artística. Sylvester (2007b, p. 172) considera que nos relacionamos com uma

---

1   A referida obra é *Banhista e cabine*, óleo sobre tela, 21,6 x 15,9 cm, 1928, MOMA.

obra a partir de suas qualidades intrínsecas, a partir de nossas experiências. A grande obra não requisita comparações de suas formas com a realidade, sua força é suficiente para nos dizer algo. Assim, qualquer interpretação do mundo pode ser considerada como constituição do real e servir de base para uma nova interpretação. Mas a obra de Francis Bacon tem a peculiaridade de evidenciar certo tipo de incongruência, como se as coisas, tais como aparecem a nossos olhos, estivessem incompletas ou fossem apenas um pedaço do que realmente são. Quando estamos diante de uma discordância com alguém em relação à propriedade de um objeto, por mais que estejamos certos de nossa opinião, sabemos que sempre há a possibilidade da opinião do outro ser mais precisa que a nossa. O mesmo ocorre com a interpretação do artista em relação ao mundo representado. A possibilidade dessa incompatibilidade nos remete a uma insegurança do existir, como se as propriedades que conhecemos das coisas pudessem ser alteradas a qualquer momento, como se vivêssemos em uma ilusão constante.

A bem da verdade, confiamos demasiado em nossos sentidos. A dúvida hiperbólica cartesiana funciona muito bem na construção de uma ordem de razões, mas não se aplica plenamente à nossa forma cotidiana de ver o mundo. Confiamos em nossos sentidos e as informações que apreendemos através deles tomamos como verdade. Então, a interpretação de Bacon da realidade do mundo provavelmente será tomada como uma relação particular com a vida e que pouco ameaça nossas próprias interpretações. Essa segurança parece vir do fato de que o artista carrega em si sempre a possibilidade de iludir, porque maneja as formas livremente mediante seus desejos, ainda que, especialmente no caso de Bacon, haja uma participação do acaso no processo de realização da obra.

Se Jackson Pollock nega o acaso em suas obras, Francis Bacon o considera como uma espécie de parceiro da criação artística. O artista parece reconhecer uma impotência criadora e, ainda que tenha sob controle sua vontade, conta com o acaso para a criação de formas mais potentes. Para Bacon, toda sua pintura é fruto do acaso. Em pensamento o artista é capaz de prever a imagem, mas dificilmente ela se materializará na tela como foi prevista; ela se transforma durante a própria pintura, quando a tinta carregada dos pincéis resulta em formas inesperadas. É preciso compreender o que Francis Bacon entende por acaso. Ele mesmo tem consciência da imprecisão do termo ao refletir sobre sua pintura.

A EXPERIÊNCIA DO HORROR   65

Segundo ele, talvez não seja acaso o nome que se dá a esse curso de produção da imagem, "porque acaba tornando-se um processo seletivo que começa com uma coisa imprevista selecionada para ser preservada" (SYLVESTER, 2007b, p. 16-17). De maneira que o artista quer em suas telas imagens que resultem do acaso, mas que sejam bem ordenadas e conservem a vitalidade do imprevisto. Essa questão parece especialmente instigante em Francis Bacon, porque diz respeito à força de suas formas. David Sylvester debateu o assunto com o artista e chegaram a considerações interessantes. Ao pedir que tentasse encontrar uma outra forma de nomear o que o artista chama de acaso, Sylvester diz que talvez se tratasse de uma maneira mais inspirada de se deixar levar, sendo que "essa maneira de soltar-se e as manipulações são mais uma questão de grau do que de espécie" (SYLVESTER, 2007b, p. 98-99); de uma forma ou de outra, o acaso e o controle estariam imbricados. Muitas vezes o artista relata sua expectativa de que, ao fazer uma pintura, parte do trabalho seja feito por ele, até o ponto em que o acaso complementa o quadro, como se no ato de pintar houvesse uma propriedade de surpreender sempre, até mesmo ao próprio autor.

A forma com que Bacon descreve a importância do acaso em suas imagens parece dar às telas uma autonomia. Como se fossem efetivamente criadoras do mundo, porque inéditas e imprevistas. Se a realidade se conhece pela interpretação, quando a representação do mundo é dada com a participação do acaso, parece haver na arte uma espécie de autogênese mediada pelo artista. Ainda assim, sua interpretação será considerada apenas uma visão da realidade, porque o acaso não é imperativo e porque o artista não é porta-voz da verdade una das coisas, não pode atribuir consciência aos objetos e nem se colocar no lugar das pessoas que pinta.

Mas ao se tratar de um autorretrato, temos uma situação específica. O artista, através da pintura, apresenta uma interpretação de si mesmo ou revela propriedades concretas de si? E, no caso de Francis Bacon, ao deformar-se na representação, trata-se de um sintoma de uma existência desordenada ou da evidência material da maneira como o próprio artista vê a si mesmo?

Esses autorretratos especialmente nos interessam.[2] Parece que podemos tomá-los como uma metáfora da forma como nós mesmos nos vemos. Há um

---

2   Alguns dos autorretratos que inspiraram essa análise são: Francis Bacon. Auto-retrato. Óleo sobre tela, 198 x 147,5 cm, 1973; Francis Bacon. Auto-retrato. Óleo sobre tela, 1987; Francis Bacon. Estudo

misto de inquietação sobre nossa existência e expectativa em relação ao acaso. Há também uma espécie de esperança que nutrimos em relação ao acaso, atribuindo-lhe um papel central em nossas vidas, que implicaria uma condição de suspense, em que constantemente estamos aguardando as coordenadas do agir. Esse modo de existência se assemelha a uma vida de rebanho, condição que ameaça nosso protagonismo e deixa que o rumo das coisas aconteça sem a necessária atuação de nossas vontades.

Os autorretratos de Francis Bacon apresentam-se de forma tal que procuram realizar a vontade do artista em captar a aparência. A aparência seria uma simulação do real, uma materialização da realidade e, ao mesmo tempo, uma ocultação de propriedades. Os retratos de Bacon, ainda que tenham as formas retorcidas, são capazes de traduzir a aparência. Para ele, através da pintura, seria possível produzir uma imagem totalmente ilógica, mas totalmente real. A deformação dos retratos seria uma violência do próprio artista, mas que permitiria à realidade surgir com mais clareza. A pintura, portanto, guardaria a potência de desvelar a aparência de forma singular, como o próprio artista diz:

> Há padrões estabelecidos para o que a aparência é ou deveria ser, mas não resta dúvida de que os meios pelos quais a aparência pode ser reproduzida são procedimentos muito misteriosos, porque sabemos que algumas pinceladas ao acaso podem fazer surgir subitamente a aparência com uma clareza que nenhum meio tradicional seria capaz de produzir. Estou sempre tentando, através da chance, do acaso, encontrar um meio pelo qual a aparência possa estar ali, mas reconstituída a partir de outras formas (*apud* SYLVESTER, 2007b, p. 105).

Os retratos feitos por Francis Bacon seriam, portanto, uma tentativa de fazer a aparência estar presente a despeito da distorção das formas. Há um cuidado em controlar o acaso nesse processo, para que a violência da tinta não seja danosa. Mas por que afinal retorcer as formas, sabendo do risco de perder-se a aparência? Ao ser perguntado se sua pintura preocupava-se com algo além da aparência, o artista responde que sim, que se preocupava com seu "desespero

---

para um Auto-retrato. Óleo sobre tela, 1969; Francis Bacon. Três estudos para um Auto-retrato. Óleo sobre tela, 37,5 x 31,8 cm, 1977.

euforizante" (SYLVESTER, 2007b, p. 83). Seu desespero parece vir da necessidade de explicitar na tela uma realidade captada por ele, mas não percebida pelos outros. Suas figuras "são uma das respostas mais maravilhosas à questão: como tornar visíveis forças invisíveis? Esta é mesmo a função primordial das figuras" (DELEUZE, 2007, p. 63-64). Parece haver em Bacon a necessidade de evidenciar pela deformação não apenas a aparência, sem a qual o modelo não se identificaria, mas também propriedades inusitadas, que são tão reais quanto as aparentes, mas que ficam veladas. Ao revelar essas propriedades, o artista desnuda o ser a partir de sua sensibilidade e também do acaso, que aqui exerce uma força sobre-humana sobre a existência. Bacon tem a expectativa de que seus quadros fiquem cada vez mais deformados, ou, como ele próprio classificou, artificiais. O artista vê nisso uma necessidade, como se a deformação fosse a única maneira de fazer emergir das pessoas aquilo que realmente são. "Não me é possível pintá-las literalmente" (SYLVESTER, 2007b, p. 144), diz Bacon, como se sua ação fosse mais do que o próprio ofício da pintura, fosse também uma incumbência.

No caso específico dos autorretratos, existe uma comprovação do próprio artista sobre esse desvelamento. Ao deformar seu próprio rosto, Francis Bacon está comunicando ao observador a imagem que faz de si e materializando uma reação, ao mesmo tempo, de enfado e horror sobre sua existência.

[**FIGURA 4, CADERNO DE IMAGENS, p. 285**]

É curioso notar a necessidade de Francis Bacon em reorganizar o espaço para compor suas imagens, às vezes tendo que estabelecer traços impossíveis para fazer com que funcionem na tela. Traços são feitos para diminuir o espaço, tintas formam borrões, como se punissem as coisas por não aparecerem em sua verdade aos olhos humanos. Bacon parece ter a capacidade de reinventar o mundo de modo a torná-lo inteligível, como se ao pintar estivesse reparando as formas. Mas é a respeito de sua própria imagem que essa atitude se mostra tão interessante. Ao tentar reformar a si mesmo, é possível supor que Bacon nutre uma visão de si que não corresponde à visão que as outras pessoas possuem sobre ele. Essa incompatibilidade poderia ser entendida como uma não satisfação com a imagem que os outros fazem dele, mas também como uma não aceitação de si mesmo, que a arte poderia atenuar.

Ao pintar um retrato, o artista procura encontrar uma técnica capaz de chegar a uma forma que explicite todas as vibrações da pessoa. Nesse processo é preciso que se saiba que vibrações são essas; isso depende da concepção que o artista faz do retratado, da leitura que faz de seus gestos e aspirações. No caso do autorretrato, essas vibrações se encontram na vontade, na visão que o artista tem do mundo e das pessoas, dos sentimentos que leva no momento da pintura. A forma tem a função de capturar a si mesmo, possibilitando aos observadores uma precisão em comunicar sua subjetividade, sua energia e sua aparência. Bacon faz isso a partir de uma técnica bastante apurada e concisa e dedica-se muito mais a representar sua subjetividade e sua energia do que sua aparência. Essa seria a tarefa da pintura, uma vez que o filme e a fotografia são capazes de reproduzir a aparência com muito mais potência.

A figura, depois de localizada e em estado de repouso, ao ser deformada passa a ter uma estranha energia. Tudo ao redor se subordina, como se ela fosse o epicentro de um movimento, ao mesmo tempo de atração e expulsão, atividade e reatividade.

> Tudo está, então, em relação com forças, tudo é força. É isso que constitui a deformação como ato de pintura: ela não se deixa reduzir a uma transformação da forma, nem a uma decomposição dos elementos. E as deformações de Bacon são raramente coagidas ou forçadas, não são torturas, apesar do que se diz: ao contrário, são as posturas mais naturais de um corpo que se reagrupa em função da força simples que se exerce sobre ele (DELEUZE, 2007, p. 65).

No gesto criador de Bacon, a aparência é importunada. As marcas que alteram o rosto e lhe dão nova existência implicam a constituição de um infinito dentro da finitude da forma, como se indefinidamente fossem ampliadas suas propriedades, sem que possam ser controladas ou conhecidas.

> É como o nascimento de outro mundo. Pois essas marcas, esses traços, são irracionais, involuntários, acidentais, livres, ao acaso. Eles são não representativos, não ilustrativos, não narrativos. Mas nem por isso são significativos ou significantes: são traços assignificantes. São traços de sensação, mas de sensações confusas (as

sensações confusas que se traz consigo ao nascer, dizia Cézanne) (DELEUZE, 2007, p. 103).

Às vezes, as cores abundam nos autorretratos, como se os múltiplos pigmentos que existem nos rostos, formados pelo suor, por hematomas, olheiras, manchas de sol, pequenos cortes e cicatrizes, que são eliminados em um olhar ligeiro, fossem superdimensionados, a ponto de ganhar destaque e, sem que se evidenciem em causas e propriedades específicas, já tomassem novo sentido no rosto. Outras vezes, a luz é alterada. Em alguns casos a luz é forte o suficiente para dar a aparência de um espectro a Bacon, em outros casos ela desaparece, deixando ver apenas alguns pedaços da face. Os olhos ora estão abertos, ora fechados; quando abertos carregam uma expressão desolada, pouca definição, semelhante ao olhar dos que se cansaram do mundo, mas não estão dispostos a abandoná-lo. Parece que Bacon constrói a pintura com os detalhes que permitam a semelhança com o real, depois, diante do mistério do real, aplica gestos de deformação, como se faz a uma escultura de massa fresca, impondo-lhe movimento e deixando marcas. Olhos, nariz, boca, orelhas, testa, rugas, queixo, tudo pode ser alterado, invertido de lugar, de tamanho, de cor.

> É como se forças invisíveis esbofeteassem a cabeça sob os mais diferentes ângulos. E aqui as partes limpadas ou varridas do rosto ganham um novo sentido, pois marcam a própria zona onde a força incide. É nesse sentido que os problemas de Bacon são problemas de deformação e não de transformação (DELEUZE, 2007, p. 64).

A sensação do observador diante dos autorretratos é que suas formas reagem à vida, como a superfície de um lago reage ao vento que sopra em direções múltiplas. As deformações são muitas porque os estímulos e as forças da vida são muitos. Para cada risco trazido por Bacon em sua pintura, imaginamos um pensamento indigesto sobre o mundo, uma incompreensão de sua lógica natural. Para o artista, "a vida não tem sentido, mas lhe damos um sentido durante nossa existência. Elaboramos certas atitudes que lhe dão um significado enquanto vivemos, mas elas mesmas, na verdade, nada significam" (*apud* SYLVESTER, 2007b,

p. 133). Mas as imagens de Bacon não devem ser entendidas simplesmente como um gesto de rebeldia do artista frente ao seu desgosto pelo mundo.

> As figuras só parecem monstros do ponto de vista de uma figuração subsistente, mas deixam de parecer quando são consideradas "figuralmente", pois passaram a revelar a postura mais natural em função da tarefa cotidiana que realizam e das forças momentâneas que enfrentam (DELEUZE, 2007, p. 153).

Esses autorretratos talvez possam ser vistos como evidência de um horror de si, que se manifesta em todas as pessoas nas situações de não aceitação, quando procuramos ser outros, visando ao pertencimento; ou quando nos penitenciamos por ser o que somos, porque nosso modo de existir é, de alguma forma, prejudicial a nós mesmos e às outras pessoas.

O horror de si manifesta-se quando nos colocamos diante do mundo e nos sentimos insuficientes. Diante do gigantismo do mundo, nossa existência é ínfima, porque não concebemos a hipótese de sermos elemento construtor, apenas elemento constituinte. Esse horror ocorre diante da impotência de conhecer o mundo em sua totalidade, a ponto de poder mudá-lo de acordo com nossa vontade.

Esse horror também ocorre quando o rumo dos acontecimentos foge ao nosso controle e erros são cometidos, então nos sentimos culpados e horrorizados com nossas ações. Ou mesmo diante da tarefa infindável do conhecimento, ao reconhecermos a impossibilidade de verdades absolutas, o horror de si é a constatação de que não somos super-homens, que temos limitações para as tarefas que nós mesmos nos propomos. E diante das ideias morais, das regras sociais, das expectativas de nossos pares, quando nossa vontade nos trai e somos levados a um agir imprevisível, nos surpreendemos com nossas pulsões e sentimos intimamente uma existência bárbara que refreamos, mas que nos pertence. O horror de si surge quando notamos a impossibilidade de corresponder nosso ser à imagem que esperamos de nós mesmos frente ao mundo.

O horror na obra de Francis Bacon, no entanto, parece ser sempre associado a aspectos explícitos e não implícitos. O próprio artista reconhece a incompatibilidade do que faz com aquilo que comumente se considera por horror.

> Nunca procurei o horror. Basta que se observem as coisas e se
> saiba ler nas entrelinhas para concluir-se que as coisas que eu fiz
> não enfatizam este lado da vida. Quando você entra num açougue
> e vê como as carnes podem ser bonitas e depois pensa nisso, é que
> se percebe todo o horror da vida – da coisa que come uma a outra
> (*apud* SYLVESTER, 2007b, p. 47-48).

Bacon encontra o horror da própria vida, não nas coisas que causam assombro aos indivíduos, mas nas coisas do cotidiano vivido, na ordem natural dos acontecimentos.

De fato, o horror em suas obras não está necessariamente nas formas em si, como se estivessem atreladas a um acontecimento trágico. Sua evidência, reforçada pela deformação, pela presença do grito e da crucificação é mais do que a representação da tragédia; a pintura de Bacon faz vir à tona a realidade nua das coisas. Seria possível associar essa realidade ao horror, mas por sua natureza, não por um fato inusitado que alterasse expectativas, trajetórias ou mesmo aparências. Há uma dramaticidade nas telas que induz o observador, seja em um retrato ou em uma cena banal, a encontrar uma existência agonizante, como se algo de muito terrível estivesse por acontecer e que fosse previamente pressentido. Essa sensação o artista atribui a um constante sentimento de morte que possui, mas esse sentimento, que passa para suas telas, é compreendido como parte da vida. Tanto a morte quanto a vida são, para o artista, lados de uma mesma moeda e igualmente capazes de causar emoção. A insistência da vida parece ser algo surpreendente para Bacon; para quem a violência e a guerra sempre foram próximas, a lógica da vida é especialmente tocante.

A violência de suas pinturas, no entanto, não está na representação das tragédias vividas nas ruas ou na guerra. Sua violência está no ato de representar a realidade, na medida em que, para captar tudo o que se associa a uma pessoa a ser retratada, é necessária uma violência na sugestão das formas. O resultado pode ser interpretado como ferimentos à imagem da pessoa, agressões simbólicas por assim dizer, mas de fato trata-se de uma estética que traduz a revelação da pessoa e do modo como existe. Nesse sentido, entendemos o que Bacon pensa quando diz: "a gente vive quase o tempo todo encoberto por véus – é uma existência velada. E às vezes penso, quando as pessoas dizem que meus quadros parecem violentos, que eu consigo de vez em quando levantar algum véu ou afastar algum biombo" (*apud* SYLVESTER, 2007b, p. 82).

Esse agir violento é uma renúncia frente à lógica natural. Sua ação é capaz de transformar em forma tudo o que é pulsional e é diluído na massa complexa e contraditória das emoções. Bacon trabalha a partir da experiência da existência humana e das forças que atuam sobre ela. Sua sensibilidade permite elevar as ínfimas vicissitudes à condição de vivência trágica do homem, como se houvesse um constante estado de suspensão causado pelo indiscernimento dos fatos e dos impulsos. Para Luigi Ficacci, esse agir violento de Bacon implica um conhecimento muito mais amplo que o lógico-racional.

> A faculdade pré-racional e profunda, que surge quando uma força quase sobre-humana subverte a ordem convencional da consciência, se denomina sensação. E é precisamente uma sensação o que Bacon suscita e elabora no ato de pintar: é uma condição cega, porque não se define a natureza, a orientação e nem o resultado. Trata-se de uma condição que transcende a normalidade da condição humana, que coloca a existência em um estado de hipersensibilidade, inclusive na ignorância do próprio final (FICACCI, 2006, p. 24).[3]

Gilles Deleuze explicita a matéria desse conhecimento que ultrapassa a racionalidade. O agir sensível guarda em Bacon uma lógica própria, que se apropria da figura tomando o cuidado de não transformá-la em figuração. Para isso, é preciso a violência, é preciso desfigurar as figuras. Diante da tela o observador compartilha a sensação como se vivenciasse a própria pintura. Essa sensação só é possível graças a uma concisão das formas, um aniquilamento de todas as barreiras que impedem o fato bruto de vir à tona. Para Deleuze, a sensação implica um indiscernimento entre sujeito e objeto, compreende os instintos, os temperamentos, o sistema nervoso, mas também o fato, o lugar e o acontecimento. Dessa forma, a sensação, em Bacon, "é ser-no-mundo, como dizem os fenomenólogos: ao mesmo tempo eu *me torno* na sensação e alguma coisa *acontece* pela sensação, um pelo outro, um no outro" (DELEUZE, 2007, p. 42).

---

3   Tradução do autor.

Aquilo que pode ser considerado uma violência das formas, uma crueldade que faz aparecer a humanidade em toda a sua grandeza e debilidade, está presente nos autorretratos de Francis Bacon. O artista parece estar ciente da fissura do ser e expressa em traços brutos a angústia de saber-se inapropriado para um mundo regrado que nutre a expectativa da unicidade e da coerência. Sua tarefa parece ser das mais corajosas. Ao representar-se, reinventa-se, como se pudesse com seus traços alertar as pessoas de que sua existência não será adaptada ao mundo e que, talvez, o mundo possa adaptar-se a ela. Se o mundo é interpretação, talvez diante das telas do artista sua leitura possa ser refeita e a dessimetria entre as expectativas sociais e a vontade individual possa ser minimizada. Mas os autorretratos, se tomados como metáfora, podem nos alertar que existe em nós mesmos uma incongruência que seria traduzida para a pintura de maneira semelhante. Nossa existência bruta implica uma assimetria em relação ao mundo que se quer harmônico e controlado. Esse choque, cujos resultados tornaram possível a estética de Bacon, é evidência de um horror do existir, que independe dos acontecimentos e das forças que violentam a carne. Trata-se de um horror que se cultiva a partir de nossa consciência em relação ao mundo, por sua opressão em relação à nossa existência e em relação à perplexidade da vida.

A assimetria da existência que identificamos em Bacon, de fato, já é a própria reação do artista em relação à incongruência do mundo. O habitar sensível permite sentir na carne a náusea diante das instituições, da tolice dos homens, dos modos de existir pautados pela ambivalência do certo e do errado, do bem e do mal. Se seus retratos fossem mera ilustração, guardando as propriedades do rosto, não encontraríamos sua vontade de potência, sua necessidade de criar recriando. Bacon não parte do zero como faz Pollock, sua ação é a partir de elementos concretos, como se suas formas fossem um elo capaz de unir o mundo que vivemos e um mundo ainda por viver. Sua postura diante de si mesmo é fruto de um aborrecimento frente aos limitados recursos que a razão oferece para o entendimento. Perceber o império da razão é, para o artista, um convite ao niilismo. Sua atividade implica um atuar criativo diante da vida, recusando as fórmulas prontas sobre a existência. Bacon precisou refazer seu autorretrato muitas vezes, mesmo depois de ter dito que não o faria. Esse refazer constante nos permite pensar que, além da busca de aprimoramento de sua pintura, talvez

Bacon se sentisse como Sísifo, tendo de repetir seu trabalho infinitas vezes porque a cada olhar lançado para si mesmo percebia uma mudança de seu eu. As forças que emanam do indivíduo refazem-se constantemente diante do mundo, que é puro devir; o agir em um mundo assim deve ser necessariamente inédito. Mas a sensação de que a representação não corresponde ao mundo, porque se modifica sempre, pode apontar para uma espécie de niilismo. É preciso considerar com cuidado esse niilismo. Não se trata de um nada de vontade, que no limite reclama o suicídio. Bacon era declaradamente um amante da vida, além de um criador da vida. Seu ato artístico é a evidência de uma atividade, que desconsidera a impossibilidade do conhecimento verdadeiro porque se propõe a conhecer criando.

Da impossibilidade da verdade ao niilismo

Os conceitos usados tradicionalmente pela filosofia e ciências humanas são, para Friedrich Nietzsche, objetos de uma suspeita. Não são categorias naturais, são fruto de um misto de hábito, gratuidade, invenção, necessidade, arbitrariedade. Essas categorias de pensamento têm algo a ver com nosso organismo, nossa sensação de prazer e dor, nossos interesses, nossa recusa em enxergar o que não nos interessa. Construímos conceitos que nos permitam defender nosso orgulho daquilo que põe em cheque a nossa autovalorização. Há uma impureza que Nietzsche encontra em cada elemento e isso causa uma desmistificação dos conceitos.

Por isso há uma suspeita sistemática em Nietzsche sobre a filosofia. Ele não quer desqualificar, mas avaliar a que necessidades correspondem esses valores filosóficos. Que papel o pensamento desempenhou na história do homem? Sobre o cristianismo, por exemplo, Nietzsche não quer saber se Deus existe ou não, se seus dogmas são corretos ou não. A pergunta que faz é "que tipo de vida resulta daí? Uma vida mais forte ou uma vida mais enfraquecida?" Que tipo de homens o cristianismo produziu? Que tipo de frutos dá essa árvore? A resposta o próprio autor apresenta: o cristianismo mergulhou o homem em uma total abnegação e, por consequência, em certo tipo de horror. Quando Nietzsche se pergunta sobre o mundo moderno, quer saber que frutos esse mundo produziu. Quem é esse homem manso, doentio, que suspende sua vontade de potência?

Para onde aponta esse homem que leva a cabo uma vontade de verdade irascível que o faz criar conceitos e valores? É buscando responder a essas questões que Nietzsche vai chamar nossa atenção para o niilismo.

O niilismo corresponde ao momento em que os valores supremos se desvalorizam. Quando isso ocorre, os valores são substituídos por outros valores. Se Deus morreu, há um esforço por substituí-lo por algo. Pode ser, por exemplo, a consciência, ou mesmo a razão, a coletividade. Pode-se, por fim, fazer valer não mais a ideia de bem, mas o imperativo moral, o progresso, a civilização. Não há solução de continuidade entre essas categorias e a tradição metafísica. Mesmo a ciência pressupõe uma fé na verdade e uma crença de que tudo é metafísica. Se o ateísmo se proíbe a mentira de crer em Deus, ainda preserva uma fé na verdade, que é equivalente à fé na verdade religiosa. O mais extremo niilismo é reconhecer que a essência da verdade é ser ela uma apreciação de valor. Trata-se de um valor cuja utilidade para a vida é inquestionável; mas e se a utilidade da verdade para a vida deixasse de ser tão necessária?

A certeza de verdade surge como um valor a ser desintegrado. Um pensamento da segurança, contaminado pela satisfação de necessidades, investigando causas, identificando explicações, somente se sustenta a partir da crença em uma cegueira própria do humano. Vemos o que queremos e temos horror de nos tornarmos cegos. Nietzsche nos traz o incômodo desse tipo de existência, que se faz presente nas mais distintas ações, nos mais diversos produtos da história humana, inclusive na prática da reflexão. Mas Nietzsche não apresenta uma fórmula exata a fim de apontar um erro, ele nos indica que buscar o exato consiste no próprio erro. O pensamento, errante, precisa errar para poder acertar. A arte possui esse caráter errante, mas é preciso um ser artístico para aprender a viver errando.

Ao observar a imagem da Filosofia retratada por Klimt, podemos vislumbrar um diagnóstico sobre as consequências do pensamento tradicional. Trata-se de uma cegueira anunciada. O fato é que a humanidade escolheu as lentes erradas para usar. Seus olhos são muito frágeis e as lentes que usa para conhecer o mundo são traiçoeiras. Quando alguém enxerga assim, de fato não está enxergando. Olhar para um mundo distorcido não seria problema se houvesse a consciência da distorção. Mas ocorre o contrário. O resultado é que o mundo se constitui em algo desconhecido, o que nos causa medo e horror. O desconhecido é algo com que não podemos lidar. Pollock parece ter essa sensação, ao apresentar o mundo em sua concretude subjetiva. É preciso reconhecer a imprecisão do mundo. Nietzsche dirá que este reconhecimento implica um espírito livre, capaz de conviver com a ideia da inexistência da verdade, e por isso mesmo é capaz de abandonar suas convicções e fazer novas interpretações.

A obra de Bacon talvez seja uma boa síntese das consequências do niilismo, inclusive no sentido positivo dado por Nietzsche. A impossibilidade de precisão no conhecimento do mundo é por ele representada pela força de traços inéditos, criativos. A deformação dos retratos é uma maneira de contestar uma realidade aparente e apresentar uma alternativa às propriedades do mundo sensível. Se para o platonismo o mundo sensível é um mundo mentiroso, Bacon o reelabora, mas nem por isso suas formas correspondem ao mundo das ideias – pelo contrário, são fruto da sensação, num gesto afirmativo, que reapresenta os sentidos como o caminho único de estar no mundo e de apreendê-lo. Há, portanto, uma proposição em Bacon, uma força ativa, que reconstrói pela criação, mas também por uma inquietação, uma vontade de investigar o próprio mundo, de reagir às suas formas, de desvelá-lo.

O gesto de Bacon implica um desvelamento pela sensação, que é também um descobrir criando. Mas seu gesto é motivado pela percepção da impossibilidade de lidar com o mundo de outra maneira ou, melhor dizendo, pelo caminho da racionalidade, pela lógica formal. Seu gesto, assim como o de Pollock e o de Klimt, é motivado por um niilismo, fruto do reconhecimento do mundo, da incoerência dos projetos humanos. Entender esse niilismo, portanto, é necessário não apenas pelo diagnóstico da sensação de absurdo diante da vida, mas também pela necessidade de reconhecimento da condição humana e de um novo modo de existência, que está diretamente atrelado à arte.

Seção II

HORROR CAPITAL

4

CAPITALISMO EMBRIONÁRIO
E O MUNDO DO TRABALHO

A matemática do capital e a análise marxiana da *conditio* humana

Albert Camus recupera a imagem mitológica de Sísifo, condenado a transportar uma rocha ao topo de um penhasco infinitas vezes. Faz isso para nos apresentar o trabalhador e sua vida absurda. É essa imagem recorrente que tomamos aqui como o ponto de partida para pensar o horror da contemporaneidade. São muitos os caminhos possíveis para dar relevo ao capitalismo como um sistema capaz de gerar o horror. A partir da análise do capital que fez Karl Marx, podemos estabelecer um traçado das mudanças de um sistema que, ao longo dos anos, encontrou seus próprios meios de desenvolvimento e perpetuação. Diante dele, a vida foi ganhando novos contornos e novas questões foram surgindo sobre a condição do homem. A despeito do esclarecimento e de suas promessas de emancipação do homem diante do capital, a humanidade mergulhou em uma nova barbárie, para usarmos os termos de Adorno e Horkheimer. É essa barbárie que se desdobra em diferentes horrores, que caem por cima dos homens como a pedra de Sísifo, implacável, rolando para as profundezas do reino dos mortos.

Iniciamos esse percurso pela imagem de Sísifo, consciente de sua tarefa infinita. É justamente nessa consciência que reside a tragicidade do mito. Camus apresenta esse fato mostrando um horror que se segue à desalienação. Não haveria tragicidade no condenado que nutre esperanças em obter sucesso no cumprimento de sua tarefa, pelo contrário, seria a esperança o impulso guardado por Pandora que o move a suportar as desgraças e infortúnios. Estranha dialética, a esperança mascara a realidade do condenado, mas torna possível sua vida feliz.

Mas Sísifo tem consciência de seu destino. O tempo lhe impõe um ciclo de trabalho, do qual jamais poderá se livrar. Ainda assim, trabalha. O tempo, em verdade, é seu grande castigo. Paradoxo semelhante pode ser encontrado no trabalhador da fábrica, que retorna à sua casa, exausto, para preparar-se para outra jornada de trabalho. Esgotado pela rotina diária, resta-lhe a esperança, fantasiada nas vitrines, nos programas de televisão, nos exemplos bem-sucedidos, nos livros de autoajuda. Esperança de que seu tempo de sofrimento seja transitório, de que objetivos sejam atingidos, metas cumpridas. A esperança contribui para que as instituições tenham um trabalhador manso, dócil e, sobretudo, um parceiro. Essa parceria desigual não é necessariamente vista como infelicidade. Diante da alienação frente a todo o processo de exploração, tudo se converte em dignidade, em provação. As ações transformam-se em metas, em períodos probatórios, em um modo de vida que passa a girar em torno do trabalho e que tem por objetivo algo que não se cumpre, embora se imagine a possibilidade de seu cumprimento. É assim que o horror gerado pelo capital vai depender de como o enxergamos.

É preciso deixar de lado o ponto de vista individual, a possibilidade do homem que, mesmo consciente no *modus operandi* do capitalismo e reconhecendo seus riscos e benefícios, ainda assim, opta por buscar as benesses da riqueza e da tecnologia. O horror nascido do capital terá de ser enxergado do ponto de vista coletivo. O sistema capitalista tem uma lógica que funciona a partir da contração de forças que estabelecem diferenças, que tornam a vida de uns mais fácil em detrimento da dificuldade da vida de outros. A própria vida se vê ameaçada e, por esse caminho, diante das contradições e conflitos, não há como não reconhecer o horror.

O horror de Sísifo está na consciência de ter um trabalho exaustivo, do qual jamais se livrará. É semelhante, guardadas as especificidades, ao horror dos que percebem a verdade absoluta como impossível, dos que veem a impotência do saber. Sísifo sabe que deve seguir trabalhando, sabe que é sua condenação, mas nem por isso deixa de esforçar-se junto à rocha para movimentá-la. Ele mesmo confunde-se com seu trabalho, ele mesmo torna-se rocha. Essa imagem é a do próprio homem coisificado, reificado. O trabalho se mostra finalmente como o castigo que jamais deixou de ser, como a máquina de causar dor, sofrimento, tortura que faz do homem um ser condenado. A própria vida em si atrela-se a essa condenação. É preciso seguir com a tortura para seguir vivendo. Mais do que isso, é preciso seguir com a tortura para seguir pertencendo. O pertencimento é, ao mesmo tempo, redenção e sofrimento. O trabalho faz o homem pertencer à lógica que tudo move, mas também exaure suas forças, consome seu tempo, aniquila seu prazer, artificializa suas expectativas. O sofrimento é suportado pela promessa de dias melhores, de materialidades melhores.

Sísifo, ao mesmo tempo em que sofre seu castigo, resiste a ele. A vida lhe corrói, mas, na mesma medida, cria-se a resistência à corrosão. Talvez tenha sido o reconhecimento dessa capacidade de resistir que tenha reforçado em Marx a ideia de uma revolução proletária, ainda que, em uma sociedade do capital, a velocidade se impõe de tal forma que mesmo as revoltas são capitalizadas.

Eric Hobsbawm (1981) descreve o período que chamou de Era das Revoluções como um borbulhar de mudanças na geopolítica e no deslocamento do poder hegemônico da França para a Inglaterra. É o primeiro sistema fabril na Inglaterra e a Revolução Francesa que servem de marco para o início de uma época que Hobsbawm qualifica como sem precedentes na história, quando essas duas nações impuseram um novo modo de vida ao mundo. A publicação do *Manifesto comunista* de Karl Marx e Friedrich Engels em 1848 será signo desse período, quando as ideias socialistas surgem em resposta a essa dupla revolução, que marca o início do mundo moderno.

O objeto da análise de Marx antecede o período moderno. Ao analisar o capital, o autor também se ateve à fase de acumulação primitiva que compreendeu as grandes navegações, a Reforma Protestante, o Renascimento e a formação das monarquias nacionais, além do fortalecimento da propriedade privada e do crescimento da divisão manufatureira do trabalho. Foram essas as principais características que propiciaram o desenvolvimento do capitalismo comercial. Já se fala em ganhos pela especulação, por agiotagem, por barganha de preços e por um certo tipo de exploração do mercador em relação ao artesão. Esse período de acumulação primitiva de capital foi crucial para o desenvolvimento da indústria e do sistema de produção pautado pela extração da mais-valia.

Após a reforma protestante o Estado encontra meios de assegurar a propriedade e valorizar o progresso pessoal, seguindo um novo espírito trazido pelo capitalismo. Com tudo isso, um novo modo de viver e de se ver a vida está sendo gestado, pelo qual a materialidade ganha a atenção dos homens. Já não se vê a pobreza como o exemplo vivo de Cristo a ser seguido. Já não importa se os camelos passam ou não pelo buraco das agulhas, porque os ricos já podem povoar o reino dos céus.

O novo modo de ver a economia abre espaço para uma racionalidade muito específica. O projeto iluminista que viria emancipar os homens das trevas do conhecimento acaba por corroborar a lógica de desenvolvimento do capital. A ciência e o Estado passam a ser cúmplices desse desenvolvimento e, junto com as instituições sociais, passam a construir a ideia de indivíduos produtivos. Eric Hobsbawm, a respeito do liberalismo clássico burguês elaborado nos séculos XVII e XVIII, vai identificar um pensamento cortante, afinado com os ideais de progresso. Segundo o autor, essa filosofia

> era rigorosamente racionalista e secular, isto é, convencida da capacidade dos homens em princípio para compreender tudo e solucionar todos os problemas pelo uso da razão, e convencida também da tendência obscurantista das instituições [...] Em poucas palavras, para o liberalismo clássico, o mundo humano estava constituído de átomos individuais com certas paixões e necessidades, cada um procurando acima de tudo aumentar ao máximo suas satisfações e diminuir seus desprazeres, nisto igual a todos os outros, e naturalmente não reconhecendo limites ou direitos de interferência em suas pretensões (HOBSBAWM, 1981, p. 256).

Desde o início da Idade Moderna, um olhar para o capital está sendo gestado e incorporado às sociedades ocidentais. De fato, o percurso histórico que vai do fim do feudalismo europeu até o surgimento das sociedades industriais significa um período de profundas mudanças que efetivamente criaram raízes. A pergunta que fazemos aqui é a respeito desse processo: em que medida esse enraizamento implicou um novo tipo de horror para a humanidade? A busca pela verdade por longa data manteve a expectativa de respostas absolutas como um cenário para o desenvolvimento de uma racionalidade específica, cartesiana. Essa racionalidade está em larga medida vinculada ao desenvolvimento do capital. A moralidade cristã também se vincula a esse cenário, na medida em que pauta a educação dada aos indivíduos pelas instituições que o formam. Essa

A EXPERIÊNCIA DO HORROR   83

nova sensação de horror, trazida pelo capitalismo, soma-se a esses dois aspectos, a busca pela verdade absoluta e a moralidade, mas mantém características materiais muito específicas, que precisam ser mapeadas e historicizadas.

O entendimento da lógica do sistema capitalista pressupõe considerar a existência de uma acumulação de grandes massas de capital e de força de trabalho nas mãos de produtores. Marx fará a demonstração em *O capital* (1867) de como o capitalismo só foi possível graças a um período anterior em que ocorreu uma acumulação primitiva de capital. Ao tratar disso, o autor mostra como que os primeiros homens, ao acumularem riquezas, possibilitaram o surgimento da pobreza dos que possuem somente a si mesmos. O papel dessa acumulação primitiva de capital na economia política Marx descreve como análogo ao papel do pecado original na teologia. Seria essa a origem da desigualdade, assim como escreve Jean-Jacques Rousseau em seu *Discurso sobre a origem e os fundamentos da desigualdade entre os homens*. Segundo esse autor,

> a partir do instante em que um homem necessitou do auxílio do outro, desde que percebeu que era útil a um só ter provisões para dois, desapareceu a igualdade, introduziu-se a propriedade, o trabalho tornou-se necessário e as vastas florestas se transformaram em campos risonhos que cumpria regar com o suor dos homens e nos quais logo se viu a escravidão e a miséria germinarem e medrarem com as searas (ROUSSEAU, 1993, p. 190).

A partir da concentração da propriedade privada nas mãos de alguns poucos homens, a acumulação primitiva de capital pressupõe um processo de separação entre o produtor e o meio de produção. Os que possuíam os meios de produção puderam dar início ao processo histórico de acumulação de riquezas, enquanto que os trabalhadores, produtores, viram seu trabalho desvinculado dos meios para sua execução. Historicamente, esse processo de desvinculação do homem dos meios de produção correspondeu ao processo de libertação da servidão feudal em que se encontrava a sociedade ocidental. Dito de outra forma, o homem ocidental deixou sua condição de servo feudal para tornar-se um operário capitalista, cuja exploração pressupunha o encobrimento de um processo. A forma violenta com que o senhor feudal expulsou o campesinato de sua base fundiária criou o proletariado, mostrando a ele uma nova forma de vida. Um dos elementos que Lefebvre (1999) aponta como originário da cidade comercial foi o fato de que o comércio surgiu para o camponês como uma alternativa de libertação da servidão feudal. No processo de industrialização, os cercamentos foram a evidência de uma mudança de sentido para a terra, que deixou de ser um espaço de subsistência para dar espaço a grandes latifúndios de criação de ovelhas, matéria-prima para a crescente indústria têxtil.

Marx descreve esse processo histórico citando a Revolução Gloriosa, na Inglaterra, quando extratores de mais-valia fundiários e capitalistas passam a ocupar o poder. Segundo Marx, durante o governo de Guilherme III, essas pessoas "inauguraram a nova era praticando o roubo dos domínios do Estado, até então realizado em proporções apenas modestas, em escala colossal" (MARX, 1988, p. 258). Ali se viu a criação das bases necessárias para que pudesse ocorrer a Revolução Industrial, além da política de cercamentos, a constituição de mão de obra, a criação de matéria-prima para a indústria têxtil e, do ponto de vista político, o parlamentarismo restringindo o poder do rei. A lei tornava possível e legítima a formação dos latifúndios e o fim da propriedade comunal. Marx descreve esse processo de expropriação dos lavradores da base fundiária como um roubo dos clãs em favor de uma nobreza fundiária:

> O roubo dos bens da Igreja, a fraudulenta alienação dos domínios do Estado, o furto da propriedade comunal, a transformação usurpadora e executada com terrorismo inescrupuloso da propriedade feudal e clânica em propriedade privada moderna, foram outros tantos métodos idílicos da acumulação primitiva. Eles conquistaram o campo para a agricultura capitalista, incorporaram a base fundiária ao capital e criaram para a Indústria urbana a oferta necessária de um proletariado livre como os pássaros (MARX, 1988, p. 264-265).

A ironia com que o autor se refere ao proletariado sugere a nova condição dos homens. A velocidade com que esse processo de criação do proletariado ocorreu implicou o encontro de grandes massas humanas com cidades despreparadas para elas e uma indústria incipiente, incapaz de comportar a demanda por empregos. O resultado foi o surgimento de toda sorte de esmoleiros, assaltantes e vagabundos e o consequente surgimento de uma legislação sanguinária contra a vagabundagem que duraria na Europa até o século XVI. Marx descreve com sarcasmo essa legislação que proibia a vagabundagem, açoitando e encarcerando os que não possuíam emprego. Aqui fica mais clara a afirmação marxiana de que o Estado justifica-se pela manutenção do poder de uma minoria. Essa legislação foi necessária enquanto a indústria precisava de operários com salários comprimidos de tal forma a tornar possível a extração da mais-valia a limites convenientes para o proprietário, além de tornar possível o prolongamento da jornada de trabalho e manter a dependência do operário.[1] A disciplina que se cria nesse período estava de acordo com a nova ética do trabalho. O espírito do capitalismo implicava o desenvolvimento de "uma classe de trabalhadores que, por educação, tradição, costume, reconhece as exigências daquele modo de produção como leis naturais evidentes" (MARX, 1988, p. 267), o que mostra a forma com que a servidão voluntária descrita por Etienne de La Boétie (1982) teria continuidade durante o sistema capitalista. O texto de Marx é escrito de forma a tornar alarmante, aos olhos do leitor, a condição em que os trabalhadores se encontravam. É nesse sentido que cita a ironia de Rousseau em seu texto: "Eu concederei, diz o capitalista, que vós tenhais a honra de servir-me, sob a condição de que vós me deis o pouco que vos resta pelo incômodo que me faço de vos comandar" (apud MARX, 1988, p. 273).

Também correspondeu a esse período de acumulação primitiva o sistema colonial e suas implicações, tais como a violência com que as pilhagens da América e África ocorreram. Sobre essa violência, Marx (1988, p. 276) dirá que ela "é a parteira de toda velha sociedade que está prenhe de uma nova". A violência, nesse caso, está descrita com um distanciamento temporal. Mas é possível considerá-la como fato histórico recorrente e, com isso, dar atenção à natureza de uma forma de vida empreendida pelos homens. A violência da guerra, da usurpação de terras, do rapto de pessoas para transformá-las em escravas, a força bruta e econômica aplicada aos homens, mulheres e crianças no processo

---

1 Marx descreve a forma como as leis foram criadas para assegurar a extração da mais-valia em um período em que as forças produtivas ainda são incipientes. Assim, enquanto havia uma demanda de força de trabalho maior que a oferta de trabalho, a legislação podia estabelecer um salário máximo, mas não um mínimo. Esse fato parece ser um dado contundente da maneira como o Estado torna possível a dominação de uma minoria de pessoas sobre uma maioria.

produtivo, tudo isso correspondeu à aurora do sistema capitalista. A condição humana que se evidencia nesse modo de vida reclama a consideração do horror como parte de um processo histórico, mas sem deixar de lado o fato de que o que antes era embrionário sofisticou-se a ponto de deixar oculto, com significativo sucesso, os mesmo impulsos e os mesmos métodos que permanecem até o presente. É nesse sentido que Joseph Conrad (2004) descreve *O coração das trevas*, mostrando uma vontade inexplicável do homem em perseguir um destino repleto de um sofrer e de um fazer sofrer.

Marx descreve todo o período de acumulação primitiva como um mal necessário para o industrialismo vicejar: "Tanto esforço fazia-se necessário para desatar as eternas leis naturais do modo de produção capitalista" (MARX, 1988, p. 282). A expressão usada pelo autor é extraída da *Eneida* de Virgílio, quando este faz referência à formação da estirpe romana.[2] Esse é um recurso que chama a atenção para o fato de que a busca por poder, militar e econômico, insere-se em uma prática comum à história humana. Aqui Marx vincula o sistema capitalista às práticas horrendas registradas pela história, e o faz de modo a ressaltar um aspecto natural: "Se o dinheiro vem ao mundo com manchas naturais de sangue sobre uma de suas faces, então o capital nasce escorrendo por todos os poros sangue e sujeira da cabeça aos pés" (MARX, 1988, p. 282).

Ao falar do pioneirismo da Inglaterra na Revolução Industrial, Hobsbawm descreve um mundo essencialmente rural, mas chama atenção para algumas das condições essenciais da Grã-Bretanha para que ali se iniciasse o processo de industrialização:

> [...] mais de um século se passara desde que o primeiro rei tinha sido formalmente julgado e executado pelo povo e desde que o lucro privado e o desenvolvimento econômico tinham sido aceitos como supremos objetivos da política governamental. A solução britânica do problema agrário, singularmente revolucionária, já tinha sido encontrada na prática. Uma relativa quantidade de proprietários com espírito comercial já quase monopolizava a terra, que era cultivada por arrendatários empregando camponeses sem terra

---

2   No primeiro livro, verso 33, lê-se *"Tantae molis erat Romanum condere gentem"* (tanto esforço fazia-se necessário para fundamentar a estirpe romana). Essa nota é extraída de *O capital*, Livro 1, vol. I, tomo 2, p. 282.

ou pequenos agricultores. [...] As atividades agrícolas já estavam predominantemente dirigidas para o mercado; as manufaturas de há muito tinham-se disseminado por um interior não-feudal. A agricultura já estava preparada para levar a termo suas três funções fundamentais numa era de industrialização: aumentar a produção e produtividade de modo a alimentar uma população não agrícola em rápido crescimento; fornecer um grande e crescente excedente de recrutas em potencial para as cidades e as indústrias; e fornecer um mecanismo para o acúmulo de capital a ser usado nos setores mais modernos da economia (HOBSBAWM, 1981, p. 47).

As estradas e os portos já estavam preparados para um denso comércio marítimo, assim como a frota mercante já era das mais equipadas e numerosas. A política já estava em sintonia com o crescimento econômico, o Estado já cumpria a função que Marx amplamente vai demonstrar – a de garantir a propriedade privada a uma pequena parcela de pessoas e garantir as condições para o seu enriquecimento. Com o fortalecimento da nova classe de homens de negócios, passou-se a produzir não em função do mercado, mas em condições tais que foi possível criar mercados. O lucro do proprietário passa a ser gerado não mais nas relações de compra e venda, mas no seio dos meios de produção. É esse o processo que mais interessa a Marx. Ao analisar a lógica do capital, o autor vai demonstrar como é possível que uma mercadoria pague seu próprio valor e ainda assim gere mais valor.

Esse mistério já havia sido desvendado com os economistas clássicos, Adam Smith e David Ricardo, mas foi Marx quem encontrou na teoria da mais--valia um aspecto político e social capaz de ressignificar o entendimento do sistema de produção capitalista. A nova economia faria com que a Europa, pela primeira vez, exportasse mais produtos do que importava; a indústria algodoeira, que já existia, ganhou nova potência com a máquina a vapor de James Watt, gerando-se aumento de ganhos de capital e de produção, o que serviu de incentivo para que a Revolução Industrial fosse difundida para outras áreas. A nova economia gerou a miséria e o descontentamento. As cidades superpovoadas tornaram-se palco de sérios problemas sociais, e os primeiros levantes não tardaram a ocorrer. "De fato a revolução social eclodiu na forma de levantes espontâneos dos trabalhadores da indústria e das populações pobres das cidades, produzindo as revoluções de 1848 no continente e os amplos movimentos cartistas na Grã-Bretanha" (HOBSBAWM, 1981, p. 55).

A questão urbana começa a ser crucial para o modo como se lidaria com a massa crescente de trabalhadores nas grandes cidades. Henri Lefebvre chega a considerar as cidades como o verdadeiro motor da história, por serem palco da luta de classes. O planejamento urbano começa a ser necessário para que a vida social pudesse ser controlada. A preocupação com o planejamento das cidades também diz respeito à necessidade de se racionalizar a vida a partir da racionalização dos espaços.

As condições de trabalho eram das mais precárias. Conforme a indústria foi crescendo na Inglaterra, um exército de mão de obra foi se formando através da imigração irlandesa e da migração do campesinato. Aqui o Estado passa a garantir a especialização dessa mão de obra a partir de multas, códigos e contratos precários de trabalho, além do amplo emprego de mulheres e crianças, que se mostram mais dóceis e menos custosas, e que gerou sérios conflitos no interior da família patriarcal.

Diante dessa turbulência é que surge um movimento trabalhista que passa a ameaçar a classe de ricos proprietários. O comunismo rondava efetivamente a Europa como um espectro ameaçador, e deveria ser represado a todo custo. Augusto Comte e Karl Marx são pensadores que conviveram com esse período de forte agitação social. Enquanto o primeiro produziu uma sociologia positiva que dava vistas à ordem para o progresso da indústria, o segundo deu novo significado à filosofia rompendo com o idealismo hegeliano e dando contorno ao conceito de práxis.

Michel Löwy mostra como as modificações da Europa no período de 1830 até as revoluções de 1848 foram decisivas para uma reorientação do movimento operário, que o jovem Marx acompanhou de perto:

> Marx pôde apreender o traço comum dessas experiências e desenvolver, em uma teoria coerente, a tendência mais ou menos vaga e fragmentária em direção ao comunismo e à auto-emancipação – e foi capaz de apreender e exprimir o movimento real do proletariado por que desde 1843 queria "dar ao mundo consciência de sua consciência [...] explicar-lhes suas próprias ações" (LÖWY, 2002, p. 51).

Mas, ainda segundo Löwy, foi só a partir da observação da revolta dos tecelões silesianos de 1844 que Marx verificou a tendência potencialmente revolucionária dos operários. Com base na reflexão crítica do real foi extraída uma possibilidade na qual se funda um projeto de ação transformadora. Trata-se de uma teoria política pautada na análise crítico-científica da sociedade capitalista. A transformação das condições de vida do homem está na própria vida e não em abstrações ideais e metafísicas. A partir da revolta dos tecelões silesianos Marx desencadeou o processo de elaboração teórica que o levou a romper com o hegelianismo e o fez desenvolver a concepção marxista do movimento revolucionário. É justamente a respeito desse período que Käthe Kollwitz fará uma série de gravuras, algumas das quais analisaremos mais à frente.

Para Marx, o sensível é o fundamento do ser, sendo tanto percepção quanto ação. O conceito de práxis pressupõe uma reabilitação do sensível, a restituição do prático-sensível que diz respeito ao contato do homem com o mundo. Esse conceito fez com que a filosofia deixasse de ter uma forma independente, especulativa e metafísica, fez com que houvesse uma superação do idealismo. O homem é, para Marx, antes de tudo, um ser de necessidade. A própria razão só surge quando os homens passam a sentir sua importância. Os homens criam necessidades a partir do próprio sensível, da sua maneira de encarar o mundo, o que o difere dos outros animais cujas exigências são apenas naturais, instintivas. Ao precisar atender suas necessidades, a relação do homem com a natureza é conflituosa, cria instrumentos que tornam sua exploração mais eficaz. O trabalho é fruto da necessidade, é através dele que o homem se apropria da natureza e a domina. É nesse sentido que Lefebvre (1968, p. 28) diz que

> o trabalho não pertence à natureza. Ele chega a ser "contra a natureza" em dois sentidos; enquanto labor, existe esforço e disciplina – modifica a natureza em torno do homem e dentro do homem. O trabalho torna-se uma necessidade. Os sentidos são cultivados e apurados pelo trabalho. As necessidades mudam e são cultivadas, porque o trabalho as modifica, apresentando-lhes novos bens.

É assim que o homem emerge da natureza, sem poder se separar dela. Por um instante, não existe cisão ou rompimento, mas o trabalho ocupa o espaço da necessidade, ressaltando certa impotência de realizações, e é nesse sentido que o ser humano substitui aquela unidade com a natureza por uma artificialidade que impõe continuamente novos limites a serem superados. O próprio trabalho carrega em si a contradição de ser uma atividade ao mesmo tempo individual e social, diferenciado e total, parcial e global, quantitativo e qualitativo. Ele estabelece um conflito com o ócio e se impõe à sociedade como algo totalitário, meio pelo qual todo cidadão deve passar para atingir sua finalidade social.

A consideração do trabalho como *cellula mater* de seu pensamento vai permitir a Marx explicitar o horror em que os homens se inserem. A forma que emerge desse trabalho, fruto de um movimento dialético, terá o nome de mercadoria. Toda práxis, sendo ato, é também conteúdo e cria formas. A mercadoria é das formas a mais interessante a Marx. É a partir dela que encontrará pistas para o entendimento da lógica do capital.

Em *O capital*, Marx revela que suas conclusões foram fruto de uma análise crítica e consciensiosa da economia política, mediante a consideração da história e da dialética presentes nos fatos reais. Mas foi nos *Manuscritos econômico-filosóficos* que o autor passou a tratar o conceito de trabalho alienado como fonte central de sua filosofia. Esse conceito decorre da crítica que tece à economia-política, quando Marx estabelece a propriedade como ponto de partida para examinar a condição do trabalhador. É a propriedade privada que estabelece distinções de classe caracterizadas por contradições antagônicas irreconciliáveis. O trabalhador será considerado por Marx aquele capaz de recobrar sua consciência e dar início a um processo de emancipação de toda a humanidade, mas, ao mesmo tempo, será o trabalhador considerado a partir de sua condição concreta. Ao tratar a propriedade privada, Marx vai estender o conceito subjacente a toda a economia política ao trabalhador, que passa à condição de coisa, que pode ser possuída por alguém. É essa condição do homem que Marx identifica como a base para o desenvolvimento do capitalismo industrial e que deve ser vista como a causa de um horror.

O trabalhador reificado traz consigo uma contradição latente. Quanto mais o trabalhador produz, mais pobre ele se torna. O trabalhador torna-se uma mercadoria tão mais barata quanto mais mercadorias produz. O resultado disso é uma valorização crescente do mundo das coisas e uma desvalorização proporcional do mundo dos homens. Marx identifica o trabalho como uma mercadoria capaz de transformar o homem em coisa vendável, além de gerar mais-valor a um outro homem. Pela análise do trabalho será possível desvelar a contradição da desigualdade, mas também será possível evidenciar a miséria dessa condição, de fazer enriquecer a uns na medida do empobrecimento de outros e de estabelecer um ideário sólido capaz de fazer crer aos homens que essa condição é natural e inevitável.

O processo de alienação desenvolve-se já no ato produtivo, quando o operário, a partir da divisão social do trabalho, não se identifica mais com a mercadoria produzida. Trata-se para ele de um objeto alheio. Nesse sentido é que Marx diz que "quanto mais o trabalhador se gasta trabalhando, tão mais poderoso se torna o mundo objetivo alheio que ele cria frente a si, tão mais pobre se torna ele mesmo, o seu mundo interior, tanto menos coisas lhe pertencem como suas próprias" (*apud* FERNANDES, 1984, p. 150). O mesmo ocorreria na religião, quando o homem substitui a atenção que teria para si por uma atenção a Deus. A alienação, portanto, seria uma condição a que o homem se submete, tanto em relação à religião quanto ao trabalho, sendo este último caso ainda mais importante e danoso para a realidade humana, dadas as consequências materiais que propiciam. A alienação seria como uma resultante de um desvio de atenção. O trabalho torna-se ele mesmo um objeto, ao qual o operário devota sua atenção esquecendo-se que o trabalho não existe sem o trabalhador. O resultado disso é que o trabalhador confere ao trabalho uma existência exterior e torna-se gradativamente um servo dele. A crítica que Marx faz ao pensamento político--econômico de sua época está justamente na desconsideração dessa alienação e de suas consequências: "a economia política oculta a alienação na essência do trabalho por não considerar a relação imediata entre o trabalhador (o trabalho) e a produção" (*apud* FERNANDES, 1984, p. 152). Essa relação será tomada por Marx como a relação essencial do trabalho, e sua ocultação será assim por ele comentada: "É claro. O trabalho produz maravilhas para os ricos, mas produz desnudez para o trabalhador" (*apud* FERNANDES, 1984, p. 152).

A alienação do trabalho terá, portanto, três aspectos. O primeiro diz respeito à relação do trabalhador com os produtos de seu trabalho; o segundo diz respeito à relação de produção propriamente dita, no ato de produção. Como consequência imediata da alienação, o trabalhador não se afirma em seu trabalho, pelo contrário, nega-se. O próprio ambiente de trabalho já não se confunde com o ambiente privado. O local de produção já não pode ser o local de descanso, e o trabalho já não é voluntário, mas compulsório. O trabalho exteriorizado já não pertence ao trabalhador, mas a um outro. Já não é mais a satisfação de necessidades naturais, mas de necessidades exteriores a ele. O trabalho, tal como ocorre no capitalismo, é, portanto, castigo, pena que se deve cumprir ordinariamente e implica a perda de si mesmo. O terceiro aspecto da alienação do trabalho diz respeito à transformação da vida genérica em vida individual. O que distingue uma espécie animal das demais é o certo tipo de atividade vital, seu caráter genérico. Segundo Marx, a atividade consciente livre é o caráter genérico do homem. Os demais animais não se distinguem de sua atividade genérica, são elas próprias. Mas o homem faz de sua atividade vital um objeto do seu querer e de sua consciência. É essa consciência que caracteriza a generalidade do homem, no entanto, "o trabalho alienado inverte a relação de maneira tal que precisamente porque é um ser consciente o homem faz da sua atividade vital, da sua essência, apenas um meio para a sua existência" (MARX *apud* FERNANDES, 1984, p. 156). A questão que o autor está sublinhando é que a própria essência do homem transforma-se em um meio, desvinculando-se. Já não se pode estabelecer uma igualdade conceitual entre essência e existência, a primeira será apenas um meio para a segunda. Isso implica a constatação de que o homem é capaz de lidar com a natureza de modo a dominá-la em função de necessidades que extrapolam sua necessidade física. O homem trabalha o mundo objetivo e se prova como ser genérico. Através de sua produção, a natureza aparece como sua obra e sua realidade efetiva, mas, ao desvincular do homem o objeto de sua produção, o trabalho alienado arranca-lhe também, por consequência, sua vida genérica. O homem é assim destituído de sua própria natureza e torna-se coisa essencialmente, meio para um fim que já não lhe pertence.

> O trabalho alienado faz do ser genérico do homem, tanto da natureza quanto da faculdade genérica espiritual dele, um ser alheio a ele, um meio da sua existência individual. Aliena do homem o seu próprio corpo, tal como a natureza fora dele, tal como a sua essência espiritual, a sua essência humana (MARX *apud* FERNANDES, 1984, p. 158).

Ora, se o homem está alienado de seu trabalho, de sua atividade vital e de seu ser genérico, o homem está alienado do homem. Marx enxerga isso com profundo horror, pois esta condição materializa-se na vida concreta, cujas consequências Käthe Kollwitz pôde retratar em suas obras. Se o produto do trabalho é alheio ao homem, a quem pertenceria então? Se o trabalho é tormento ao homem trabalhador, deve ser fruição a um outro homem. Os produtos do trabalho, se não pertencem ao trabalhador, devem pertencer a um outro que é não trabalhador. A propriedade privada vai pertencer a alguém que não é trabalhador, dado o processo de exteriorização do trabalho. O capitalista será aquele que possui a propriedade dos produtos do trabalho e do próprio trabalho em si.

Marx encontra no movimento da propriedade privada o processo de exteriorização do trabalho e, através desse processo, será possível ver a propriedade privada em dois aspectos que se imbricam. Ela é tanto causa do trabalho exteriorizado como a consequência do mesmo. Emancipar o homem significa, portanto, emancipar o trabalhador. Nesse sentido, Marx vai considerar que a servidão humana inteira está contida na relação do trabalhador com a produção capitalista. Todas as demais servidões serão consequências dessa. Depois dessas considerações, será preciso reformular a pergunta pela origem da propriedade privada, a que Rousseau consagrou todas as mazelas humanas,[3] e perguntar pela origem da relação do trabalho exteriorizado com o curso do desenvolvimento da humanidade. A questão passa a ser de outra ordem. Importa entender o que significa a propriedade privada e os processos que decorrem dela. Da relação entre o trabalho exteriorizado e o trabalhador encontra-se uma relação de propriedade do não trabalhador com o trabalho e com o trabalhador.

Esse raciocínio apresentado por Marx nos *Manuscritos econômico-filosóficos* (2004) será completado com a análise encontrada no primeiro volume de *O capital*. No capítulo XII do livro I, sobre a "Divisão do Trabalho e Manufatura",

---

3   A esse respeito, vale lembrar a famosa frase de Rousseau sobre a origem da propriedade privada: "O primeiro que, tendo cercado um terreno, atreveu-se a dizer: Isto é meu, e encontrou pessoas simples o suficiente para acreditar nele, foi o verdadeiro fundador da sociedade civil. Quantos crimes, guerras, assassínios, quantas misérias e horrores não teria poupado ao gênero humano aquele que, arrancado as estacas ou enchendo o fosso, houvesse gritado aos seus semelhantes: 'Evitai ouvir este impostor. Estareis perdidos se esquecerdes que os frutos são de todos e que a terra não é de ninguém!'" (ROUSSEAU, 1993, p. 181).

o autor nos descreve a relevância da divisão do trabalho para o modo de produção capitalista. Nesse texto, Marx estabelece a diferença entre a divisão social e a divisão manufatureira do trabalho, que possuem implicações distintas. Se por um lado a divisão do trabalho dentro da sociedade é apresentada como algo natural na evolução das sociedades, quando os diferentes produtores intercambiam diferentes produtos produzidos, haverá uma outra forma de divisão do trabalho dentro do processo de produção, que terá consequências específicas para os indivíduos. No entanto, para que o modo de produção capitalista chegue à divisão manufatureira do trabalho, deve haver um amadurecimento no interior da sociedade.

> A divisão do trabalho no interior da sociedade é mediada pela compra e venda dos produtos de diferentes ramos de trabalho, a conexão dos trabalhos parciais na manufatura pela venda de diferentes forças de trabalho ao mesmo capitalista, que as emprega como força de trabalho combinada. A divisão manufatureira do trabalho pressupõe concentração dos meios de produção nas mãos de um capitalista, a divisão social do trabalho, fracionamento dos meios de produção entre muitos produtores de mercadorias independentes entre si (MARX, 1988, p. 266-267).

A primeira forma corresponde ao processo de especialização do aprendiz, que se dedicava a certo tipo de fabricação de produto, o qual seria trocado por outro. Isso já implicava um processo de diminuição do tempo de trabalho necessário para a produção de uma manufatura. Com o emprego de diferentes trabalhadores para a produção de uma mesma mercadoria, o tempo de trabalho necessário para a produção diminui ainda mais. Aqui Marx aponta como que, dentro do processo de extração da mais-valia, a divisão do trabalho exerceu importância capital. Diminuir o tempo de trabalho necessário para a produção é uma das formas de se chegar ao mais-trabalho que tornará possível o mais--valor. O lucro do capitalista é o objetivo que dá sentido ao capitalismo; Marx descreve o processo de exploração de um homem sobre outro, que torna possível o seu cumprimento.

De acordo com Marx, todos os bens produzidos têm um valor e um valor de uso passíveis de serem mensurados por critérios quantitativos e qualitativos.

A partir de um valor medido, as mercadorias podem ser cambiáveis entre si. Se afastados os valores de uso dos produtos, o que resta como propriedade é o fato de que todos os corpos são produtos do trabalho. O tempo de trabalho humano médio desprendido na produção de uma mercadoria é capaz de produzir um valor de uso qualquer. Sendo assim, o trabalho será crucial para entender a forma como a acumulação de capital passa a ocorrer a partir da industrialização. Marx está atento a essa forma, mas principalmente às consequências desse modo de produção. O não trabalhador será aquele consciente desse processo e buscará encontrar formas de diminuir o tempo de trabalho necessário para a produção de uma mercadoria, pois assim, mantendo a mesma jornada de trabalho, poderá ampliar o sobretrabalho e, por consequência, seus lucros. Conforme os meios de produção puderam ser aprimorados, o tempo de trabalho para produzir uma mesma mercadoria diminuiu. As consequências da evolução dos meios de produção implicaram um aumento da oferta de mercadorias e a diminuição dos postos de trabalho e, portanto, do mercado consumidor. Marx vai desenhando esse cenário mostrando as características contraditórias do modo de produção capitalista. Paul Lafargue, na mesma linha de pensamento, aponta para uma contradição desse sistema produtivo numa época em que os meios de produção permitiriam aos empregadores ampliar os postos de trabalho e ainda assim continuar obtendo lucros. A equação de Lafargue impõe um questionamento filosófico que ultrapassa a matemática do lucro e desnuda a situação de miséria dos homens. Afinal, qual seria a natureza de um sistema produtivo que a tudo quer esgotar, inclusive aos próprios homens?

Em meio às explicações econômicas, Marx preocupa-se em não perder de vista as consequências sociais desse modo específico de produção. Junto à indústria e à linha de produção está também o crescimento desenfreado das cidades e o acirramento das desigualdades e dos problemas sociais. Junto ao lucro do capitalista está a miséria e a tragédia dos trabalhadores. É assim que Marx (1988, p. 267) escreve que

> a divisão manufatureira do trabalho pressupõe a autoridade incondicional do capitalista sobre seres humanos transformados em simples membros de um mecanismo global que a ele pertence; a divisão social do trabalho confronta produtores independentes

de mercadorias, que não reconhecem nenhuma outra autoridade senão a da concorrência, a coerção exercida sobre eles pela pressão de seus interesses recíprocos, do mesmo modo que no reino animal o *bellum omnium contra omnes*[4] preserva mais ou menos a existência de todas as espécies.

Marx modifica o diagnóstico hobbesiano a partir do modo de produção capitalista. Na *Crítica à filosofia do direito de Hegel*, o autor aponta que a guerra de todos contra todos era movida por uma espécie de egoísmo, que no capitalismo seria facilmente identificado como um egoísmo econômico, e não natural. É seguindo as consequências desse egoísmo, depois de anos de amadurecimento do modo de produção capitalista, que Viviane Forrester descreverá o horror econômico. Sua análise considera a dificuldade de se manter os mesmos níveis de lucro no atual estágio do capitalismo, o que nos faz caminhar para a submissão de tudo para que a mesma lógica seja mantida. "Em primeiro lugar, o lucro, em razão do qual tudo é instituído. Só depois é que as pessoas se arranjam com as migalhas dessas famosas 'criações de riquezas', sem as quais, dizem, não haveria nada, nem mesmo essas migalhas, que por sinal estão diminuindo" (FORRESTER, 1997, p. 19-20). Não se trata, portanto, de distinguir aqui uma natureza humana má, capaz das mais diversas atrocidades, mas de reconhecer que existe uma vontade implícita aos homens partícipes desse modo de vida, modelado pelas regras do capital, que o torna possível.

O trabalho hoje faz parte de uma ética que conduz os homens a relacioná-lo à sua existência. Um olhar positivo para o trabalho foi necessário para o desenvolvimento do capitalismo, assim como bem demonstrou Max Weber ao referir-se à ética protestante. Essa ética do trabalho implicou um novo olhar, depositando nele um sentido demasiado. Viviane Forrester (1997, p. 112) trata essa demasia com ironia:

> Se o padre eterno lançasse hoje a maldição: "Ganharás o pão com o suor do teu rosto!", isso seria entendido como uma recompensa, como uma bênção! Parece que se esqueceu para sempre que, até há bem pouco, o trabalho era muitas vezes considerado opressor, coercitivo. Infernal, geralmente.

---

4   Guerra de todos contra todos. Referência à obra de Thomas Hobbes.

A autora refere-se ao fato de que o sistema capitalista chegou à contradição de ter podido suscitar na ética dos homens a necessidade do trabalho para depois não mais oferecê-lo – ao referir-se ao desemprego –, a ponto de se privar os homens de sua exploração de uma maneira ainda mais perniciosa.

Ao descrever a divisão do trabalho, Marx está atento antes ao capital que ao capitalismo. Foi preciso descrever como que as sociedades se desenvolveram a partir de um tipo de divisão em que o trabalho é assegurado em sua forma de existência a diferentes produtores em um mercado cuja concorrência é regulamentada pelo Estado. É, no entanto, resguardada a característica de que até o início da divisão manufatureira do trabalho o comerciante compra apenas manufaturas, mas não o trabalho como mercadoria. O comerciante era até então um distribuidor de produtos artesanais. As corporações de ofício garantiam a manutenção dessa ordem produtiva, na qual o trabalhador e os meios de produção permaneciam unidos. A divisão manufatureira do trabalho surge apenas com o modo de produção capitalista e carrega consigo todas as consequências sociais descritas aqui. Desde a separação dos homens em classes distintas de trabalhadores e não trabalhadores até a transformação do homem em coisa passível de ser comercializada.

O trabalho será considerado por Marx como uma condição de existência do homem, independente das formas de organização das sociedades. É o trabalho o elemento capaz de mediar o homem e a natureza, tornando possível a vida humana. As mercadorias serão produto da ligação de dois elementos, a matéria fornecida pela natureza e o trabalho humano. Segundo Lefebvre (1968, p. 32), a mercadoria é

> enquanto coisa (uso) e enquanto valor (troca), produto humano. [...] Ela só vale pelo trabalho que contém (tempo de trabalho social médio, afirma Marx), porém, por sua vez, resulta que o trabalho só vale enquanto produtor de mercadorias e mercadoria ele mesmo (como tempo e força de trabalho).

O valor de cada mercadoria, que corresponde ao trabalho social médio desprendido para sua produção, não será explícito. Terá em si um aspecto obscuro pela forma dinheiro – equivalente a todas as mercadorias que ressalta o valor de uso e relega o trabalho a uma condição indistinta. O valor de uma mercadoria é comumente expressado pelo valor de uso de outra. Isso implica notar que essa expressão de valor indica uma relação social oculta. Assim, "o corpo da mercadoria que serve de equivalente figura sempre como corporificação do trabalho abstrato e é sempre o produto de determinado trabalho concreto" (MARX, 1988, p. 61). Todas as mercadorias terão em si mesmas o trabalho humano como elemento capaz de colocá-las em relação e atribuir-lhes valor. Marx descreve as formas de valor como um processo histórico de desenvolvimento que permitiu a existência do dinheiro como equivalente geral capaz de quantificar as mercadorias. O papel social do dinheiro, portanto, será o de tornar possível a permuta de bens entre os homens. No entanto, uma das mercadorias que será permutada por dinheiro será o próprio trabalho, o que implicou um violento processo de reificação.

A divisão manufatureira do trabalho faz confundir humano e coisa, distancia o homem de si mesmo e o faz perder-se de si mesmo. A essa solidão extrema associamos um horror existencial. A alienação, paradoxalmente, surge como o elemento capaz de desviar a atenção do homem para que não tome consciência dessa condição. Ela é, portanto, ao mesmo tempo causadora dessa condição, porque é fruto de todo um processo de exteriorização do trabalho, mas é ela também quem torna possível a vida dentro desse sistema. Isso do ponto de vista do trabalhador. A visão do intelectual sobre o trabalhador não admite esse desvio de atenção. É o inconformismo dessa situação que faz Marx escrever seus textos e manifestos. É o mesmo inconformismo e a mesma percepção que farão surgir a figura do intelectual orgânico e a discussão travada pelos frankfurtianos e muitos outros autores pós-marxistas que apostaram na necessidade de se encarar a condição humana de frente, sem perdê-la de vista. Isso, é claro, implica um profundo sentimento de desolação e impotência, sentido por aqueles que estão atentos ao *modus operandi* do capitalismo. Mas esse sentimento não deveria ser suficiente para o conformismo. Pelo contrário, o niilismo oriundo dessa percepção de ver o homem atado e encapuzado poderia ser exacerbado para que ocorresse um amadurecimento das forças capazes de emancipar a vida humana. Nesse sentido, as gravuras de Käthe Kollwitz são, ao mesmo tempo, uma percepção da realidade e uma denúncia social capaz de ampliar a reflexão sobre a condição do operariado.

É o materialismo histórico que será afirmado, quando Marx e Engels vão considerar a própria vida humana como pressuposto para o primeiro ato histórico. A partir daí os homens produziriam os meios para satisfazer suas necessidades. Em seguida novas necessidades seriam criadas. A história dos homens deveria então ser vista em conexão com a indústria humana e com os movimentos de cooperação e de trocas estabelecidos pelos homens. Marx e Engels chamam a atenção para uma referência materialista ao descrever o início da humanidade; é claro, isso é seguido de uma crítica contundente a toda forma de explicação ideológica pautada em religiões e utopias para o modo de vida social humano. A forma como os homens produzirão sua história implicará também a produção de sua consciência, que Marx e Engels associarão à linguagem. É o espírito exteriorizado que chamarão consciência: "A linguagem é tão antiga quanto a consciência – a linguagem é a consciência real, prática, que existe também para mim mesmo; e a linguagem nasce, como consciência, da carência, da necessidade de intercâmbio com outros homens" (MARX & ENGELS, 1982, p. 43). Assim, os autores podem descrever a relação dos homens entre si e também com a natureza, delineando suas limitações. A relação do homem com a natureza e a sua necessidade de sobrevivência implica um impulso à socialização. A consciência de que é preciso estabelecer relações com outros indivíduos é o começo da consciência de que o homem vive em sociedade e já indica uma crescente dificuldade de sociabilidade. Os autores descrevem esse princípio de modo a já apontar uma distinção do homem em relação aos outros animais: "Este começo é tão animal quanto a própria vida social nesta fase: trata-se de simples consciência gregária e o homem se distingue do carneiro unicamente pelo fato de que nele sua consciência toma o lugar do instinto ou de que seu instinto é consciente" (MARX & ENGELS, 1982, p. 44). A consciência da socialização desenvolve-se gradativamente na medida em que os homens criam necessidades. É assim que Marx e Engels descrevem a formação da consciência como algo intrínseco às relações de produção. Ela cresce e se desenvolve na medida em que as relações de produção amadurecem e, também, na medida em que as populações aumentam. Não é à toa que Lefebvre vai dar importância capital para as cidades, não apenas por ser o lugar em que se desenrolam as lutas de classes, mas por ser o espaço em que as relações sociais ganham fôlego para amadurecerem.

O mesmo ocorre com Käthe Kollwitz, que expressará em sua obra os problemas de adaptação do homem ao crescente cenário urbano.

O aumento da população e seu agrupamento implicam a necessidade de maior produção material, o que resulta na divisão do trabalho. Esse aspecto é descrito por Marx em outros momentos como um importante fator de entendimento das relações de produção, mas em *A ideologia alemã* existe a notável distinção entre o trabalho material e o trabalho espiritual. É a separação realizada entre o pensamento e a matéria que, segundo os autores, tornou possível a figura do sacerdote como aquele responsável pela primeira forma de ideologia. Mas também é essa separação que efetivamente pôde distinguir aquele que pensa a coisa e aquele que executa a coisa. A consequência disso é que se criam as condições para a consideração de dois mundos distintos: um em que se vive sensivelmente; outro que atribui significados a esse primeiro e que serve de modelo para os homens. Aqui fica mais claro onde os autores querem chegar. A consciência como espírito exteriorizado passa a distanciar-se da realidade material, quando o pensamento passa a ser tomado por uma realidade distinta, capaz de abstrações e ideologias que ignoram o processo histórico da vida humana. "A partir deste momento, a consciência pôde realmente imaginar ser algo diferente da consciência da práxis existente, representar realmente algo sem representar algo real" (MARX & ENGELS, 1982, p. 45).

Estabelecida a forma como a consciência surgiu entre os homens e como as relações sociais foram condicionadas por elas, a divisão do trabalho e a propriedade adquiriram novo aspecto na obra dos autores. A propriedade passou a ser considerada como "o poder de dispor da força de trabalho de outros" (MARX & ENGELS, 1982, p. 46), que alude ao fato de que a propriedade não é algo que se aplica apenas a coisas, mas também a homens coisificados. A divisão do trabalho já está presente no próprio cerne da família, depois, também, entre as famílias. A diferença material entre os homens desde então será evidente, e surgirá uma dependência recíproca entre eles, da qual a própria divisão do trabalho será expressão.

A mercadoria, produto dessa divisão do trabalho, possui uma característica importante que a distingue das outras formas criadas pela práxis: não se separa de seu conteúdo, o trabalho, e tem a propriedade de encobrir sua própria essência, por seu caráter fetichista. Esse caráter fetichista da mercadoria ocupa um lugar especial na teoria de Marx. O fetiche vincula a mercadoria aos homens e garante um modo inusitado de lidar com o consumo. Os autores da Escola de Frankfurt terão um cuidado especial com esse assunto, demonstrando que toda uma indústria foi edificada em função da manutenção do consumo, o que explica em larga medida o fortalecimento do capitalismo e a resistência às crises cíclicas por que passa.

Diante da realidade social, Marx entende que uma mudança não poderia ser aguardada de braços cruzados. O esclarecimento das massas não poderia ser esperado de forma passiva, assim como a salvação dos homens não poderia vir de um salvador, mas de um princípio. O esclarecimento do povo também não poderia ocorrer diante de um regime de desigualdade. Marx já identifica as forças sociais que trabalham para manter o regime que se solidifica. O socialismo utópico é visto por Engels e por Marx como uma seita de origem burguesa e passam a construir um movimento que tenha uma expressão verdadeiramente operária. A revolta dos tecelões teria sido um exemplo de movimento que expressou verdadeiramente uma consciência de classe operária, diferente do movimento cartista. Já nos *Manuscritos econômico-filosóficos* de 1844, Marx defenderia a revolução proletária como uma "apropriação real da essência humana pelo homem e para o homem [...] a verdadeira solução do antagonismo entre o homem e a natureza, entre o homem e o homem" (*apud* LÖWY, 2002, p. 143). Com isso, Marx caminhava para o conceito de práxis revolucionária, sem o qual não se pode compreender sua teoria. As mazelas humanas podem ser encaradas como fruto de um processo de alienação e afastamento do homem de sua consciência. O fato de que essa situação não tenha se modificado nos obriga a pensar que o horror encontrou campo fértil no capitalismo e que devemos buscar compreendê-lo em suas características.

Mas é preciso identificar o que há de romantismo nessa questão. Michel Löwy e Robert Sayre tratam da passagem de um romantismo marxiano para um realismo científico. Existe uma tendência nostálgica de acreditar numa época passada melhor que a presente, um desejo de resgatar o passado como forma de solução dos problemas. O romantismo apresenta uma crítica da modernidade e do capitalismo, por conta da crise que se instaura com os novos valores e o novo modo de vida social. Nesse sentido, a racionalização de todas as facetas da vida humana, o desencantamento do mundo e a dominação burocrática seriam características indesejáveis para a visão romântica. Assim também a propriedade privada dos meios de produção e a intensificação da divisão social do trabalho redundariam numa reificação do homem. As relações humanas seriam transformadas e equiparadas a relações entre coisas.

> A nostalgia de um paraíso perdido é acompanhada, quase sempre, por uma busca do que foi perdido. Já tem sido observado, com grande freqüência, no âmago do romantismo um princípio ativo sob diversas formas: inquietação, estado de devir perpétuo, interrogação, procura, luta. Em geral, portanto, um terceiro momento é constituído por uma resposta ativa, uma tentativa de reencontrar ou recriar o estado ideal passado (LÖWY & SAYRE, 1995, p. 42).

Mas, afinal, que paraíso perdido seria esse? Quais seriam suas características? As comunidades simples estudadas pelos antropólogos já apontavam para uma sociedade sem a divisão do trabalho, sem a propriedade privada. Engels já expressava isso ao tomar os estudos de Lewis Morgan para tecer sua análise da família monogâmica.[5] As comunidades simples pré-capitalistas trariam em si qualidades sociais perdidas pelas civilizações modernas e que deveriam ser recuperadas em uma futura sociedade comunista. Mas na filosofia da práxis de Marx não haveria mais lugar para nostalgias, o capitalismo não poderia ser ignorado. A volta ao passado é uma utopia inútil e deve dar lugar a uma superação da sociedade capitalista, mas sem abolir suas conquistas. Marx então fará a análise das calamidades produzidas por esse modo de produção, indicando quais os aspectos que devem ser extirpados em uma sociedade futura. Nessa análise tomará por mote a recusa de um modo linear e ingênuo que considera a burguesia como uma classe superior às formas sociais anteriores. Além disso, insistirá no caráter contraditório do progresso trazido pelo capitalismo e fará um julgamento crítico sobre a civilização industrial como tendo sido um recuo, do ponto de vista humano, em relação às comunidades do passado.

Dessa análise é interessante notar como o progresso é visto como algoz e redentor ao mesmo tempo. É a força motriz do capitalismo e de seu modo de

---

5   Cf. ENGELS, 1975.

produção avassalador, mas também é o que torna possível uma vida mais confortável, o prolongamento do tempo de vida, o desvendamento de mistérios. Essa visão vai caminhar para uma crítica centrada na propriedade privada, o que faria predominar o aspecto negativo do progresso por centrar as benesses nas mãos de um pequeno grupo de pessoas. É a desigualdade que incomoda a Marx, e que incomodava igualmente a Rousseau, que será motivo de reflexão para o entendimento de um tipo de horror sem antecedentes na história que se instaura entre os homens. Ao mesmo tempo, o modo como Käthe Kollwitz retrata as agruras sofridas pelas pessoas nesse período também revela a desigualdade econômica trazida pelo modo de produção industrial. O entendimento do sentido da propriedade privada e do trabalho será ponto de partida para a compreensão dos horrores sofridos pela sociedade capitalista.

Robert Sayre e Michel Löwy também farão referência ao mito de Sísifo para abordar a vida operária, lembrando um momento em que Marx refere-se ao livro de Engels, *A condição da classe operária inglesa*:

> Com a máquina capitalista, o trabalho "torna-se uma tortura" porque [...] "fica reduzido à fastidiosa uniformidade de um labor sem fim... sempre o mesmo" que "se assemelha ao suplício de Sísifo: assim como o pedregulho, o peso do trabalho volta a cair sempre e sem piedade em cima do trabalhador esgotado". O operário é transformado em apêndice vivo de um mecanismo morto, obrigado a trabalhar com a "regularidade de uma peça de máquina" (LÖWY & SAYRE, 1995, p. 146).

O trabalho se mostra como algo que não acaba nunca e por isso não pode ser precisado e dominado. Ainda que a divisão social do trabalho seja capaz de diminuir o tempo de trabalho necessário para a produção de uma mercadoria, isso não acarreta a multiplicação do tempo de vida do operário, do seu tempo de ócio e lazer; pelo contrário, implica o contínuo multiplicar de um trabalho que não termina jamais.

A visão romântica que se espelha no passado para estabelecer metas para a sociedade futura é então filtrada pelo progresso, que introduz novos dados a serem considerados. As comunidades primitivas estudadas por Morgan exercerão fascínio em Rosa Luxemburgo, que abandonará qualquer vestígio de evolucionismo linear presente no marxismo de sua época. O progresso também despertará a atenção de Walter Benjamin, que vai considerá-lo como uma força avassaladora que destrói tudo o que encontra pela frente e que reclama um olhar para o passado como forma de não se perderem sentidos primitivos caros aos homens e os quais precisam ser restituídos.

Mas como restituir os valores encontrados nas sociedades primitivas depois dos avanços técnicos trazidos pelo progresso? É nesse sentido que um pensamento dialético buscará encontrar a superação do estado de coisas trazido pelo capitalismo. O confronto entre a sociedade industrial e as sociedades primitivas teria por síntese um outro estado de coisas em que o homem teria de volta alguns de seus valores. A busca desses valores, em certa medida, implica um sentimento de impotência semelhante ao trabalho de transportar uma rocha sobre os ombros. Em geral, esses valores buscados estão no campo das ideias e a vida concreta só revela o seu oposto. É a constatação dessa oposição que torna possível o sentimento de repulsa a esse modo de vida que identificamos como um tipo de horror. Não houvesse essa contradição, evidenciada por esse olhar para o passado de que nos fala Benjamin, também não haveria nesse caso o sentimento de horror, haveria em seu lugar um viver de olhos fechados, um passar pela história sem deixar-se afetar. A alienação poderá ser vista como um resguardo, ainda que Marx reclame a necessidade da tomada de consciência para que seja possível a mudança dessa situação de desigualdade. O conhecimento do capitalismo é, portanto, condição para o reconhecimento do horror que o acompanha. Sem esse conhecimento, a condição humana não reclama juízos, é puro cotidiano que se mostra em sua normalidade. É somente diante do conhecimento do capitalismo que o cotidiano pode ser questionado e sua mudança reivindicada.

Henri Lefebvre alerta para uma necessidade de se superar a oposição existente entre forma e conteúdo, entre o racional e o real, para se descobrir um novo movimento do pensamento capaz de voltar-se para o real abandonado. O pensamento dialético deveria ser capaz de estabelecer o real usando-se da razão, tornando possível o entendimento do conteúdo da vida. Trata-se de "um pensamento que pode misturar-se à vida sem se perder; que não hesita em pesquisar no conteúdo rico, informe, múltiplo, da vida humana" (LEFEBVRE, 1983,

p. 172). A contribuição hegeliana para um pensamento dialético exercerá sobre Marx um fascínio, num primeiro momento, e posteriormente uma discordância. Haveria uma finitude nas instituições em Hegel que incomodava a Marx. O Estado não poderia ser a forma acabada, definitiva, de organização social. Marx teve que elaborar um pensamento que fosse dinâmico, capaz de acompanhar a mobilidade do real, considerando suas contradições e examinando forças que variam suas intensidades. Trata-se de buscar um pensamento que não esteja restrito a uma lógica formal, que carregue em si mesmo as informações concretas da vida, que não anule seu conteúdo – pelo contrário, que o revele. É dessa forma que o dilema metafísico "'ou o homem é um ser da natureza, ou é exterior à natureza' – é um falso dilema. O homem não é 'um animal' como os demais. E tampouco é exterior à natureza. É um ser da natureza que emerge acima dela e a domina" (LEFEBVRE, 1983, p. 188). A realidade do homem está justamente nessa contradição. O homem é real, na medida em que luta contra a natureza e, ao mesmo tempo, é um ser da natureza. Assim é com tudo o que existe: tudo transita entre o ser e o nada, o que implica um fluxo contínuo, um movimento que reclama um conhecer dinâmico. Um pensamento assim reconstrói a discussão hobbesiana sobre a natureza humana.

Ao escrever a 11ª tese sobre Feuerbach,[6] Marx aponta não só a necessidade de se transformar o mundo, mas também a importância de se continuar pensando-o, agora não de modo metafísico, mas com raízes fincadas na própria condição material da existência. Feuerbach foi o primeiro a fazer a inversão do que chamou de filosofia especulativa de Hegel. O caminho que ia do abstrato ao concreto, do ideal ao real, passa a ser percorrido às avessas. Em *A essência do cristianismo*, Feuerbach (1988) diz que foi o homem quem fez a religião e não a religião quem fez o homem. O homem deixa de ser um ente abstrato escondido fora do mundo e passa a ser entendido nas relações sociais; a religião será produzida pela própria sociedade como consciência invertida do mundo. Essa inversão redundará, em Marx, na discordância patente em relação à concepção de Estado estabelecida por Hegel. Marx dirá que não é o Estado que funda o povo e lhe dá sentido, mas o contrário, o povo fornecia as bases para a constituição

---

6   "Os filósofos têm apenas interpretado o mundo de maneiras diferentes; a questão, porém, é transformá-lo" (cf. MARX & ENGELS, 1982).

do Estado. Justamente por não partir de sujeitos reais, a concepção de Estado em Hegel será descaracterizada por Marx. Em um primeiro momento, o Estado será concebido por Marx como uma instituição burocrática cuja função de desvelar o interesse geral da nação é ilusória. O Estado, ao separar-se da sociedade, a oprime e aliena. Assim, o caminho de libertação do homem da alienação de sua própria essência implicaria acabar com o Estado, que não correspondia aos interesses da razão. Mas depois Marx encontrará para o Estado uma definição melhor. É a partir dos textos escritos para a *Gazeta Renana*[7] que o autor vai defender os interesses dos operários e identificar no Estado um verdadeiro representante de uma minoria dominante.

Partindo da diferença material existente entre os homens, é possível considerar a contradição entre os interesses particulares e o interesse coletivo. E diante do discurso do interesse coletivo é que o Estado torna-se possível. O Estado será, portanto, um instrumento de dominação de uma classe sobre a outra, tornando concreta a perenidade da diferença. Em Marx, o Estado apresenta-se como uma força vertical, que aparece aos indivíduos como algo natural, que é fruto de uma distinção histórica entre o trabalho material e o trabalho espiritual, e o desenrolar de suas consequências.

> O poder social, isto é, a força produtiva multiplicada que nasce da cooperação de vários indivíduos exigida pela divisão do trabalho, aparece a estes indivíduos, porque sua cooperação não é voluntária mas natural, não como seu próprio poder unificado, mas como uma força estranha situada fora deles, cuja origem e cujo destino ignoram, que não podem mais dominar e que, pelo contrário, percorre agora uma série particular de fases e de estágios de desenvolvimento, independente do querer e do agir dos homens e que, na verdade, dirige este querer e este agir (MARX & ENGELS, 1982, p. 49).

Se retomados, os argumentos usados por La Boétie para tratar a servidão voluntária poderão ser aplicados aos operários e ao mundo do trabalho. A ideia

---

7   Marx fez parte da equipe de redação da *Gazeta Renana* em 1842 e 1843, inicialmente como articulista e depois como redator chefe. O periódico teve vida curta, mas o autor ainda teria uma experiência no jornalismo político na *Nova Gazeta Renana*, entre 1848 e 1849.

de uma servidão voluntária implica o hábito e um desconhecer. Os homens consideram a servidão como natural, e a única forma de livrar-se dela é a partir de uma tomada de consciência. A ação do ativista, do intelectual e do artista pode contribuir para ampliar a percepção dos homens sobre sua própria condição, a fim de que o estado servil possa ser alterado. É nesse sentido que Käthe Kollwitz volta-se para os hábitos do operariado, suas gravuras evidenciam um estado de opressão implícito em uma servidão cotidiana. Mas o Estado surge como uma instituição capaz de manter os indivíduos como servos, seguindo os hábitos que mantém a ordem. Marx vai mostrar como o Estado é, na verdade, uma instituição que garante a dominação de uma minoria sobre a maioria dos homens. Perguntar a origem dessa distinção é procurar entender as consequências de uma vida de desigualdades, na esperança de modificá-la e de não aceitá-la.

Essa concepção de Estado diz respeito especialmente à sociedade burguesa que emergiu no século XVII e que seria fortalecida com o processo de amadurecimento trazido pelas revoluções burguesas, notadamente a Revolução Industrial. A partir de então, os indivíduos foram se afastando das escolhas sobre sua própria vida e encontrando no Estado um intermediário capaz de zelo e capaz de responsabilizar-se pelos que não têm sorte, os pobres e miseráveis.

No momento em que Marx inverte a filosofia hegeliana – ao dizer que é a sociedade civil que antecede o Estado, e não o contrário –, mostra como a instituição, que legitima uma vida de penúria para a maioria da população, pode ser desfeita por si mesma, porque foi a partir dela que se erigiu. Mas é preciso lembrar que o autor deixa claro que a superação do Estado não pode vir de um ato isolado, é preciso que seja universal. Segundo o autor, a massa da humanidade deverá passar por um intercâmbio universal e deverá ser destituída de toda a propriedade até que sua situação se torne insuportável. Existe aqui uma consciência de que a mudança da condição dos homens só pode ocorrer se antes os homens sofrerem o acirramento da contradição entre as forças produtivas e a sua concentração nas mãos de uns poucos não trabalhadores. Esse processo é demasiado penoso e pressupõe, a partir do contato com a penúria, o agravamento do horror. Aqui os autores estão atentos à realidade desenrolada pela evolução histórica do capital. A partir do olhar atento para o modo como a propriedade privada se desenvolveu, é possível encontrar pistas para o seu futuro. O espaço histórico contido entre as sociedades industriais e o momento da revolução proletária implica um estado de sofrimento, em diversos sentidos, para os trabalhadores.

Ao descrever o povo alemão como aquele que se encontra em um estado privilegiado da história, com resquícios feudais, quando o proletariado ainda está em formação, em contraste com a elevada capacidade filosófica desse mesmo povo, Marx e Engels mostram a possibilidade de se saltar esse período de sofrimento, na expectativa de que, pela iniciativa do pensamento, seja possível a emancipação dos homens. É isso que está esboçado na *Crítica da filosofia do direito de Hegel*, quando Marx faz referência à reforma protestante que modificou todo um estado de coisas a partir do pensamento de um monge. Também aqui é no pensamento que se está apostando. Há um misto de reconhecimento da potência do pensamento para a ação, mas também há desânimo e pessimismo, por se entender que as condições materiais são tão difíceis de serem alteradas. Conforme o capitalismo foi se fortalecendo, as dificuldades de se extingui-lo foram se tornando ainda mais sólidas. Os autores pós-marxistas, tais como os filósofos da Teoria Crítica,[8] terão de trabalhar com outros dados, reconhecer a imobilidade das circunstâncias e, por fim, recobrar o pensamento como fonte de ação, mas agora num cenário muito mais avesso a ele. Há nisso também um horror causado pela imobilidade e pela consciência de se verem tão frágeis as possibilidades de mudança.

A realidade alemã serve a Marx como uma aposta para uma emancipação humana sem que fosse preciso passar pelas penúrias da modernidade. Essa hipótese exerce um fascínio especial dentro do conjunto da obra do autor. É sabido que na Alemanha havia características suficientes para ocorrer uma revolução proletária, mas isso é apontado por Marx muito mais pela capacidade filosófica do povo alemão do que pelas condições materiais. Ao referir-se à Reforma Protestante, diz que, "assim como na época a revolução começou no cérebro de um monge, hoje é no cérebro do filósofo que ela começa" (MARX, 2005, p. 152). Aqui existe uma aposta na capacidade do homem tornar-se protagonista de seu destino e livrar-se da alienação. A consequência disso seria o próprio fim

---

8   O termo "Teoria Crítica" refere-se à produção dos filósofos da chamada Escola de Frankfurt, tais como Horkheimer, Adorno, Walter Benjamin, Marcuse, dentre outros.

do Estado. Mas o interessante dessa passagem da obra de Marx está em verificar que, nesse momento, as condições materiais de acumulação de capital não são apresentadas como absolutamente necessárias para alcançar uma sociedade sem Estado; pelo contrário, aqui se vê a possibilidade de emancipação sem necessidade da penúria, do horror causado pela desigualdade, pelo industrialismo, pela modernidade.

A revolução real proposta por Marx será aqui uma revolução das necessidades reais. Só assim a revolução seria social e não uma revolução política, como tantas outras revoluções que ocorreram. Em uma revolução política uma base da sociedade se mobiliza a ponto de obter o domínio universal, as mudanças decorridas daí parecem ser universais, mas efetivamente só resultam numa troca de poderes, de um grupo para outro, a partir do qual novamente volta o estado de opressão. Marx tomará a classe trabalhadora como aquela capaz de provocar efetivamente uma revolução social, identificando-se como uma classe libertadora, porque seus sofrimentos são universais, "porque o mal que lhe é feito não é um mal particular, mas o mal em geral". A essa classe já não se pode "exigir um título histórico, mas apenas o título humano; de uma esfera que não se oponha a conseqüências particulares, mas que se oponha totalmente aos pressupostos do sistema político alemão" (MARX, 2005, p. 155). É assim que a partir do proletariado seria possível uma redenção total do homem. Na Alemanha o proletariado está começando a formar-se. Ali Marx vê uma oportunidade, exatamente porque "o que constrói o proletariado não é a pobreza naturalmente existente, mas a pobreza produzida artificialmente" (MARX, 2005, p. 156). Por isso, o pensamento emerge em Marx como uma poderosa arma de libertação. A partir dessa ideia, os autores pós-marxistas levarão em conta a educação como elemento crucial para emancipação do homem, e é a partir daí que a 11ª tese sobre Feuerbach não pode ser lida como um abandono da filosofia, um desprezo pela razão – pelo contrário, deve ser encarada como uma necessidade de fazer da razão uma aliada para a constituição de uma filosofia capaz de modificar a condição humana.

A necessidade do pensamento como ferramenta de atuação política fica evidente a partir da constatação da forma com que os interesses da classe dominante são apresentados como interesse geral. Um pensamento crítico e inteligível é capaz de desvelar essa realidade encoberta. Em *A ideologia alemã* e também no *18 Brumário de Luís Bonaparte,* existe uma denúncia de como as ideias são apresentadas de forma cada vez mais abstratas e universais, a ponto de um governante eleger-se como defensor dos pobres e ainda assim representar os interesses de uma minoria que se enriquece. É a partir do discurso universal que as classes dominantes procuram legitimar seus próprios interesses. Daí a importância da produção da consciência. O pensamento terá de ser modificado para que não seja mais utópico e legitimador da desigualdade, mais ainda, com o conceito de práxis revolucionária Marx aponta para a necessidade de se ter um pensamento que esteja unificado à prática, que não seja a expressão da divisão entre trabalho material e espiritual. Se considerarmos a obra artística de Käthe Kollwitz, veremos uma semelhança entre arte e pensamento expressa pelo vínculo que ambos mantêm com a realidade. Tanto o pensamento pautado pela práxis quanto as obras de Kollwitz sobre as condições do operariado são formas de produção da consciência.

Com um pensamento que seja capaz de vincular o trabalho material e o espiritual, Marx aponta uma forma de se eliminar a servidão voluntária. É através da alienação que o homem serve a um senhor voluntariamente. La Boétie escreve em seu discurso que para acabar com a servidão, basta deixar de servir. Mas é preciso a consciência das implicações dessa servidão para reconhecê-la como tal e para despertar o desejo de não mais servir. A busca pelo conhecimento novamente atrela-se à consideração do horror. É negando o desconhecimento que os homens lidam com sua servidão e, nesse sentido, o reconhecimento da alienação é o primeiro passo para uma tomada de consciência.

Tanto Marx, ao desenvolver um pensamento a fim de compreender a forma como funciona o sistema capitalista no que diz respeito à origem do lucro e às consequências de sua obtenção, quanto Käthe Kollwitz, ao representar a tragédia cotidiana dos trabalhadores, fornecem subsídios para uma retomada de consciência. Arte e pensamento, nesse caso, coincidem com a política, no sentido de que ambos mantêm o compromisso com a revelação, com a denúncia e, também, com a mudança.

Käthe Kollwitz e a carne de trabalho

Seria preciso uma máquina do tempo para sentir a vibração das vozes dos tecelões entoando seu canto. Marcham. Carregam consigo o objetivo notável de livrar suas vidas da extenuante rotina que os consome. Temos as informações de literatura, temos as análises e os relatos de época e temos as gravuras de Käthe Kollwitz a respeito dessa revolta histórica ocorrida na Silésia em 1844. O enquadramento dado pela artista em *A marcha dos tecelões*[9] congela um momento desse fato histórico. Seu recorte representa pouco mais de uma dezena de trabalhadores, pouco mais de uma dezena de realidades condensadas num instante e eternizadas por essa imagem. [**FIGURA 5, CADERNO DE IMAGENS, p. 286**]

Estes homens caminham juntos. Representam nessa gravura muitos outros homens que também caminham. Prova está nas partes de corpos que aparecem no enquadramento: aqui uma cabeça cujo corpo foi encoberto por alguém, ali uma perna de cuja passada se adiantou e não coube na cena. Alguns caminham com convicção, determinados, entoam seus gritos a fim de manter a coragem acesa e a vontade triunfante. Outros parecem apenas seguir o fluxo, respeitando uma vontade geral estabelecida em outro momento. Não expressam em seus rostos o ódio rancoroso dos que se dispõem a matar para viver. Carregam suas armas como se fossem um fardo. Aqui um machado, ali uma foice. Armas improvisadas que, contanto que haja ira e força, são mortais e capazes de mudar o rumo da história. Essas armas representam a segurança do sucesso da empreitada, ampliam a força dos corpos, ressignificam a massa de homens, dando a esta um aspecto intimidador. Mas parece que as intenções são traídas pelos gestos. Poucas mãos aparecem. A maioria está nos bolsos, aquecendo-se do frio e revelando um desdém atípico para uma marcha de guerreiros. Um machado equilibra-se entre o corpo e o braço; a mão recusa-se a segurá-lo; trata-se de um peso que desequilibra, e segurá-lo implicaria um cansaço a mais e uma tortura para os dedos desprotegidos. Não há pressa, no momento preciso os dedos aquecidos o tomarão em riste, imagem digna de um herói.

Quase ao centro da gravura, um homem segura sua arma com a mão direita, a esquerda eleva-se, o punho cerrado indica a certeza do que estão todos

---

9   Käthe Kollwitz. *A Marcha dos tecelões*. Gravura em água forte, 21,6 x 29,5 cm, 1897.

fazendo. A boca aberta entoa justificativas para a marcha, talvez um canto, talvez um grito de guerra ou mesmo palavras sobre suas vidas capazes de mantê-los em forma e não deixar que o descrédito ganhe corpo. Ao fundo, acima de sua cabeça, num plano inferior uma outra mão se ergue, movimenta-se. Pertence a um homem que mal pode aparecer para nós. A impressão primeira é que sua imagem é a de um afogado pedindo socorro em meio ao mar de corpos.

Na lateral direita, à frente dos retratados, um homem caminha olhando para o chão. Uma de suas mãos vai atrás de seu corpo, a outra, fechada, vai à frente, na altura do peito, quase tocando o queixo. Há nesse homem um ar ensimesmado. Em sua mente parece passar toda sua vida, sua mão revela a conclusão de que faz a coisa certa. A dúvida que o fez isolar-se dos outros o colocou em contato consigo mesmo e nesse diálogo silencioso pôde avaliar o passado e as consequências de seu ato futuro. Seu presente é um devir, mas caminha com seus colegas à procura de uma certeza que apenas se esboça em pensamento. Um pouco atrás um homem mais velho, chapéu característico, rosto marcado. Parece preocupado, talvez com o frio, talvez por não ter sido ouvido. Sua experiência teria indicado parcimônia nos atos, teria pedido a seus companheiros que aguardassem os fatos se desenrolarem, que deixassem o tempo se encarregar de tudo. Mas sua autoridade foi menor que a febre dos injustiçados e, diante da alternativa da solidão, seguiu o grupo desgostoso.

No primeiro plano da gravura, centro de nosso olhar, vai a única figura feminina, carregando nas costas uma criança. Trata-se da imagem da fragilidade em meio a uma marcha revolucionária. O observador da gravura poderia enxergar nesse contraste um horror. A mulher parece seguir ordens. Não está ali por um ímpeto ideológico. Segue adiante com a cabeça baixa, prostra-se com a incerteza do porvir. Carrega nas costas sua única preocupação. Nada lhe parece mais importante que a vida dessa criança. Sua imagem materna é o símbolo da perseverança, seu cansaço é sublimado para que sua criança, sentindo-se segura, descanse. A criança dorme: basta-lhe a certeza de estar protegida pela mãe e a aventura de caminhar em direção aos assuntos de gente grande. Provavelmente sonha com um passado colorido que ela mesma selecionou. Nos sonhos de uma criança, imaginamos, pulsa o impossível mais concreto que existe. Ali, bolinhas de gude ganham ares de tesouro e mesmo o medo de monstros terríveis elimina-se com o despertar. É essa imagem terna que ganha destaque na marcha dos tecelões. O reconhecimento de que se trata de uma marcha revolucionária faz com que essa imagem ganhe força. Essa mulher e essa criança, a aparência da fragilidade e da inocência, caminham rumo ao mesmo destino que os homens de foices e machados, contraste que causa assombro.

A imagem terna da mãe carregando sua cria passa uma emoção diferente da imagem passada pelos outros homens. A languidez dessa mulher parece ditar o tom da gravura inteira e o contraste fica por conta dos poucos elementos que passam uma motivação. Ora, que triste pensar na possibilidade de que a imagem desses operários caminhando é a imagem de uma classe buscando libertar-se da opressão! Que desalento pensar que essa marcha, representada dessa forma por Kollwitz, trouxe a certeza de Marx de que seria factível a consciência de classe outrora apenas ensaiada pela pena!

Os olhares dos operários são imprecisos. Kollwitz pouco detalha os olhos. A expressão é dada pelos traços sequenciais, justapostos, obsessivos e pelo conjunto da ação. Os olhos são pontos obscuros, olhos sem fundo, não sabemos o que dizem. Parece que estes operários direcionam o olhar para dentro do corpo, procurando sua condição intestina. Não há sorrisos, apenas rugas, cenhos franzidos, malares saltados e o seguir em frente.

A imagem que fez a artista desse fato histórico não parece dotar os sujeitos de um portentoso destino heroico. Há nessa leitura da história uma estranha previsibilidade, que indica um engessamento dos homens diante de suas vidas. Curiosa interpretação, uma vez que diz respeito a uma efetiva movimentação operária. Os relatos de Marx não correspondem a essa imagem de Kollwitz. O sangue derramado, que não compõe a cena, pode induzir a interpretação, pode fazer crer que a bravura dos homens é fruto de uma tomada de rédeas de sua própria vida, de uma *virtù* necessária capaz de vislumbrar o destino de lutas que a humanidade carrega. O horror da morte é muitas vezes encoberto pelos ideais, faz do sofrimento uma necessidade de correção de trajetórias desastrosas. A morte de uns pela vida de outros, eis o raciocínio que só não tem quem se acovarda. Os operários de Kollwitz não podem ser tratados por covardes. Disso não poderão ser acusados. A coragem de terem empreendido tal marcha parece ser sua principal moeda de barganha por um lugar na história. Mas a forma como a artista os representa carrega em si mesma uma denúncia.

Os operários poderiam ter sido retratados segundo os padrões dos quadros históricos, ressaltando a bravura e a responsabilidade heroica dos homens. Mas Kollwitz prefere destacar um momento situado no durante. Não está ali o início, a causa; também não está a consequência. O antes e o depois podem ser auferidos na leitura interpretativa da cena, se juntadas as informações históricas. Mas é de posse do antes e do depois que a artista opta por retratar o momento ordinário desses homens. Ao descrevê-los indiferentes, parece dizer que o operariado é indiferente à sua própria condição. Como se a fome, a dor, o frio, aquilo que é sensível ao corpo fossem efetivamente as únicas coisas que importassem. Sendo assim, pouco espaço resta para a ideologia e para a consciência de classe. Identificar essa leitura como lúcida implica um desencantamento, pela percepção dos limites da utopia. Kollwitz contesta o modelo político de um Estado que dilacera o humano e o reduz a simples força de trabalho, causando seu desenraizamento, assim como descreve Simone Weil (1979, p. 351):

> O desenraizamento é evidentemente, a mais perigosa doença das sociedades humanas, porque se multiplica a si própria. Seres realmente desenraizados só têm dois comportamentos possíveis: ou caem numa inércia de alma quase equivalente à morte, como a maioria dos escravos no tempo do Império Romano, ou se lançam numa atividade que tende sempre a desenraizar, muitas vezes por métodos violentíssimos, os que ainda não estejam desenraizados ou que estejam só em parte.

Käthe Kollwitz é artista engajada, conhecedora próxima da realidade dos operários alemães. Usa sua arte como meio de se comprometer com o cotidiano dos trabalhadores e denunciar o desenraizamento provocado a uma sociedade que se subordina ao capital. Seu ciclo sobre a revolta dos tecelões, cujas obras foram realizadas entre 1897 e 1898, trazem em si momentos de ação hostil, cenas de conversas sigilosas, além do sofrimento e do desespero dos operários, que sentem nos ossos a situação de penúria a que estavam submetidos. Sem contar outras obras como as pertencentes ao ciclo intitulado *A guerra dos camponeses* (1903-1908), que representam o homem como sujeito, capaz de lutar e pegar em armas por sua existência. Não queremos dizer, portanto, que Kollwitz quer identificar a fragilidade da organização da classe operária alemã, o que seria um contrassenso. Mas na *Marcha dos tecelões* existe uma debilidade implícita que nos chama a atenção.

O pouco vigor dos tecelões representados nessa gravura contrasta com as descrições que Marx faz em algumas passagens nas quais que comenta o fato. A análise que este autor faz da canção entoada pelos trabalhadores silesianos revela uma certeza não percebida em outros levantes operários.[10] Ali Marx encontraria a prova concreta de que o proletariado seria capaz de uma consciência de classe, de que haveria, por fim, a possibilidade real dos homens direcionarem o rumo de suas vidas e empreenderem um efetivo movimento revolucionário. Michael Löwy cita um testemunho publicado no *Vorwärts*, no dia 4 de dezembro de 1844, de um operário das estradas de ferro da Silésia a respeito dos tecelões, que revela a possibilidade de generalização dos conflitos na Alemanha e expressa o grau de consciência do proletariado:

> Tanto que trabalhamos aqui, ganhamos nossa subsistência, mas sabemos muito bem que nos esfolamos principalmente para os financistas. Esses aí estão na cidade, no mercado, e fazem bons negócios com o nosso suor. Os trens que construímos, seremos os últimos a utilizá-los [...]. Nossa única vantagem é que, amontoados aos milhões, conhecemos uns aos outros e, através dessa longa relação recíproca, a maioria de nós tornou-se mais inteligente. Entre nós restam apenas poucos para acreditarem nas velhas fábulas. Temos agora excessivamente pouco respeito pelas pessoas distintas e ricas. O que cada um, em casa, ousava apenas pensar em silêncio, nós o dizemos agora em voz alta: somos nós que sustentamos os ricos, e basta que queiramos para que sejam obrigados a mendigar a nós o pedaço de pão deles, ou morrer de

---

10 Cf. o artigo "Glosas críticas marginais ao artigo 'O rei da Prússia e a reforma social. De um prussiano'", publicado por Marx a 7 de agosto de 1844 no jornal *Vorwärts*, em resposta a um texto publicado por Arnold Ruge no mesmo jornal, em julho de 1844. Nesse texto, contemporâneo aos *Manuscritos econômico-filosóficos*, o autor argumenta que a canção dos tecelões não menciona palavras correntes como "lar", "fábrica" e "distrito" e, ao invés disso, proclama o antagonismo dos operários com a sociedade da propriedade privada, indicando o que seria a essência do proletariado (MARX, 1987, p. 505-506).

> fome se não quiserem trabalhar. O senhor pode me acreditar, se os tecelões tivessem resistido mais tempo, teria havido agitação entre nós. No fundo, o caso dos tecelões é o nosso caso. E como somos 20.000 homens trabalhando nos trens da Silésia, também teríamos o que dizer (LÖWY, 2002, p. 137).

Ora, estamos chamando a atenção justamente para a possibilidade de ter sido representado por Kollwitz, em *A marcha dos tecelões*, justamente o oposto da percepção de Marx. É certo que se trata de interpretação e suposição. Mas é justamente essa a possibilidade que nos oferta a arte, de ver os signos entrarem em rotação pelo ato propositivo do intérprete.

Kollwitz não se preocupa em buscar a perfeição das formas em suas gravuras. Isso pode indicar que a artista prefere que o intérprete atenha-se ao tema e à maneira como foi representado a iludir-se com uma cena histórica vazia de significados. Sua obra registra o início de um movimento revolucionário que visava melhorar as condições de vida dos indivíduos. É nesse sentido que o socialismo interessa a Kollwitz e é nesse sentido que sua obra é comumente associada ao engajamento político. Segundo Mário Pedrosa (1949, p. 29), não havia na história da arte um exemplo de artista que tivesse colocado como finalidade de sua vida e de sua obra

> exprimir a vida coletiva e sentimental do proletariado como classe. Este para ela é mais do que um assunto inexplorado e interessante; é a condição mesma de sua arte, a causa primária de sua sensibilidade. A sua atitude para com as massas populares é mais do que uma atitude estética. É um imperativo social a que não se pode fugir, um sistema de vida. Já é uma atitude política. Tudo isso está contido nesse traço permanente de fidelidade à classe.

Seria uma contradição dentro da proposta de uma arte engajada, que pretende instigar o operariado, representar os tecelões caminhando absortos, pouco hostis, quase resignados? A bem da verdade, não poderíamos apresentar essa questão dessa maneira; afinal, não seria plausível questionar as intenções da artista a partir de um pressuposto interpretativo. É preciso situar essa hipótese aos nossos propósitos a fim de reconhecermos o horror implícito na gravura de Kollwitz, que se reporta à condição de existência do operariado da época.

O momento em que ocorre a revolta dos tecelões da Silésia coincide com o despertar do movimento operário alemão. Ainda num contexto em que o operariado fabril é minoria, os tecelões silesianos, trabalhadores a domicílio, eram explorados por negociantes que comercializavam o produto de seu trabalho e viviam sob forte pressão de uma concorrência crescente da indústria têxtil, principalmente a polonesa. Quando Kollwitz produziu *A marcha dos tecelões* já, fazia 53 anos que a revolta ocorrera e uma nova conjuntura se esboçava. O movimento operário crescia num período de explosão demográfica e intenso fluxo migratório para as cidades, o que significou um excesso de mão de obra para a indústria. Longas jornadas de trabalho e salários miseráveis não davam conta da subsistência dos trabalhadores, que lidavam com preços superfaturados dos alimentos e um endividamento crescente. Tal cenário reproduzia tardiamente na Alemanha condições semelhantes às do início da industrialização na Inglaterra, transformando a nação recentemente unificada em uma das principais potências econômicas europeias. Mas os que vivenciavam esse período, como Kollwitz, poderiam contar com a arguta análise de Marx e Engels, como comenta Mário Pedrosa:

> A doutrina do socialismo científico surgia pela primeira vez como a arma específica e já praticamente comprovada do proletariado no combate pela sua emancipação. Surgiram assim simultaneamente a primeira organização revolucionária de classe, o seu partido político que era a social-democracia, e a sua primeira grande artista na pessoa de Käthe Kollwitz (PEDROSA, 1949, p. 29).

Ademais, é sabido que Kollwitz inspirou-se em uma peça de Gerhard Hauptmann, *Os tecelões*, cuja estreia a artista assistiu em 1893, em Berlim. Sob seu impacto extraiu inspiração, como atesta em suas memórias: "Houve nessa época um grande acontecimento: a estreia da peça *Os tecelões* de Gerhard Hauptmann no Teatro Livre... O efeito foi violento... Foi um marco em minha obra... abandonei o ciclo *Germinal* e comecei *Os Tecelões*" (SIMONE, 2004, p. 93). Trata-se, portanto, de uma representação de um fato histórico, de importância crucial e embrionária para a organização operária alemã, que a artista utiliza como tema, bastante atual na Berlim de sua época. No entanto, a forma com que Kollwitz representa o fato é bastante peculiar, o que nos faz pensar que não havia a preocupação de usar a arte para construir um modelo de sujeito histórico revolucionário a ser seguido pelos trabalhadores da época. Por mais que vejamos interpretações épicas da série *Os Tecelões*, a maneira com que a artista representa o fato histórico sugere aos intérpretes da obra que percebam a condição degradante do trabalhador e o seu sofrimento, nesse sentido constitui-se como obra eminentemente política.

> O povo de Kollwitz já compreendeu que sua tragédia é social. Entretanto, sob a imensidade das desgraças, ainda não teve o tempo e a energia suficientes para refletir sobre elas. Atolado até as raízes da alma no sofrimento, toda a sua energia moral está concentrada na heróica resistência a ele (PEDROSA, 1949, p. 32).

Há aqui uma estratégia, ainda que não seja explícita. Uma vez que os trabalhadores se colocam diante da obra de Kollwitz[11] e se identificam com ela encontrando similitude com sua vida, seria possível vislumbrar a possibilidade de sua conscientização a partir de uma reflexão sobre sua condição de classe e suas consequências imediatas. Levar a cabo essa hipótese – a intencionalidade da artista em tocar a sensibilidade dos trabalhadores para remetê-los à consciência de suas vidas – implica considerar a representação do horror como uma estratégia política. Do contrário, se Kollwitz houvesse representado o trabalhador de forma heroica, diante da realidade vivida tal obra poderia ser considerada uma alegoria distante e, nesse sentido, um elemento alienante ou conservador.

Queremos manter essa possibilidade de olhar para *A Marcha dos tecelões*, mas também queremos destacar a obra do contexto em que foi produzida e recuperar sua capacidade comunicativa para o entendimento da condição humana de maneira geral. É possível identificar um horror ao percebermos o instante

---

11   Kollwitz, em muitas de suas obras, tinha em mente atingir um público maior, formado por trabalhadores. O contato estreito com os moradores de seu bairro, na periferia de Berlim, e com os pacientes de seu marido, o médico Karl Kollwitz, poderia ser ampliado através de suas obras. Isso ocorreu, por exemplo, com uma série de desenhos feitos para publicação na revista *Simplicissimus* e também com a realização de cartazes (cf. SIMONE, 2004).

retratado por Kollwitz como um último suplício frustrado. Se tomarmos a obra como ponto de partida para o entendimento do trabalhador, nos veremos diante da possibilidade de relacioná-lo a uma ação de rebanho, quase maquinal, e que ocorre em momentos pontuais da história de forma cíclica, como instinto de sobrevivência e resistência. Mas é preciso tomar cuidado para não esvaziar a história e banalizar a existência e a concreta ação política dos trabalhadores. É preciso reconhecer a vantagem constante de uns poucos homens diante dos trabalhadores, por conta de uma série de elementos. Essa desproporção de forças seria suficiente para justificar que as revoltas e conflitos ocorridos ao longo da história não resultaram no fim da desigualdade de classes.

O reconhecimento de uma fragilidade na classe operária não está, na obra de Kollwitz, em uma debilidade humana, mas na desproporção das forças e recursos voltados para a sobrevivência. O operariado é representado com o sofrimento, mas também com a insistência pela vida. Seria possível tomar a figura da mulher na obra da artista como símbolo da situação operária. Há nela um misto de fragilidade e resistência, numa condição paradoxal. A condição feminina traria em si a debilidade da força física, mas, ao mesmo tempo, uma surpreendente resistência, expressada pela proteção aos filhos e insistência na busca de sua sobrevivência. A figura feminina pode ser vista como um recurso da artista para denunciar as tragédias vividas pelos homens de sua época. Tanto no que diz respeito à condição socioeconômica dos trabalhadores, quando Kollwitz usa a figura feminina como protagonista de cinco das seis gravuras sobre a revolta dos tecelões, quanto no que se refere ao horror da guerra. Kollwitz será profundamente abalada pela guerra. Seu horror será materializado em uma série de obras em que a maternidade é apresentada como meio para se considerar a guerra em suas consequências e exacerbar o sofrimento e a perda irreparável. A morte, a miséria e a maternidade aparecerão em diversas obras de Kollwitz como forma de recuperar o tema da vida na presença constante da morte.

A despeito da postura explícita da artista contra a guerra, evidente através de seus cartazes e gravuras, é possível notar em Kollwitz um retrato mais profundo da condição social dos homens e mulheres de sua época. A presença do feminino será um recurso não apenas para evidenciar o horror da guerra, sentido especialmente pela mãe que perde seu filho na linha de combate,[12] mas também como forma de valorizar e recuperar a luta pela vida.

Pertencente à série dos tecelões, a litografia *Miséria*[13] apresenta uma mulher desesperada diante de seu filho. A criança está deitada em uma cama, olhos fechados e coberta até o peito, provavelmente enferma. Atrás da mulher um imenso tear ocupa o espaço do quarto de forma opressora. A presença do tear, fonte de sobrevivência dos tecelões, permite ao observador da obra associar trabalho e vida. Trata-se de uma família operária, cujos recursos são escassos para lidar com a doença. Na litografia seguinte, *Morte*,[14] pertencente à mesma série, Kollwitz mostra o que parece ser a sequência dos fatos. No cômodo apertado, um homem dá as costas para o tear e observa cabisbaixo a mulher desolada. A mãe, exausta, descansa a cabeça na parede e apoia o braço esquerdo em uma mesa. Ao fundo, iluminada por uma vela, a criança é abraçada por uma caveira, que representa a morte; seus olhos abertos, atônitos, observam os dedos da morte aproximarem-se de sua mãe. [**FIGURAS 6 a 8, CADERNO DE IMAGENS, p. 287-288**]

A série dos tecelões segue uma sequência de acontecimentos. Nas duas primeiras gravuras, *Miséria* e *Morte*, estão retratadas cenas do cotidiano dos trabalhadores. A exploração dos tecelões pelos comerciantes, a ausência de recursos mínimos para a sobrevivência, realidade de boa parte do operariado na época, aproximava os trabalhadores da morte. Diante da situação limite, os homens organizam-se e marcham em direção à casa dos burgueses, para reivindicar melhores condições. As gravuras seguintes mostram homens confabulando, depois marchando, atacando e, por fim, o resultado da revolta, os corpos dos tecelões sendo trazidos para o interior de um cômodo, após a repressão da revolta.[15] A presença de um tear na última gravura da série dá a ideia de ciclo. Como se Kollwitz apresentasse o antes, o durante e o depois. O cotidiano e a situação dos trabalhadores são apresentados como processo; ficam retratadas a tristeza

---

12 A artista perdeu um filho de 18 anos em 1914, nas trincheiras da Primeira Guerra Mundial.

13 Käthe Kollwitz. *Miséria*. Litografia, 15,4 x 15,3 cm, 1897-1898.

14 Käthe Kollwitz. *Morte*. Litografia, 22,2 x 18,4 cm, 1897-1898.

15 Käthe Kollwitz. *Fim*. Gravura em água forte, água-tinta, ponta-seca e esmeril, 24,5 x 30,5 cm, 1897-1898.

das causas, a miséria e a morte, o malogro do fim. [**FIGURA 9, CADERNO DE IMAGENS, p. 289**]

A morte parece estar presente no cotidiano. Kollwitz preocupa-se em contextualizá-la. Vasculhando a condição socioeconômica dos homens, mostra que a vida encurta-se para a massa de homens que lutam pela sobrevivência; quando se organizam em busca de direitos e de uma condição melhor, encontram a força desmesurada dos ricos proprietários. Kollwitz não deixa de mostrar esse outro lado, misto de fracasso e impotência, a que se destinam os operários retratados. A forma com que a artista registra a situação dos operários é bastante realista. Kollwitz adota o ponto de vista dos trabalhadores e dá ênfase ao sofrimento vivido. Nesse sentido, não apenas as cenas retratadas, mas também a expressão dos corpos, a distribuição da luz e a escolha da técnica contribuem para o efeito expressionista das obras. O desenho, a água forte e a impressão em metal permitem uma riqueza de detalhes que a xilogravura não permite. Os traços delicados possibilitaram a Kollwitz enriquecer algumas obras com detalhes das expressões faciais, ressaltando ossos, os nós dos dedos, as rugas dos rostos. Em outras obras, foram os traços grosseiros que direcionaram a atenção do observador ao tema representado, em outras, ainda, os traços mais fortes passam a ideia de que os corpos estão fundidos e dizem respeito um ao outro. Seria possível dizer que Kollwitz apresenta as características do expressionismo,[16] ao se utilizar dos vários elementos disponíveis para expressão de sua subjetividade. É assim que a artista procura aprimorar sua técnica e faz experimentos no intuito de encontrar o efeito desejado. É assim também que usa traços de maneiras variadas, às vezes ressaltando um gesto, às vezes a expressão do rosto, ou mesmo superdimensionando um membro. Mas não encontramos em Kollwitz uma submissão do realismo à necessidade de expressão. Sua visão a respeito do mundo é bastante concreta, o que em nada se aproxima de uma visão óbvia. A tarefa de

---

16 A historiadora da arte Amy Dempsey descreve uma tendência específica de artistas alemães que se dedicaram a uma pintura realista, durante a década de 1920, em resposta às mudanças direitistas do regime político alemão. Os artistas procuraram um estilo anti-idealista e engajado, como forma de responder às condições político-sociais da época. O que ficou conhecido como Nova Objetividade correspondia a esses artistas, que não formavam grupos como os expressionistas e trabalhavam individualmente, em diferentes estilos, ligados por temas comuns, tais como "os horrores da guerra, a hipocrisia social e a decadência moral, o desespero dos pobres e a ascensão do nazismo" (DEMPSEY, 2003, p. 149).

representar a classe trabalhadora parece ser bastante complexa, de tal forma que os recursos expressivos são necessários para a criação de uma estética política capaz de chamar a atenção do observador para aspectos de sua realidade.

Ao retratar a guerra, em uma série de sete xilogravuras feitas entre 1922 e 1923, Kollwitz adota o ponto de vista das mulheres, daquelas que sofrem em vida pela morte dos seus homens e filhos no campo de batalha.[17] De fato não se trata da visão da artista a respeito dos horrores ocorridos na frente de batalha, mas os sentimentos de angústia, solidão e insegurança sentidos pelos que sobrevivem a ela. Há em Kollwitz um profundo desgosto em relação à guerra, que lhe parece totalmente sem sentido, como atesta a carta que escreve a Ottilie Kollwitz, sua nora, em 21 de fevereiro de 1944, pouco antes de sua morte:

> Até que ponto vão os limites do que o homem pode suportar? [...] De onde vem essa força? [...] As cidades da Alemanha tornaram--se ruínas [...] e o pior é que cada guerra já traz em si o germe de uma próxima guerra [...]. Por isso sou a favor de um final radical dessa loucura, e tenho esperança no socialismo mundial [...]. O pacifismo não é contemplação passiva, mas trabalho, muito trabalho [...]. Morro com essa convicção. Vai ser preciso trabalhar duro nesse sentido, mas um dia esse ideal será alcançado (*apud* SIMONE, 2004, p. 49-51).

Nas gravuras que retratam a guerra é possível encontrar novamente o recurso da artista de expressar seu ponto de vista a partir das vivências das pessoas comuns. Se já não são trabalhadores, são os parentes, principalmente as viúvas e as mães. Kollwitz recupera o vínculo emocional dos homens, em tempos que a bestialidade é generalizada. Ao mesmo tempo, o sofrimento diante da ameaça da guerra é camuflado por gestos de bravura, como o da mulher que procura seu homem ou seu filho em meio a um mar de corpos, ou das mães que se abraçam a fim de formar uma massa compacta capaz de defender seus filhos, como fazem os animais selvagens com suas crias. A presença da figura feminina reforça a imagem central da mulher numa sociedade anômica,

---

17 Algumas dessas gravuras serão analisadas mais à frente, junto de outras obras que representam o horror da guerra.

quando a imprevisibilidade e a aspereza do mundo reclamam a segurança e o conforto da família. A xilogravura *Morte com mulher no colo*[18] pode ser considerada precursora das obras que compõem a série *Guerra*. [**FIGURA 10, CADERNO DE IMAGENS, p. 290**]

A mulher é vista por Kollwitz como um ponto central para o entendimento da sociedade. Foi a partir das histórias de mulheres, ouvidas em seu ateliê e no consultório de seu marido, que a artista pode conhecer a profundidade dos problemas dos trabalhadores. São elas que arcam com os custos de uma sociedade patriarcal, especialmente a partir da Revolução Industrial, quando passam, junto com as crianças, a serem mão de obra barata na indústria têxtil, ocupando, muitas vezes, o lugar dos maridos na subsistência familiar. Não foram incomuns os casos de maus tratos causados pelos homens que, por conta de uma moralidade machista, se sentiam ameaçados.

Kollwitz coloca a mulher como protagonista, endossando a postura de mãe, esposa e operária, tomando parte na luta contra a opressão e a sobrevivência de sua prole. A mulher não aparece no âmbito doméstico e, quando retratada, não apresenta uma atitude passiva. Sua imagem atrelada à dos filhos reporta-se à difícil condição das mulheres num período de extrema miséria. A imagem de acolhimento, semelhante a uma *pietà*, presente em *Morte com mulher no colo*, recupera o símbolo da maternidade como lugar de refúgio e aconchego. No entanto, mãe e filho, na gravura de Kollwitz, são substituídos. No lugar do filho que padece, a mãe, mostrando que aquela que acolhe também precisa ser acolhida. No lugar da mãe, a morte, num gesto que alerta para a condição sofrível da época por que passavam as mulheres operárias. Em outra gravura, *Mulher com criança morta* (1903), a mãe, recobrando os papéis, segura o corpo de seu filho sem vida, num ato de desespero, como se quisesse colocá-lo novamente em seu ventre, numa tentativa de evitar sua morte. Mãe, filhos e morte são usados pela artista para denunciar o cotidiano sofrido de todos os trabalhadores. A maternidade, em Kollwitz, é vida ameaçada.

Em suas gravuras, a artista ora se refere à condição da mulher, ora à condição da classe trabalhadora como um todo. Seu objetivo não é prestar homenagem ou glorificar uma existência heroica. As cenas retratam a vida

---

18   Käthe Kollwitz. *Morte com mulher no colo*. Xilogravura, 33,2 x 46 cm, 1921.

de penúria, a presença constante da fome, da doença e da morte. Mesmo ao representar a revolta dos tecelões, há um reconhecimento da fragilidade humana diante de sua própria existência como um dado concreto. A presença das mulheres, nessa série, é uma forma de associar os trabalhadores ao cotidiano, ao ciclo da vida. Ao mesmo tempo, é uma forma de acentuar a bravura dos homens em busca de sua sobrevivência, quando, mesmo com os filhos no colo, marcham resistentemente.

Käthe Kollwitz nos permite reconhecer nossa impotência, e qualquer justificativa na direção de explicar o resultado da revolta dos tecelões implicaria uma tentativa de lidar com nosso próprio horror. Assim como nos é insuportável lidar com a impotência da verdade, a ponto de criarmos gramáticas capazes de nos embriagar, também não podemos lidar com o fato de estarmos condenados a uma condição de sofrimento real, da qual não saímos nunca, mas cujo modo de existir esperamos sempre poder reverter. Podemos imaginar que Sísifo encontra sentido em sua tarefa, pois se é possível empurrar a rocha até certo ponto, seria possível levá-la ao topo da montanha. O vivenciar essa impossibilidade é absurdo, é nisso que reside o horror. Do mesmo modo, também o horror está em vermos a possibilidade da igualdade, enquanto vivenciamos, na mesma medida absurda, a desigualdade.

5

O CAPITALISMO CONTEMPORÂNEO E O LABOR COMO CONDIÇÃO DA EXISTÊNCIA

É a partir das consequências do trabalho para a sociedade contemporânea que Viviane Forrester escreve sobre *O horror econômico* (1997). Sua escrita enérgica permite ao leitor atentar-se aos problemas do mundo do trabalho exatamente pela ausência do trabalho. Os homens foram apresentados aos meios modernos de produção e tiveram de tornar o cotidiano submisso ao trabalho. Toda uma ordem de fatores que corrobora a constituição de uma vida produtiva acaba por perder sentido no momento em que surge o desemprego. A autora relata o processo pelo qual o trabalho foi esvaindo-se. Na medida em que entramos num modo de produção flexível e diferentes atores entram em cena no mundo do trabalho, ainda vemos o cotidiano alicerçado no trabalho. No entanto, o mesmo sistema que fez com que o homem, ao longo dos anos, modificasse sua vida em função da produção e do consumo, fez com que agora fosse destituído do único meio que ainda lhe restava para sobrevivência. Sobre essa contradição, Forrester (1997, p. 16) comenta que, "para além da exploração dos homens, havia algo ainda pior: a ausência de qualquer exploração". Mas o desemprego não implica somente uma tragédia para o desempregado, que não encontra os meios de fazer com que sua vida seja mantida. O desempregado será um transtorno para o próprio sistema. O Estado terá de lidar com isso, se quiser manter o controle biopolítico sobre os governados. A ação do Estado não deverá atuar apenas no que diz respeito ao controle das condutas, mas em manter os homens vivos e procurando formas de criar uma função para aquele que já não produz e já não consome. A essa situação, Forrester antecipa uma possibilidade de ação, que em muitos momentos históricos foi concretizada:

Já não ignoramos, não podemos ignorar que ao horror nada é impossível, que não há limites para as decisões humanas. Da exploração à exclusão, da exclusão à eliminação, ou até mesmo a algumas inéditas explorações desastrosas, será que essa seqüência é impensável? Sabemos, por experiência própria, que a barbárie, sempre latente, combina de maneira perfeita com a placidez daquelas maiorias que sabem tão bem amalgamar o pior com a monotonia ambiente (FORRESTER, 1997, p. 17-18).

Uma vez percebida a possibilidade da barbárie e identificada a lógica de sua instauração, é possível reconhecer que a crise do capitalismo implica um número imenso de pessoas que já não são mais necessárias a um pequeno número de homens, que moldam o modo de produção e garantem para si o monopólio do exercício do poder econômico. Essas pessoas tiveram suas vidas, ao longo de gerações, motivadas por um trabalho que já não é possível e, por isso, encontram-se sem razão razoável para permanecerem vivas.

Para obter a faculdade de viver, para ter os meios para isso, eles precisariam responder às necessidades das redes que regem o planeta, as redes dos mercados que não respondem mais à sua presença e não precisam deles. Ou precisam muito pouco e cada vez menos. Sua vida, portanto, não é mais "legítima", mas tolerada. Importuno, o lugar deles neste mundo lhes é consentido por pura indulgência, por sentimentalismo, por reflexos antigos, por referência ao que por muito tempo foi considerado sagrado (teoricamente, pelo menos). [...] E depois, determinado bloqueio atávico das consciências impede de aceitar de imediato uma tal implosão. É difícil admitir, impensável declarar que a presença de uma multidão de humanos se torna precária, não pelo fato inelutável da morte, mas pelo fato de que, enquanto vivos, sua presença não corresponde mais à lógica dominante, uma vez que já não dá lucro, mas, ao contrário, revela-se dispendiosa, demasiado dispendiosa. Ninguém ousará declarar, numa democracia, que a vida não é um direito, que uma multidão de vivos está em número excedente. Mas, num regime totalitário, será que não se ousaria? Já não se ousou? E, embora deplorando, será que já não admitimos o princípio, quando a uma distância igual àquela de nossos locais de férias a fome dizima populações? (FORRESTER, 1997, p. 27-28).

Ao abordar a questão dessa forma, a autora nos apresenta uma contradição entre o discurso e a realidade. Ainda que nosso modo de existir moral esteja baseado no discurso da fraternidade, esse mesmo modo de existir é conivente com suas consequências. A fraternidade relaciona-se muito mais com a culpa do que com a solução das mazelas. Já não se trata de saber em que medida é possível relacionar a vontade de lucro com a miséria humana, nem tampouco de reconhecer que a aceitação e, em muitos casos, a simpatia pelo capital implica fazer parte de um sistema mais amplo que envolve e digere a todos, em todos os cantos do globo. Trata-se antes de olhar para a realidade com o reconhecimento de seu horror, verificar que a lógica de ação em que nos inserimos implica esse horror. Já não adiantam discursos sobre o tratamento dos danos sofridos: as medidas de recuperação e reforma acabam por mascarar um olhar mais amplo para nossa condição e afastam o futuro de nossos olhos, como faz o carrasco ao vendar os olhos do condenado.

A morte é apontada pela autora como uma possibilidade de solução para um problema. Não podemos dizê-lo de forma tão clara, porque implicaria um reconhecimento do caos. Mas podemos aceitar o pensamento de Forrester como algo plausível, algo inerente ao horror econômico. Em boa medida, o discurso biopolítico nos impede de reconhecer a morte como uma solução, mas sim como uma falha. Se agora o Estado deve zelar pelos governados atuando sobre seus corpos, provendo suas vidas e tornando-os peças operáveis de uma máquina de produção, a morte será vista apenas como fracasso. A pergunta que devemos fazer é se essa mesma lógica que rege as sociedades de controle[1] leva em consideração a impossibilidade de transformar os corpos em células produtivas, por não haver mais necessidade, por se esgotarem as formas de configuração do trabalho, porque os meios de produção já se encontram demasiados maduros. A partir dessa questão somos obrigados a reconhecer na morte uma estratégia de preservar a vida. A possibilidade desse projeto implica determinar quais os indivíduos que devem permanecer vivos e quais devem ser sacrificados

---

1   Aqui fazemos referência ao termo usado por Foucault e Deleuze (cf. DELEUZE, 1992).

para que a vida dos eleitos seja viável. Com esse discurso identificamos o racismo de Estado em consonância com a biopolítica.

Michel Foucault, ao tratar das sociedades de controle, descreve os dispositivos que atuam sobre o corpo da população com o intuito de preservar a vida a todo custo. Os fenômenos que atuam sobre os indivíduos devem ser previstos, controlados, para que o Estado possa baixar a morbidade e estimular a natalidade. Sobre essa mesma população, mecanismos disciplinares terão o papel de encontrar equilíbrio e regulamentação. A atuação do antigo poder do soberano, tal como descrito por Thomas Hobbes no *Leviathan*, será modificada, nas sociedades de controle, assim como descreve Foucault (2005, p. 294):

> Aquém, portanto, do grande poder absoluto, dramático, sombrio que era o poder da soberania, e que consistia em poder fazer morrer, eis que aparece agora, com essa tecnologia do biopoder, com essa tecnologia do poder sobre a "população" enquanto tal, sobre o homem enquanto ser vivo, um poder contínuo, científico, que é o poder de "fazer viver". A soberania fazia morrer e deixava viver. E eis que agora aparece um poder que eu chamaria de regulamentação e que consiste, ao contrário, em fazer viver e em deixar morrer.

O autor descreve uma nova maneira de o Estado exercer poder sobre a sociedade. O controle implica uma posse sobre a vida, o que resulta num novo tratamento da morte. Com o poder soberano, a morte era um grande ritual de visibilidade que implicava a passagem do mundo terreno para o celeste, a passagem da dominação do soberano para a dominação divina, assim como implicava a passagem de poder do moribundo para os que sobreviviam. Com uma lógica de ação voltada para a vida, a morte passa para o âmbito privado e torna-se um tabu. Já não é eficaz usar a morte em praça pública como exemplo de conduta. O Estado já não é capaz de encontrar mecanismos de contenção eficazes para uma população tão ampla. Foi preciso então que um mecanismo regulador fosse acrescentado ao mecanismo disciplinar para que o poder do Estado pudesse atuar sobre a população. Com o cotidiano repleto de biopolíticas capazes de encomprimir a vida, a morte passa a ser vista como um fracasso. O papel do Estado já não é o de garantir a todo custo que os indivíduos se mantenham afastados do direito natural de guerrear uns com os outros. Para isso, se preciso fosse, o soberano poderia matar. É a ele que compete o papel de matar, como legítimo representante de Deus na terra. Ao Estado biopolítico não é mais relacionada a competência sobre a morte, mas sobre a vida. O resultado é que a morte perde visibilidade e enclausura-se no território privado.

Nesse sentido, coincide com as ideias de Foucault o pensamento do sociólogo alemão Norbert Elias, que descreve a solidão dos moribundos como um fato social perfeitamente observável nas sociedades contemporâneas. Elias não se limita a descrever todo um aparato profissional que se cria para lidar com a morte, tais como hospitais, enfermeiros, funerárias, e um discurso presente desde a educação das crianças, que tenta afastar a presença da morte a todo custo. Elias refere-se à morte como parte da vida, mas que foi gradualmente sendo tratada como um tabu. Ocorre que ao ser humano é insuportável a finitude da vida. Foi preciso vencê-la criando uma vida após a morte que não tivesse fim e que desse sentido aos anos que passamos na terra. Sendo um tabu, os moribundos são a lembrança imediata de nossa condição finita, e o que fazemos é evitá-los. Do ponto de vista do homem que se aproxima da morte, o afastamento de seus entes queridos implica uma solidão da pior espécie. Não apenas a ausência da presença corpórea, mas a ausência de vínculos, o que torna sua vida sem sentido. Quando um homem já não encontra sentido na vida, a morte lhe é indiferente, porque a vida já não lhe oferece nada.[2] A solidão descrita por Elias coincide com o pensamento foucaultiano sobre o tabu da morte na sociedade de controle. Para ambos, os homens consideram a morte inaceitável. De certa forma a morte é vista como um fracasso, quando provocada, uma medida desesperada e condenável. Então, quando Viviane Forrester apresenta a morte como uma possibilidade para o problema demográfico, é preciso considerar em que medida de fato se trata de uma ideia improvável ou não.

Numa sociedade regida por um biopoder, a morte provocada só faz sentido quando pensamos no racismo de Estado ou na eugenia. Foi assim que Foucault considerou os campos de concentração como pertencentes à lógica biopolítica. Mata-se aquele que ameaça a vida dos que devem viver. Num campo de concentração está claro quem é a ameaça e quem deve viver. Essa lógica não será

---

2   Cf. ELIAS, 2001, p.62.

contestada num regime totalitário respaldado por uma ciência eugênica.[3] Mas e nas sociedades democráticas contemporâneas? Como entender uma lógica que faz morrer? Não há como justificar a morte sem que seja uma ameaça à vida. Mesmo a morte trazida pela guerra precisa ser justificada. Assim, os ataques ao Afeganistão (em 2001) e ao Iraque (em 2003) foram justificados pela ameaça do terrorismo à vida dos homens de bem. Mas como justificar a morte pela fome e pela doença? Quando Forrester aponta para essa questão, está tocando em um aspecto concreto e perturbador do capitalismo contemporâneo. Forrester não está simplesmente denunciando a morte pela miséria e descuido, antes disso, a autora está apontando a morte de indivíduos não inseridos no sistema produtivo como uma solução imediata que, de outra maneira, Thomas Malthus[4] já previra. O malthusianismo olhou para a morte da população como algo inevitável, como uma consequência indelével do crescimento geométrico da população que num futuro não encontraria alimento suficiente para todos. Malthus errou ao ignorar o papel da técnica na produção dos alimentos, mas podemos atentar para o fato de que também nesse cenário futuro previsto pelo autor, a morte de alguns é vista como a solução para a vida de outros. Forrester está apontando a questão do ponto de vista econômico, mas não sem escandalizar-se. O horror descrito pela autora está muito mais em mostrar como o mundo se comporta, impassível, diante da morte de muitos, algo que já vem ocorrendo. Mais do que isso, que o sistema capitalista coloca nações inteiras em desigualdade operando a exploração umas sobre as outras. O indivíduo que tem seu trabalho explorado por uma empresa é, ao mesmo tempo, produtor e consumidor. A esse indivíduo o Estado dedica suas biopolíticas e o mantém vivo e saudável. Mas um indivíduo que não tem emprego, não produz e não consome, é apenas um custo. E

---

3   Sobre a eugenia, ver o excelente documentário de Peter Cohen, *Homo sapiens 1900*, em que o diretor mostra as práticas eugênicas como comuns a uma época, tanto na Alemanha nazista quanto na URSS e nos EUA. Com os argumentos do filme, é possível visualizar a eugenia como uma prática científica de uma época e não como simples experimentos de guerra, frutos de alucinação e maldade, como quer o senso comum.

4   Thomas Robert Malthus (1766-1834) ficou conhecido por seus ensaios, que relacionavam todos os problemas sociais ao crescimento populacional. Segundo o autor, as populações crescem em progressão geométrica, enquanto os meios de subsistência só poderiam crescer em progressão aritmética. Por conta disso, a desigualdade social seria uma consequência inevitável e a miséria e a morte seria o destino da maioria das pessoas.

o que pensar de multidões inteiras que já não interessam como mão de obra, que já não consomem mercadorias? A ousadia de Forrester está em identificar a forma com que a lógica do capital lida com estas pessoas improdutivas, permitindo-lhes a morte.

> Que fazer com essas massas que já não reivindicam mais (ou então, contra o fato consumado), mas que permanecem lá, cansativas? Como se viveria melhor sem esses desmancha-prazeres, esses sanguessugas, esses aproveitadores, em suma, que se julgam indispensáveis e que pretendem existir de pleno direito! Irritante essa perda de finanças e de tempo a que eles ainda obrigam. Estaríamos tão bem só entre nós! Entretanto, estar "entre nós", para muitos (para a maioria?) pode certamente significar estar reunidos "entre nós", mas dentro de um grupo sacrificado ao qual será preciso juntar-se, tamanha é a velocidade com que ele aumenta (FORRESTER, 1997, p. 33).

O horror trazido pelo capital materializa-se nas pessoas, no momento em que a vida improdutiva agrava a difícil sociabilidade e a morte como solução para os problemas torna-se uma alternativa possível. Não veremos horror na riqueza, mas no que a riqueza causou para constituir-se. Não veremos horror na liberdade de ação que tem o indivíduo com crédito, mas na impossibilidade de agir das pessoas engessadas num cotidiano repleto de limites. A esses indivíduos limitados resta ainda uma liberdade existencial, que também veremos como horror.

Há que atentar para a ameaça lembrada pela autora, e também por Karl Marx, de que a as riquezas tendem cada vez mais a serem concentradas; que a vida, num mundo de riqueza e pobreza, precisa ser sempre elaborada, do contrário corre-se o risco de juntar-se aos que já não fazem parte dos eleitos. Dentre esses, a liberdade estará confinada a uma espera. "Não há pior angústia que a esperança. Pior temor. E não há pior horror que o fim de si próprio quando ocorre bem antes da morte e se deve arrastar enquanto vivo" (FORRESTER, 1997, p. 37). Esses indivíduos ainda aguardam para si um futuro. Nisso consiste uma tristeza maior. O desespero não ocorre justamente porque se está esperando pelo futuro, de forma passiva. Essas pessoas vivem da lembrança das pessoas que foram e da esperança de tornarem novamente a ser o que já foram. Os outros, que ainda se sentem incluídos, olham para os demais como uma situação que não lhes diz respeito e servem-se de ideias confortáveis, que lhes garantem uma forma de se eximir da responsabilidade de fazer parte de um todo.

A visão descrita por Forrester é de fato um diagnóstico, voltado para as consequências do amadurecimento do sistema capitalista. Muito do que diz a autora em seu livro disse Marx, tendo outras evidências em mãos. A mudança do mundo é apresentada por Forrester a partir de uma nova situação, para as pessoas que ainda não a perceberam:

> as paisagens políticas e econômicas puderam se metamorfosear à vista (mas não ao conhecimento) de todos sem despertar a atenção, e menos ainda a inquietação. Despercebido, o novo esquema planetário pôde invadir e dominar nossas vidas sem ser levado em conta, a não ser pelas potências econômicas que o estabeleceram (FORRESTER, 1997, p. 41-42).

Diante dessa situação, a autora se mostra indignada com a passividade dos homens: "Não se coloca tanto a questão do valor positivo ou nefasto da política que presidiu a esse estado de coisas, mas sim o fato de que semelhante sistema tenha podido se impor como um dogma, sem provocar agitação nem suscitar comentários, a não ser raros e atrasados" (FORRESTER, 1997, p. 42).

Pelo sistema ter crescido e evoluído no interior da sociedade é que nos habituamos a ele. Porque temos o hábito construído pelas instituições às quais pertencemos, não notamos nossa realidade com suas características estruturais e como algo que os próprios indivíduos constroem a partir das relações que estabelecem. Nascemos no mundo, nos adaptamos e nos acostumamos a ele, mas não nos damos conta de que nos afastamos do conhecimento de sua organização. Pelo hábito, temos a dificuldade de enxergar com horror o cotidiano. Sem olhar de forma abrangente para o capitalismo, vemos apenas sua promessa de felicidade e identificamos o horror como uma falha do sistema, não como parte dele. Vemos aqui um desconhecimento específico e, nesse caso, o tomar conhecimento do desconhecido implica o reconhecimento de nossa condição alienada, o que também é causa de horror.

O capitalismo deve ser visto como a resultante de uma série de forças históricas que se desenvolveram no interior da humanidade. Sua onipresente existência e suas consequências reclamam nossa atenção para o enfrentamento de uma análise sobre a condição humana. Nesse sentido, ao buscarmos em Marx um exame sobre o estado em que mergulhou a humanidade a partir da industrialização, consideramos a importância do encadeamento de proposições trazidas por esse autor para um entendimento mais orgânico da sociabilidade do homem em meio ao capital. Hannah Arendt, em *A condição humana* (2007a), livro que afirma ser uma forma de lidar com perplexidades que não puderam ser elaboradas em *Origens do totalitarismo* (2007b), considera o isolamento e o desenraizamento como consequências de um mundo cujos valores são tomados pelo *labor*. Arendt aponta para os regimes totalitários com o espanto de quem vê o impossível realizar-se. Em *Origens do totalitarismo,* a autora indica que as atrocidades dos campos de concentração puderam ocorrer no mesmo contexto e a partir das mesmas bases que vicejaram a democracia e os direitos humanos. Nesse sentido, a partir da análise arendtiana é possível aprofundar a condição do homem diante do capitalismo.

Arendt fundamenta seu pensamento na constatação de que a política se baseia na pluralidade humana, de tal sorte que qualquer pensamento que procure uma unicidade no conceito de homem está condenado a equivocar-se. Marx repousa suas considerações sobre o homem a partir do trabalho. É o trabalho que faz o homem e lhe dita sua condição social.

A vida coletiva da *polis* será resgatada por Arendt para ressaltar a importância do poder e para distingui-lo da violência. Essa distinção é muito cara, pelo fato de quebrar com uma visão sinuosa de que o poder é algo que corrompe e distingue os homens e de que a violência é a parteira da história. O poder existe entre os indivíduos da *polis*, quando a proximidade cotidiana torna possível a ação. A convivência entre diferentes homens é permeada por acordos que garantem a vida coletiva e impedem o isolamento, uma vez que o homem é um animal gregário e precisa viver coletivamente. É o poder que garante a existência da esfera pública, o espaço da aparência entre homens que agem e se comunicam.

> O poder só é efetivado enquanto a palavra e o ato não se divorciam, quando as palavras não são vazias e os atos não são brutais, quando as palavras não são empregadas para velar intenções mas para revelar realidades, e os atos não são usados para violar e destruir, mas para criar relações e novas realidades (ARENDT, 2007a, p. 212).

A violência e a força, para Arendt, são opostas ao poder. A força se apropria da violência para fazer um homem subjugar a outros, quando está em isolamento. Jamais a violência e a força podem ocupar o lugar do poder, porque possuem uma natureza distinta, são fruto da impotência e são constantemente ameaçadas pelo poder, que potencialmente sempre existirá onde houver homens vivendo coletivamente. Esfera pública e mundo são coincidentes e ambos diferem da vida. Para Arendt mundo e esfera pública constituíam o espaço da realidade. O mundo é fruto do arte, fato humano, fruto da fabricação dos objetos duráveis que permitiam o uso e a perpetuação da existência humana. Essa atividade, portanto, distinguia-se das atividades voltadas para a satisfação das necessidades vitais, que eram prontamente consumidas. A atividade do artífice produzia objetos de uso e a mais mundana das realizações, a arte. Mas porque essa ação era produzida no isolamento, os gregos consideravam essa atividade como mais uma entre as atividades privadas. Na Grécia antiga havia uma clara distinção entre o público e o privado. As questões da *polis* eram tratadas publicamente, eram as questões do mundo. As questões privadas eram as questões da vida biológica. Dessa forma, essa separação entre o público e o privado e suas atividades correspondentes permitem considerar que a *polis* não era o espaço destinado às questões da vida, mas sim às questões do mundo. A *polis* era o espaço em que as necessidades vitais eram desprezadas. A política, portanto, não é o mundo da necessidade. Quando a tradição elimina a separação entre o espaço público e o espaço privado, a resultante imediata é a indistinção das atividades realizadas pelos homens.

Haveria, para Hannah Arendt, três expressões distintas da *vita activa*, que juntas dão conta das ações que não são contemplativas: o trabalho, o labor e a ação. De fato, a herança da tradição contribuiu, a partir de Platão, para que houvesse uma redução da *vita activa* como oposição à *vita contemplativa*, considerada desde então superior e típica do modo de existir dos filósofos. A partir daqui, começa a ser afirmado que só a vida contemplativa poderia fornecer a verdade e que as ações mundanas seriam um desvio sombrio.

> O rompimento dos limites entre esfera pública e esfera privada provocou um rebaixamento da política, na tradição de pensamento ocidental, isso não significou, todavia, uma elevação imediata da atividade voltada para a fabricação; inicialmente, os filósofos socráticos ainda apontavam a fabricação como atividade mais elevada, apenas pela valorização do trabalho do artista, e mantinha a atividade voltada para a satisfação das necessidades como aquela que era inferior entre as demais. A *vita activa*, vista pela ótica da *vita contemplativa*, acabou, no entanto, por referir-se a tudo o que fosse ação (*práxis*), entendida como um movimento voltado para as necessidades e utilidades da vida: tudo aquilo que um "corpo vivo" necessita para viver, uma vez que a *vita contemplativa* era a inauguração de um modo de vida dedicado às coisas eternas (WAGNER, 2000, p. 58).

A distinção que Arendt fará entre os componentes da *vita activa* aponta para objetivos distintos. O labor é a atividade dedicada aos processos biológicos da vida e atende às necessidades do corpo. O labor vincula diretamente o homem à natureza e é responsável pela manutenção da espécie. Dessa atividade, Arendt nomeia o *animal laborans* para designar esse tipo de atividade que, na modernidade, será relacionada à política de forma instrumental. O trabalho, por sua vez, é a atividade dedicada a fabricar objetos que emprestam durabilidade e familiaridade ao mundo. O *homo faber* é aquele que com o trabalho constrói os objetos de uso e as obras de arte, que transformam o mundo em um lugar para a vida humana.

O labor não pode construir o mundo como morada do homem, porque esta atividade dedica-se ao que perece, ao que logo é consumido para a satisfação de uma necessidade cíclica. Os produtos do labor "não têm durabilidade suficiente para construir a objetividade do mundo. [...] São, assim, os mais necessários e os menos duráveis entre as coisas tangíveis e, por isso mesmo, os mais naturais e os menos mundanos dos produtos" (WAGNER, 2000, p. 65). Uma característica do labor é uma produção superior às necessidades exigidas pela manutenção da vida, o que incentiva o consumo e garante a perpetuação de toda a espécie pela atividade de apenas alguns homens.

É o *animal laborans* que Marx considera ao atribuir aos homens a responsabilidade de lidar com as necessidades da vida humana e ao referir-se à produção para o consumo. O componente central da ação descrita por Marx é o labor, com cujas ações o homem condena-se a um eterno atender de necessidades que jamais cessam. Aqui novamente a imagem de Sísifo pode ser recuperada para representar uma condição que, a despeito da utopia, não caminha para um fim.

Enquanto o labor implica fazer o *animal laborans* viver em um ciclo que não tem fim, de produção e consumo, e o trabalho, atividade com início e fim determinados, consiste em considerar o *homo faber* em seu isolamento, a ação é a condição social do homem que implica a vida política por conta de uma atividade imprevisível e que existe na medida em que o homem sai do isolamento para se relacionar, através do discurso, com outros homens. A ação fundamenta-se na convivência entre diferentes, cujas vontades são imprevisíveis, o que implica a difícil sociabilidade dos homens. Do ponto de vista da vida, não no seu sentido biológico, a ação é produtora de histórias, porque conduz os indivíduos ao convívio, que resulta necessariamente em experiências. A História será a somatória das histórias vivenciadas pela ação das diversas pessoas, razão pela qual a História não pode ser determinada e prevista de maneira matemática. A ação é fruto do imprevisível e, irreversível, aponta para o novo. Sua força está no fato de ser a própria liberdade e o sentido da política.

Ocorre que, a partir da modernidade, com a divisão do trabalho e o amadurecimento dos meios de produção, o *animal laborans* vence o *homo faber* e o homem de ação. Das atividades da *vita activa,* o que prevalece é o aspecto voltado ao consumo e à produção de objetos consumíveis, a atenção às necessidades vitais, o que implica uma diluição da fronteira entre a animalidade e a humanidade. Das características do homem, ganhará destaque aquela que é a mais próxima da animalidade, a que se dedica à reprodução e perpetuação da espécie. O *animal laborans* acaba por ofuscar aquilo que confere humanidade ao homem, a produção do mundo pelo *homo faber* e a ação política. A prevalência do *animal laborans* implica um reconhecimento das limitações da política, justamente porque sua atividade implica restrições para a liberdade, razão de ser da política.

A relação que se consolida, no *animal laborans*, entre política e vida, em princípio não parece negativa. Essa impressão é fruto da herança que consiste em reconhecer a vida como o único princípio merecedor de zelo. Mas é preciso lembrar que a vida em questão é a vida biológica (*zoé*), o que implica a desconsideração dos aspectos simbólicos da existência humana, seus significados e suas consequências para a organização social. Quando a vida biológica é tida como o único valor para a política, corremos o risco da banalização da existência. A consequência imediata a isso são os regimes totalitários, quando a biopolítica justifica a valorização da vida de alguns em detrimento da morte dos que não são tidos como iguais. Aqui a política elimina a diferença, pois a ação passa a ser prevista, calculada. Já não importa criar um mundo que seja lugar para o homem, que requer a fabricação de coisas duráveis e objetos de arte, que lhe emprestam sentido e permanência. Para Arendt, a vitória do *animal laborans* implica o desaparecimento da capacidade do homem de dedicar-se ao mundo. O cuidado com o mundo é substituído pelo consumo e pela busca da abundância e do conforto, o que resulta no caráter efêmero e descartável que a modernidade criou e que Marx e Engels puderam resumir, ao dizerem que tudo o que é sólido desmancha no ar.[5]

As ideias de Arendt implicam um reconhecimento ainda maior do horror como aspecto concreto da condição humana. De fato, o diagnóstico de Marx implica um desespero em relação ao estado de coisas em que nos metemos ao estabelecer um sistema de desigualdades e exploração do homem pelo homem. Porquanto a autora reconhece a importância da argumentação marxiana e concorda com a acumulação de capital como condição natural da produção humana, existem ainda alguns aspectos merecedores de nota que sinalizam o abandono de características da humanidade que nos são muito caras: a capacidade de ação política e o cuidado com o mundo são algumas das consequências mais significativas da entrada do homem na modernidade, que são seguidas de uma inaptidão para a vida política, da morte do homem para o mundo e da debilidade do próprio mundo.

Marx e Rousseau encontram na propriedade privada a origem da desigualdade entre os homens. Arendt, ao considerar as esferas pública e privada,

---

5   A frase foi escrita no *Manifesto Comunista* (cf. MARX & ENGELS, 2005).

aponta para a importância que a propriedade tinha antes da era moderna como um vínculo que se estabelece entre o homem e o mundo. Com isso, a autora corrobora a constatação da vida arruinada daqueles que são destituídos de propriedade.

> Antes da era moderna, que começou com a expropriação dos pobres e em seguida passou a emancipar as novas classes destituídas de propriedades, todas as civilizações tiveram por base o caráter sagrado da propriedade privada. A riqueza, ao contrário, fosse de propriedade de um indivíduo ou publicamente distribuída, nunca antes fora sagrada. Originalmente, a propriedade significava nada mais nada menos que o indivíduo possuía seu lugar em determinada parte do mundo e portanto pertencia ao corpo político, isto é, chefiava uma das famílias que, no conjunto, constituíam a esfera pública (ARENDT, 2007a, p. 71).

A propriedade torna-se um problema, portanto, quando é transformada em riqueza. A análise de Marx nesse sentido permite o entendimento das consequências dessa mudança. Para Arendt, a transformação da propriedade em riqueza, além de não assegurar um lugar no mundo ao homem, possibilitou o esfacelamento da fronteira entre as esferas pública e privada. A riqueza passou a ser alvo de disputa entre os homens e o Estado se erigiu em função da garantia de propriedade, diante da ameaça do conflito. No entanto, o esforço pela durabilidade da riqueza é insustentável, porque a riqueza destina-se ao consumo e, portanto, tende ao perecimento. A consequência desse processo é que a busca de segurança passa a ser concentrada na acumulação de capital. Trata-se de uma expectativa de durabilidade em algo que não é concreto, mas processual e, portanto, encontra-se sempre ameaçada de destruição. A atividade destinada à acumulação de capital, o labor, a mais privada das atividades, acaba por instaurar uma esfera social pública e constitui-se, como disse Marx, enquanto processo vital da sociedade. Nesse sentido, Arendt e Marx estão de acordo, mas a autora chama a atenção para o fato de que a atividade vital a que se refere Marx é atribuída por ele ao *homo faber*, tal como no início da era moderna. Mas, segundo Arendt, a produção de riquezas a serem consumidas é feita pelas mãos do *animal laborans* que, com o desenvolvimento da industrialização, prevalece sobre o *homo faber*. "Nem a produção nem o mercado, na sociedade moderna, são, para Arendt, espaços do *homo faber*. A produção, como se viu, é uma produção de bens de consumo e o mercado encontra-se em extinção: o que existe é só consumo" (WAGNER, 2000, p. 176).

A questão do consumo se impõe de forma tão peremptória que reclama uma capacidade constante do homem de buscar meios para tal. Dessa realidade sobressaltam duas questões essenciais. A primeira é o desemprego, que aparece como uma limitação a essa atividade que prevalece no homem moderno. Se a existência relaciona-se com o ato de consumir, seu impedimento constitui-se num problema fundamental. A segunda questão é a penetração do consumo na esfera do lazer, ocupando um tempo precioso que poderia ser destinado ao cuidado do mundo, mas que é também ocupado pelo consumo dos bens da indústria cultural, questão que foi bem trabalhada por Adorno e Horkheimer na *Dialética do esclarecimento* (1944). A arte, fruto da atividade do *homo faber*, transforma-se em mercadoria numa cultura voltada para as massas. Os objetos fabricados, capazes de provocar a contemplação e de emprestar sentido e durabilidade ao mundo, acabam por transformar-se em objetos de consumo. O consumidor é o avesso do cidadão. Sua ação é voltada para a atenção aos processos vitais. A ação política é voltada para o mundo e não para a vida, de forma que Arendt encontra na vitória do *animal laborans* sobre o *homo faber* o ocaso da política.

Sem um lugar no mundo, o homem vê-se diante do horror de ter de lutar por sua sobrevivência dentro da esfera social criada pelo labor. A vida constitui-se enquanto processo autofágico, uma vez que o que se constrói é voltado para o consumo. Viver num mundo consumível acaba por ser uma trágica experiência do existir. A consciência desse processo é aflorada diante do cotidiano efêmero; as relações sociais se modificam diante de uma perspectiva limitada do viver. A velocidade trazida pela técnica em larga medida é resultante dessa condição voltada para o consumo e para atender a uma ansiedade típica de uma condição nômade, de busca constante por um lugar. O horror está justamente na percepção de ver o lugar sempre desaparecer diante dos olhos, assim como o pão desaparece no prato do faminto para no outro dia novamente ser desejado e reposto, concretizando um ciclo que jamais termina, enquanto alimentar-se for condição para a vida.

Numa sociedade de consumidores, não ter emprego é não ter como consumir. O desempregado está impedido de atender a suas necessidades vitais e sofre não por optar por um outro tipo de atividade, mas por não ter atividade alguma. Enquanto suas expectativas estão todas voltadas para o mundo do labor, a condição de não produtor e não consumidor é um atestado de exclusão. O incremento dos meios de produção teria, por resultado, de acordo com a análise marxiana, uma diminuição do tempo de trabalho necessário para a produção. De acordo com o marxismo, a humanidade caminharia para um estado de abundância em que sobraria tempo livre ao homem para dedicar-se a atividades superiores. No entanto, na medida em que esse tempo é cada vez mais possível, graças ao desenvolvimento das forças produtivas, o que vemos é o seu preenchimento com o consumo de objetos não duráveis e com o consumo de entretenimento. Os autores frankfurtianos foram bem enfáticos ao tratar dessa questão; não foi à toa que Habermas considerou *A dialética do esclarecimento* um dos livros mais pessimistas da filosofia contemporânea, já que, para os autores, a promessa de emancipação não poderia ocorrer, uma vez que todo o tempo livre de trabalho é voltado ao consumo, ainda que de mercadorias culturais.

Numa sociedade de empregados, a ausência de empregos não possibilita uma vida de lazer ou um cuidado com o mundo, mas o desespero e a impotência. A imposição de uma sociedade de empregados exige dos indivíduos o convívio cotidiano com a busca de um passado recente como uma promessa futura, permitindo uma imobilidade que só ao que espera é possível, uma vez que o desesperado já não teria por que esperar, pois já seria demasiado consciente de sua condição.

> Não estamos nós também assustados, presos dentro de um mundo familiar, mas sob uma autoridade que nos é estranha? Sob o império mundializado do "pensamento único", dentro de um mundo que já não funciona à mesma hora que nós, que não corresponde mais às nossas cronologias, mas cujo horário nos governa. Um mundo sem qualquer outro lugar, inteiramente submetido a esse domínio, mas ao qual nos agarramos, teimando em permanecer como seus sujeitos dolorosos, fascinados para sempre pela sua beleza, pelas suas oferendas, seus intercâmbios, e perseguidos doravante pela lembrança do tempo em que, submersos no trabalho, ainda podíamos dizer: "Não morreremos, estamos ocupados demais" (FORRESTER, 1997, p. 140).

As obras de Käthe Kollwitz representam um horror em uma etapa embrionária do capitalismo. Seria possível estabelecer outras etapas distintas, quando o capitalismo, em outro estado de desenvolvimento, propiciou diferentes formas de horror. Essa percepção surgiu do contraste com algumas obras de arte, que suscitaram a pesquisa de outras características capazes de marcar a condição humana. A tela *Os retirantes* (1944), de Candido Portinari, e as telas pertencentes à série das bananas (1968-1975), de Antonio Henrique Amaral, refletem alguns dos sintomas do capitalismo contemporâneo. Nas telas de Amaral que aqui selecionamos é possível identificar a representação de um horror diretamente vinculado ao período de opressão ditatorial latino-americano, quando se erigiu um complexo sistema de dispositivos disciplinares para o controle da população. Nas telas de Portinari, os homens já não encontram meios de agir em defesa de sua própria vida, mas, antes de deixarem-se render a esta, procuram pela vida como manda o destino de quem nasceu para encontrar a morte, e que antes desse encontro deve sofrer o máximo possível, até que sejam esgotadas as últimas forças. São diferentes representações do horror correspondentes ao que consideramos ser uma mesma etapa do desenvolvimento das forças políticas e econômicas do capital. As gravuras de Kollwitz, escritas na aurora da industrialização, mostram homens ainda com a memória de uma vida digna, homens ainda não suficientemente habituados ao sofrimento que o capital lhes impõe. São homens dispostos a lutar, a resistir atacando, não apenas esperando, talvez porque a esperança não tivesse ainda sido oferecida de maneira tão massiva e sedutora. A resistência com armas não implica a ausência do sofrimento. O horror aqui está na dor de perceber a miséria da vida e da proximidade de senti-la nos ossos.

A obra de Karin Lambrecht, por sua vez, nos chama a atenção para outro aspecto do horror, quando o capitalismo se estrutura em torno de uma sociedade biopolítica, que correspondente a uma outra etapa de desenvolvimento desse sistema, que trataremos mais adiante.

6

O HORROR DO OUTRO
E A SOBREVIVÊNCIA

Portinari e os homens impróprios

O cenário descrito por Carlos Drummond de Andrade em *A máquina do mundo* (1951) poderia ser o mesmo que abriga os retirantes pintados por Candido Portinari. Selecionamos três telas da fase dos Retirantes:[1] *Criança morta*,[2] *Retirantes*[3] e *Enterro na rede*,[4] todas pintadas em 1944. Drummond, em sua poesia, descreve um andarilho numa estrada pedregosa. Portinari reporta-se a um nomadismo específico, comum àqueles que abandonam a terra morta em busca de sobrevivência. [**FIGURA 11, CADERNO DE IMAGENS, p. 291**]

No fecho da tarde, sob o céu de chumbo, aves pretas pairam.[5] Suas formas marcam o contraste entre o claro do dia que termina e a escuridão da noite que se inicia. Ao longe a distância faz com que se percam no horizonte, mais próximas, suas formas parecem diluir-se na escuridão. Tudo atesta para um cenário infausto. As aves parecem aguardar a morte transformar o corpo vivo em carniça, o solo árido guarda vestígios de destinos semelhantes, a sujeira de ossos

---

1 Angela Azevedo Ancora da Luz, em sua dissertação de mestrado, *A fabulação trágica de Portinari*, justica na fase dos retirantes uma unidade temática, estética e cronológica em cinco obras que compõem a chamada "fase dos retirantes", das quais aqui selecionamos as três pertencentes ao MASP (cf. LUZ, 1986).

2 Candido Portinari. *Criança morta*. Óleo sobre tela, 180 x 190 cm, 1944.

3 Candido Portinari. *Retirantes*. Óleo sobre tela, 190 x 180 cm, 1944.

4 Candido Portinari. *Enterro na rede*. Óleo sobre tela, 180 x 220 cm, 1944.

5 Essas imagens foram retiradas do poema *A máquina do mundo*, de Carlos Drummond de Andrade (1993).

testemunha a passagem da morte, confundem-se com pequenas pedras e, na qualidade de imperecível, vencem o tempo que chega para todos.

Com esse cenário ao fundo precipita-se uma família. Estão se deslocando em direção ao observador. Atrás, o lugar de onde vieram: terra morta, o nada. Para eles os vestígios da morte são cotidianos. Parece haver uma indiferença em relação à sua presença. Quando a vida se sustenta por um fio, a morte é encarada como parte da vida, não choca e nem causa horror. Mas essa proximidade não quer dizer que a família de retirantes não lute pela vida. É justamente a vontade de manterem-se vivos que faz com que se retirem.

Ao centro da obra uma figura feminina. Em um braço leva um bebê enrolado num pano pra se proteger do sol e do frio da noite. Com o outro braço segura uma trouxa de pano que apoia na cabeça. Ali vai parte dos pertences da família. Seu rosto duro guarda uma expressão de espanto que contrasta com a expressão terna de seu bebê. À sua esquerda vai um homem, provavelmente o patriarca. Protege a cabeça do sol usando um chapéu, semelhante ao da criança que segura na mão direita. A mão esquerda agarra um pedaço de pau, onde se pendura outra trouxa de pertences. Sua expressão é sólida, como a de um espantalho, parece olhar para frente, estagnado, busca encontrar um caminho de salvação, mas, cansado da inspeção contínua, segue por inércia, sem esperança que o motive. À sua esquerda, outras duas crianças, maiores. A do plano frontal tem o ventre bojudo que denuncia sua doença[6] e um pescoço proeminente. A cabeça inclinada para o lado permite iluminar parte da face e deixa ver a criança que vai atrás. Seu corpo encoberto está na sombra; ilumina-se apenas o rosto, que traz uma expressão de tristeza, talvez pelo cansaço da viagem, talvez pela fome.

Na parte esquerda da pintura, ao lado da mãe, uma jovem carrega no colo uma criança nua. É possível que seja seu filho, mas também seu irmão. Seu rosto, de perfil, não carrega uma expressão definida. São poucos traços, a boca e o nariz mal se definem. A sobrancelha apenas indica uma expressão de tristeza. A criança que leva ao colo tem os ossos expostos, é a viva imagem da fome. Atrás da jovem um velho segurando um bordão. A madeira grossa serve de apoio ao ancião de expressão cansada e sofrida. Sua barba e seu cabelo ralo são brancos,

---

6 A esquistossomose ou, como é conhecida popularmente, "barriga d'água", causa a dilatação do abdômen e, até a década de 1980, era muito frequente, principalmente na região Nordeste.

testemunhas dos longos anos de resignação. A clavícula saliente e os músculos do ombro são marcas de um corpo sobrevivente, judiado pelo sol e pela miséria.

A tela de Portinari traz em si o contraste de representar o horror do nomadismo causado pela seca e pela fome, realidade já bastante conhecida no Brasil, com a beleza das cores vivas. A família destaca-se de um vasto espaço que vai ao fundo. Não há vestígios de civilização, só a natureza inculpável que cumpre a ordem geométrica de tudo. As nove pessoas pintadas fogem da natureza em busca de salvação para suas vidas na cidade. São a expressão da insistência. Suas formas marcadas expressam potencialidades dos corpos e valorizam pernas, músculos e mãos. Portinari representa-os de forma tal que expressam em sua visualidade seu passado de sofrimento, mas também um futuro de esperança frágil. Há uma denúncia implícita na obra, no momento em que o artista deforma e realça elementos a fim de destacá-los. Mas essa deformação expressiva deve ser entendida em sua ambiguidade. Segundo Annateresa Fabris (1977, p. 193),

> a incorporação do expressionismo à linguagem de Portinari não representa, entretanto, apenas uma arma de denúncia. E a própria denúncia não deve ser entendida em sentido restrito e limitado, pois a deformação expressiva é o veículo de que se serve o artista para afirmar o caráter positivo do trabalhador em oposição à dimensão alienada do trabalho.

As pinturas da fase dos retirantes são feitas sob o impacto da guerra e, principalmente, sob o impacto de *Guernica* (1937), de Pablo Picasso. Em outras telas do pintor, há uma representação do trabalhador mais otimista, para usar o termo de Mário de Andrade ao referir-se a Portinari.[7] Há em Portinari um olhar para o trabalhador que, se em outras obras está voltado à sua exaltação, na fase dos retirantes está preocupado em constatar sua tragédia. Aqui, a dimensão do trágico fica clara por se tratar do sofrimento individual diante das contingências que a todos dizem respeito. Mas, ainda assim, os retirantes seguem seu caminho, numa patente demonstração de força e insistência pela vida. A expressão de Portinari implica uma representação da realidade existencial humana só possível pela arte; para o artista, "apenas a pintura poderia tornar real o segredo de

---

7 Cf. LOPEZ, 1972, p. 203.

146   RAFAEL ARAÚJO

nossa existência. O homem apareceria, enfim, como ele é, representado através das contorções e distorções da forma" (LUZ, 1986, p. 98).

O observador diante da cena tem em mente um repertório de estereótipos que lhe sugerem prontamente a vida das pessoas que migram para as cidades, futuro que aguarda. Nas ruas os retirantes encontrarão a riqueza que não pode lhes pertencer, ficarão à mercê da sorte, vagando à espera de encontrar alimento e um emprego que os sustente. A realidade da cidade não será um alívio, não lhes prometerá segurança alguma. A desilusão dura das ruas lhes apresentará uma desigualdade que não é conhecida entre os que vivem na miséria do sertão. Ao mesmo tempo, a cidade lhes oferecerá inúmeros exemplos de gente como eles, que sobrevivem com algum conforto, que aproveitam as benesses da tecnologia e da circulação de capital.

A realidade da seca, num vasto território de sobrevivência, onde mora a morte, é o argumento contrastante que reforça a capacidade do homem de ultrapassar as dificuldades da natureza e, com o auxílio da técnica, criar meios de manutenção da vida. A chegada dos retirantes a essa realidade é tornar evidente que essa vida não se assegura a todos. Portinari representa nessa tela o horror de ver materializar-se o sofrimento e a desigualdade que o impede de abolir-se. [**FIGURAS 12 e 13, CADERNO DE IMAGENS, p. 292-293**]

Em *Criança morta*, o mesmo cenário árido se repete. O corpo de uma criança nos braços de sua mãe provoca o choro de suas irmãs. O solo seco se estende até o horizonte, a imagem desértica não oferece referência alguma para essas pessoas que se retiram. Não há para onde fugir da morte. A mãe carrega nos braços o filho, como se segurasse o próprio destino. Não existe água alguma, até mesmo as lágrimas, que brotam dos olhos das irmãs, são de pedra.[8] Portinari expressa a impotência e a dor de quem sente a vida murchando diante de dificuldades insuperáveis. A fome e a sede parecem já fazer parte da existência dessas pessoas e o desespero é, mais do que pela morte da criança, pela percepção de um futuro sabido que se concretiza diante dos olhos. Se ainda caminham é porque precisam de esperança para insistir pela vida.

A imagem central do quadro lembra a própria imagem do Cristo sacrificado nos braços de Maria. Essa dimensão religiosa permite ao observador

---

8   Essa imagem é retirada do poema "Respirar" de Candido Portinari (cf. PORTINARI, 1964).

questionar o abandono dessas pessoas no mundo, como se sua provação na Terra fosse demasiada, um sacrifício difícil de ser compreendido. Portinari usa pinceladas fortes; marca os músculos dos corpos e superdimensiona as mãos da mãe. As mãos, impedidas de trabalhar a terra, impedidas de tirar a subsistência do solo que já não viceja nada, são as mesmas que seguram, com resignação, a criança morta. Segundo Fabris (1977, p. 161), "o quadro revela uma tensão expressiva entre a vida e a morte. Uma pobre vida, em que já se pressente a presença da morte – os corpos transformando-se em esqueletos [...] –, uma morte que parece não ter apagado os sofrimentos da vida". A obra de Portinari é a expressão da imobilidade desses nômades. O deslocamento geográfico é em busca de uma mudança na vida, que é improvável, que não será encontrada, como atesta o olhar perdido do menino à direita da composição.

A paciente submissão aos desígnios da vida presente em *Criança morta* não se repete em *Enterro na rede*. Nessa obra, um corpo é levado por dois homens em uma rede suspensa por uma madeira. Ainda que o rosto dos homens mantenha a resignação encontrada nas outras obras da série, os punhos cerrados indicam uma revolta muda. Os braços estendidos da mulher ajoelhada é um grito de inconformismo de quem requisita, em uma tentativa desesperada, algum socorro divino. Há novamente uma atmosfera religiosa, como se a essas pessoas somente restasse o recurso da prece e a fé fosse o único motivo concreto de insistência pela vida. Para Fabris, a dramaticidade dessa obra é dada muito mais pelos recursos plásticos usados por Portinari, como os traços incisivos e a deformação dos corpos, do que pela máscara trágica das figuras. "Os rostos dos homens são apenas esboçados, as figuras femininas são pura gestualidade, a dor é mais pungente por não ter lágrimas ou espanto" (FABRIS, 1977, p. 163). Aqui os homens parecem caminhar para um destino específico, há um caminho delineado que contrasta com o fundo geométrico. Já não vemos o cenário desértico das outras duas obras e, consoante ao princípio de revolta, os personagens apresentam alguma vitalidade, a despeito de sua existência trágica.

As pessoas retratadas carregam no olhar e nas formas brutas a certeza de que não vão ao encontro da redenção. Ainda assim caminham, como se a queda não fosse suficiente para impedir sua virtude. "Estão sempre erguidas em presença da vida, mas no momento da morte curvam-se pela dor e não pela humilhação da queda" (LUZ, 1986, p. 102). Seu gesto lhes garante uma condição heroica que dialoga com os fatos dos jornais que habitam nossas mentes e que acumulamos em nossos arquivos de cotidiano desprezado. "Como podemos observar, pelas suas próprias aparências, eles não se distinguem como seres superiores nem por revelarem uma aparência de justiça ou de virtude. Mostram--nos sim a queda de um mundo de segurança para o abismo do futuro incerto e ilusório" (LUZ, 1986, p. 102).

O observador diante da série dos retirantes, de uma forma ou de outra, sente cumplicidade, pois as pessoas representadas circulam pelas ruas, suas tragédias são vividas nos jornais, na televisão e no cinema, suas aspirações ganham proporções gigantescas quando identificadas nos pedintes do semáforo, nos moradores de rua. Esses indivíduos estão próximos, no cotidiano de todos os que escutam o sotaque regional, que veem pés e mãos de pedra e compenetram-se dos olhos de dignidade de heróis que hodiernamente caem e se levantam da queda. Principalmente, os retirantes de Portinari representam a morte iminente, o que cria um vínculo de identidade com o observador e suscita o horror da finitude da vida que diz respeito a todos.

Essas pessoas que sentem nos ossos a miséria da seca podem supor serem vitimados por Deus. Abandonam sua terra, porque nela já não nasce nada, e tornam-se nômades. Já não possuem coisa alguma e nada os vincula ao mundo. Segundo Hannah Arendt (2007a), a propriedade é uma importante ligação que os homens preservam com o mundo. Antes de tornar-se riqueza, a propriedade significava que o homem tinha um lugar e que pertencia ao corpo político. É significativo pensar, portanto, a despeito da propriedade hoje implicar em riqueza, que a ausência de terra desvincula o indivíduo da esfera política. São essas pessoas que já não têm lugar no mundo que buscam uma forma de se manterem vivas num lugar desconhecido. Ao se deparar com este, logo sentem uma realidade à qual nunca pertenceram. Tudo é diferente, a forma de pensar e agir, os valores, o modo de sobrevivência, a presença hegemônica da técnica e da racionalidade. Os indivíduos retirados, expulsos de sua terra morta, não estão incluídos no novo lugar. Essa situação tensa não parece ser consciente a essas pessoas. Estão ocupados com sua sobrevivência e não podem atentar para o fato de que são poucos os que possuem propriedade e que, nos dias de hoje, a propriedade da terra não é tão determinante quanto antes. Essas pessoas são símbolo dos que já não possuem nada para trocar em busca da subsistência, a não ser a própria força de trabalho. Ao vendê-la, como trabalhadores, passam toda sua riqueza a um não trabalhador e, com isso, a desigualdade permanece totalizadora.

Os retirantes de Portinari representam esse horror de sentir-se um outro sempre. Alguém que passe por um desses corpos cadavéricos, que perceba a situação sem saída em que se encontram, notará que para eles a morte é um permanente estado de ameaça. Isso basta para que esse alguém mantenha os retirantes como diferentes: dessa forma, poderá conservar a morte afastada por um tempo. O horror trazido pelos retirantes pode ser vivenciado por qualquer indivíduo que se sinta um outro e, no capitalismo, a condição de outro é suscitada constantemente. Num sistema que requisita dos homens que vivam em bando, não pertencer ao bando implica uma exclusão. Enquanto os homens estiverem ocupados com sua sobrevivência, sofrerão o horror do não pertencimento. Semelhante ideia está no texto de Annateresa Fabris a respeito do momento em que Portinari, tocado pela guerra e ainda sob o impacto que lhe causou a *Guernica* de Picasso, representa seus retirantes:

> A contraposição trabalhador/não-trabalhador parece descabida num momento de tão intensa emotividade: a Portinari parece suficiente mostrar a realidade do retirante, o gradual morrer pelo caminho, a hostilidade do meio (apenas acenado). Mas a hostilidade do meio não é também a hostilidade do homem? (FABRIS, 1977, p. 191).

A análise de Fabris corrobora a ideia de que existe uma preocupação maior de Portinari em representar os homens. Ainda que a temática dos retirantes pertença a suas memórias em Brodósqui, como atestam alguns de seus poemas, sua preocupação com o homem é mais ampla. Os retirantes são o outro lado do trabalhador e denunciam uma oposição ameaçadora, na medida em que o trabalho se mostra imperativo para a sobrevivência e, ao mesmo tempo, restritivo. Se os retirantes parecem resignados em *Criança morta*, e nisso reside um horror, em *Retirantes* existe já uma busca pela vida, um caminhar driblando a morte, rumo a um destino impreciso, mas que dá margem à esperança, semelhante à imagem trazida por Graciliano Ramos (2000, p. 126):

> Iriam para diante, alcançariam uma terra desconhecida. Fabiano estava contente e acreditava nessa terra, porque não sabia como ela era nem onde era [...] e andavam para o sul, metidos naquele sonho. Uma cidade grande, cheia de pessoas fortes.

Há um suspense na obra de Portinari: é possível reconhecer essa expectativa descrita em *Os sertões*; mas, ao mesmo tempo, a expressão e a deformação dos corpos parecem apontar para um futuro pouco promissor, como se o autor sugerisse ao observador um olhar para a realidade concreta dos que migram para as cidades. Não há revolta e nem tempo para revoltar-se, é preciso preocupar-se com a sobrevivência. Em *Enterro na rede*, há uma reação diante da morte que é distinta das lágrimas de pedra e dos olhares perdidos. A imobilidade dá espaço a uma revolta expressa pelos braços da mãe estendidos ao alto com as mãos espalmadas e pelos punhos cerrados dos homens que levam o corpo. Esses elementos da obra "parecem remeter a uma dimensão em que a morte não se aceita tão passivamente, em que o diálogo entre o homem e a vida não é regido rigidamente por um destino implacável (em termos existenciais e sociais)" (FABRIS, 1977, p. 197).

Os retirantes retratados por Portinari dizem respeito a um contexto específico. Podem ser vistos como pessoas que vivem na carne o horror da desigualdade e, por conviverem hodiernamente com a miséria, rendem-se ao nomadismo em busca da sobrevivência. Os mesmos migrantes podem materializar a hostilidade em relação ao outro. O estrangeiro, o diferente que vem de outro lugar, o forasteiro que se aproxima traz consigo o convite da convivência. Conviver com o diferente implica uma reorganização da vida que os homens só se permitem quando têm necessidade. É possível também olhar para os retirantes de Portinari de uma maneira mais metafórica. O ato de exilar-se pode ser visto como um processo típico que o capitalismo delega a seus partícipes, como algo indelével, que cedo ou tarde abarca a todos. A lógica expansionista em busca do lucro implica um movimento que a todos diz respeito e que, por isso, carrega em si mesmo um horror que cedo ou tarde se concretiza.

> Porque é possível ser emigrado, imigrado *no próprio lugar*; ser exilado, pela pobreza, em seu próprio país. Mas as exclusões mais oficiais têm uma virtude certa: persuadem aqueles que elas poupam de que eles, pelo contrário, são incluídos. Estatuto fictício ao qual se agarram (FORRESTER, 1997, p. 78).

Talvez a citação acima possa iluminar, ainda sob a égide da mesma metáfora, a situação de exclusão que construímos. O forasteiro será excluído não apenas porque é um corpo a mais a ser alimentado e a requerer a atenção do Estado; um custo, portanto, que poderia ser destinado a fins mais elevados. Será excluído não somente por representar o diferente, que sempre requisita a adaptação para a convivência, o que demanda tempo e empenho. Sua exclusão do grupo estabelecido não será por conta de representar uma ameaça como mão de obra disponível e disposta, que oferece ameaça num sistema de conflitos e competições. Sua exclusão será, sobretudo, porque, ainda que possa estar próximo à animalidade e ao barbarismo, por falar outra língua, por se vestir de outra forma, por agir de maneira imprevista, por ser, enfim, um espécime raro de humano, o reconhecemos, no fundo, como um ser humano. Sendo assim, ele representa o estado de igualdade a que partiu Hobbes para descrever a guerra de todos contra todos. Por mais diferente que seja, é um igual. É a percepção ligeira dessa igualdade que contrasta com a desigualdade material evidente e que nos causa tanto horror – porque, se no limite, diante de mim está um igual, seu estado de degradação é a memória viva de algo que diz respeito a todos e, ao mesmo tempo, uma iminente ameaça que diz respeito a todos. O reconhecimento de que podemos nos transformar no outro degradado é mais do que suficiente para nos colocar horrorizados. Aqui, o horror do outro implica também um horror de si, pois num sistema de desigualdades e escassez de liberdade, o acaso escolhe a ordem com que suas vítimas serão marcadas.

Antônio Henrique Amaral e a proximidade do horror

O capitalismo é força que destrói construindo. Michel Foucault descreveu cuidadosamente os meandros da produção do indivíduo diante dos poderes exercidos pelas diversas instituições. Desde a moral até a ciência, passando pela família, pela escola, igreja ou pela fábrica, o indivíduo constitui-se ao mesmo tempo em que micropoderes o adestram. Esse processo histórico ocorre de uma maneira não linear, a ponto de ser possível identificar hoje a influência massiva de instituições que operavam no século XIX e que continuam sendo elemento de controle dos homens. Gilles Deleuze retoma a ideia de sociedade de controle, já prevista por Foucault. Os dispositivos daquilo que Foucault chamou de sociedade disciplinar estariam dando lugar a novos dispositivos, mais eficazes e adaptados ao período de desenvolvimento do capital. Uma análise desses dispositivos sem levar em conta o nível de desenvolvimento político e econômico do capitalismo seria inócua, e é nesse sentido que podemos nos apropriar das ideias desses autores para ressaltar distintas condições do homem nas últimas décadas. A exigência de retomar essas ideias se nos impõe a partir da necessidade de estabelecer um fio condutor que costure as obras de Antonio Henrique Amaral e de compreendê-lo como artista capaz de representar certo tipo de horror vivenciado pelos brasileiros nas décadas de 1960 e 1970, especialmente durante os anos de chumbo, marcados pela promulgação do Ato Institucional nº 5, em 1968, e pelo fim do governo Médici, em 1974.[9]

Diante das obras pertencentes às séries das bananas: – *Brasilianas* e *Campos de batalha* (1968-1975) –, somos seduzidos pelas formas poderosas de telas grandes, pintadas com cores vivas. O tema em si mesmo já é um convite ao confronto com as tradicionais pinturas de natureza morta. As bananas de Antonio Henrique Amaral são vivas o bastante para lembrarmos de outras naturezas. A maneira como Amaral nos aproxima dessa fruta soa como um discurso insistente e convincente que reclama a atenção, como se estivesse gritando ao observador "Olhe bem, aproxime-se!", no intuito de deixá-lo sem alternativa e, a partir da questão "por que bananas?", questionar-se "o que me dizem essas cenas?".

Amaral "exagera nas formas, não para magnificar ironicamente o lugar-comum, mas para intensificar a palpabilidade, a presença e o realismo de um objeto a que o artista confere um sentido de urgência e um conteúdo simbólico" (SULLIVAN, 1997, p. 22). A banana é um importante item de comércio e meio de subsistência de algumas regiões da América Latina. É também um "fruto aquoso, sensível a golpes e de rápido amadurecimento" (MORAIS, 1997,

---

9   Também a notável obra de Artur Barrio permitiria recortar a temática da relação entre arte e política, situada a partir dos regimes ditatoriais e da tortura. Ainda que não tenha sido incluída nesse estudo, sua obra é digna de nota.

p. 40), o que a transforma numa excelente metáfora sobre as populações vítimas de regimes opressivos.

O artista dá início em 1968 às pinturas das primeiras bananas, objeto que será pintado de diversos ângulos, formas, tonalidades e tamanhos, em variadas situações, de maneira hiper-realista, até 1975. Neste ano e no ano subsequente, Amaral realiza as telas da série *A morte no sábado*. Entendemos que *A morte no sábado* vincula-se diretamente à série *Brasilianas* e *Campos de batalha*; nesse sentido, procuramos estabelecer um olhar capaz de vincular quatro obras representativas desse período, a fim de reconhecer um processo expressivo do artista, materializado em suas pinturas. Ao longo desses anos, é possível notar que as bananas seguem um duplo processo de aproximação e amadurecimento e, ao mesmo tempo, passam a ser pintadas com cordas, garfos e facas, que apertam, espetam, dilaceram e cortam as frutas em busca de sua carne. Trata-se de uma cena pretensamente ingênua, que poderia ocorrer em qualquer ambiente doméstico, mas a forma com que é pintada obriga o observador a incorporar a postura de curiosidade. Se alguém tomar um garfo em sua casa e espetá-lo em uma fruta, somente poderia obter o ângulo pintado por Antonio Henrique Amaral em suas telas se chegasse muito perto, num expresso gesto de atenção. O artista sugere que encontremos nesse objeto ordinário um caráter extraordinário. Nessa proposta construímos uma metáfora e relacionamos as bananas a um signo da latinidade. A partir desse ponto, podemos identificar um caráter político na arte de Amaral, pela forma com que comunica suas ideias através dessas pinturas. Segundo Francastel (1993), a arte é um testemunho histórico e carrega em si mesma um potencial comunicador, um pensamento plástico. As obras em questão trazem um signo cujo significado pode perfeitamente ser atrelado ao homem latino-americano, mais especificamente ao brasileiro. Se encontramos na banana uma metáfora da latinidade, a maneira como é representada nos remete ao período histórico em que foram pintadas, quando as ditaduras militares preenchiam o cotidiano dos homens com a violência da tortura e da supressão de direitos.

Queremos olhar para a obra de Amaral identificando a visualidade de um horror que corresponde a uma condição sociopolítica específica. Poderíamos, nesse sentido, atrelar as pinturas às ideias de Foucault a respeito das sociedades disciplinares e dar ênfase a um conturbado período de desenvolvimento do sistema capitalista, que corroborou uma determinada forma de viver que, acreditamos, ainda ocupa lugar de destaque na constituição do homem. As obras de Amaral que analisamos são representativas desse período de oito anos, em que foram produzidas as séries *Brasilianas, Campos de batalha* e as quatro telas da série *A morte no sábado*. Uma análise conjunta dessas obras é capaz de nos fornecer informações sobre um processo que, a partir da diferença com que as bananas são representadas, indicam um crescente de sofrimento, resultado de um Estado obstinado em manter a ordem para que o progresso capitalista pudesse ocorrer. [**FIGURA 14, CADERNO DE IMAGENS, p. 294**]

É possível reconhecer uma influência da *pop art* em Amaral, quando os objetos aparecem focados em suas pinturas. Em *Brasiliana 9*,[10] apresenta-se um cacho de bananas bem verdes, grande o suficiente para não caber dentro do limite da tela, mas de um tamanho tal que nos permite ver algumas bananas inteiras, além da haste que naturalmente as prende. A tela, quando considerada isoladamente, não indica dor ou sofrimento, não passa ideia de qualquer opressão, tragédia ou espanto. Não há nada que aponte para uma interpretação que relacione a fruta ao homem e a seu cotidiano. Trata-se de um cacho de bananas pintado com potência, com um verde corpulento, com luz e sombra que garantem um volume vistoso. A pintura prima muito mais por sua beleza e qualidade técnica do que pela temática.[11]

Mas, quando associamos *Brasiliana 9* às telas posteriores, pertencentes à série *Campos de batalha*, o contraste da representação nos permite interpretar a banana como uma metáfora da existência humana. Nesse caso, bananas verdes apontam para a falta de maturidade e, para darmos fôlego à interpretação, indicam o princípio de um processo inelutável, que compreende um

---

10   Antônio Henrique Amaral. *Brasiliana 9*. Óleo sobre duratex, 104 x 122 cm, 1969.

11   "Majestades. E são dum verde-amarelismo violento. Mas onde diabo está a grande violência? Há uma ferocidade na concepção. Que ideia doida, essa: sublime danação! Hastes brutas, duras, caules que se bifurcam com rudeza e avançam esmurrando o espaço; nas pontas estouram estupidamente pencas moles, cheias de carne sumosa. [...] As bananas de Antonio Henrique Amaral são para comer com os olhos; [...] Somente agora a banana foi entendida: a banana mesmo, a banana engodo, a banana símbolo multifário – apetitoso e indigesto". O trecho foi retirado de uma crítica publicada na época por L. B. D'Horta, no *Jornal da Tarde*, em 19 de agosto de 1969, a respeito da exposição do artista na Galeria do Copacabana Palace, no Rio de Janeiro (cf. SULLIVAN *et al.*, 1997, p. 256).

desconhecimento e um estado de espera. Bananas verdes não estão prontas ainda para serem devoradas. Sua aparência revela uma realidade interior que precisa do tempo para amadurecer. É bem verdade que alguns fatores podem acelerar o amadurecimento: a forma como é armazenada e a temperatura ambiente, por exemplo; além dos casos, é claro, em que a fome precipita-se. Poderíamos aventar que também os homens vivenciaram um processo de amadurecimento, tanto das forças produtivas quanto dos sistemas organizativos que atuam sobre o cotidiano, e que ao longo dos anos sua existência foi se alterando e tornando-se visível, manifestando-se. A própria forma de devorar os homens, como metáfora da exploração do trabalho, amadureceu. Criaram-se direitos trabalhistas e benefícios que afastaram do senso comum a ideia do trabalho como tortura e transformaram o cotidiano do trabalhador numa forma de alcançar sua dignidade. Ao longo de todo esse processo, a exploração do trabalho foi sofisticada, tornou-se cada vez mais mordaz, fez do explorado um parceiro ao mesmo tempo em que os índices de produtividade foram ampliados.

Conforme amadurecem, as bananas devem ser devoradas. Isso soa como uma predestinação. Se não for devorada, apodrece. Quando tomamos as bananas como metáfora do humano, essa ideia se mostra insuportável. Para sermos fiéis à metáfora, teríamos de considerar os homens como seres para a morte, sendo comum que a morte lhes seja causada por um fator externo e não pelo tempo. Antes mesmo que o observador procurasse recalcar a metáfora, esquecê-la a fim de não encarar o incômodo de se ver diante da morte causada, como ser passível de ser devorado, nas obras de Amaral são agregados à representação das bananas artefatos que a associam aos homens. [**FIGURAS 15 e 16, CADERNO DE IMAGENS, p. 294-295**]

Diante de garfos, facas e cordas, a associação das bananas à condição social dos homens fica mais manifesta. Em *Campo de batalha 3*,[12] a banana está suficientemente madura para ser devorada; foi cortada em partes e está amarrada ao garfo e à faca que a partiram. Formam uma composição cujas partes imbricam-se e dão sentido umas às outras. Aqui o horror já está explícito. A presença de talheres metálicos e da corda nos remete a objetos de tortura e a cena indica um sofrimento

---

12   Antonio Henrique Amaral. *Campo de Batalha 3*. Óleo sobre tela, 153 x 183 cm, 1973.

que prontamente pode ser remetido a tais procedimentos. O suplício[13] é uma das manifestações mais cruéis do domínio. Trata-se de um método espúrio de fazer prevalecer o autoritarismo onde já não há autoridade. Um caminho desesperado de alcançar um objetivo, fazendo com que um indivíduo faça algo pela força que não faria normalmente. Trata-se, sobretudo, da manifestação da brutalidade humana, quando o pensamento já não está presente e a condição humana limita-se à sua negação.

A pintura de Antonio Henrique Amaral nos reporta ao horror do sofrimento causado pelo uso da força bruta e também aos motivos desse procedimento. Quando a liberdade se liquefaz a ponto de escorrer e reduzir-se a um conceito, a própria existência deve ser repensada. Diante da prisão de um homem, surge a possibilidade de se estar preso também. Essa ideia absurda é bem trabalhada por Albert Camus (2008) ao recuperar *O processo* de Kafka. O absurdo de ser detido sem que haja um motivo explícito causa horror pela possibilidade de ocorrer a qualquer um, a qualquer momento. A forma como Josef K., personagem de Kafka, lida com sua situação é inquietante. Há uma busca quase apática por defender-se, sem que o motivo do processo seja buscado em momento algum. Josef K. consome-se numa burocracia assustadora e em ações que em nada atenuam sua situação. O leitor de Kafka horroriza-se pelo absurdo das circunstâncias, mas principalmente por tratar-se de um homem e de ver princípios como a liberdade serem soterrados. O mesmo ocorre diante da tela de Antônio Henrique Amaral. Uma vez estabelecida a translação para o homem, o dilaceramento da banana implica o horror de ver a ausência de liberdade e o sofrimento como índices de uma banalização do existir.

Na obra *Campo de batalha 30*[14] parece haver o auxílio de uma lente, tamanha é a proximidade que Amaral estabelece entre o observador e a cena; como diz Morais (1997, p. 45), "tudo ocorre em primeiro plano como closes do terror". Dos garfos só é possível ver as pontas afiadas, da banana só resta alguns

---

13 Segundo Foucault, em *Vigiar e punir (1977)*, o suplício foi uma forma de penalidade comum nas sociedades ocidentais até o século XVIII. A partir do século XIX, o suplício foi substituído pela prisão. De acordo com essa periodização, tratar a tortura realizada na prisão como suplício pode ser considerado um anacronismo. De qualquer forma, manteremos o termo por seu sentido etimológico e por se tratar de penalidade que incide diretamente sobre o corpo do confinado.

14 Antonio Henrique Amaral. *Campo de Batalha 30*. Óleo sobre tela, 153 x 183 cm, 1974.

A EXPERIÊNCIA DO HORROR 157

pedaços de carne. A banana não é representada aqui, como em outras telas, mostrando a carne branca, mas vermelha, fazendo uma explícita referência à carne humana. Diante da sequência de telas, firma-se a ideia sobre a condição humana. A banana que outrora estava verde, em estado bruto, agora se mostra atassalhada. O sangue que mancha a carne do fruto espedaçado nos reporta à violência, à degradação do humano, ao horror. A maneira como Amaral convida nosso olhar é em si violenta. A imagem do fruto esfacelado e banhado em sangue é o momento imediato do ato de violência. O sofrimento ainda lateja na tela e a vivacidade das tintas e a proximidade do olho criam um estado de tensão paralisante e, ao mesmo tempo, de assombro. [**FIGURA 17, CADERNO DE IMAGENS, p. 295**]

Se havia alguma dúvida de que o vermelho de *Campo de batalha 30* era sangue humano, na tela *A morte no sábado – tributo a Wladimir Herzog*[15] salta uma evidência sufocante. Antonio Henrique Amaral pinta uma banana tão próxima que, isoladamente, não pode ser identificada. Apenas algumas manchas em sua casca podem confirmar que se trata de um fruto bastante maduro, praticamente apodrecido. Garfos espetam uma incisão que nos permite ver o interior da banana formado por órgãos humanos. Mas não se trata de contornos precisos, que permitam distinguir vísceras específicas. Em contraste com o realismo usado para representar o exterior das bananas, o interior é algo indeterminado. As formas dão a ideia de veias e pedaços de carne e vísceras, mas sem adquirir um sentido preciso. As carnes estão visíveis e, ainda que adquiram tonalidades que lembram a cor de tecidos humanos, não há o vermelho de sangue escorrendo. É como se o sangue já tivesse sido vertido e sobrasse para ser visto e espetado pelos garfos a carne que pulsa, mas já não vive.

Aqui a metáfora é evidente. O título associa a imagem das vísceras sendo dilaceradas e mostradas ao jornalista Wladimir Herzog, morto pelo autoritarismo de um regime militar. *A morte no sábado*

> marca o reencontro dramático de Amaral com a realidade brasileira, depois de sua permanência de quase três anos nos Estados Unidos. Trata-se de uma homenagem ao jornalista Wladimir Herzog, que

---

15   Antonio Henrique Amaral. *A morte no sábado – tributo a Wladimir Herzog*. Óleo sobre tela, 123 x 165 cm, 1975.

após ter sido torturado barbaramente num dos porões da repressão, em São Paulo, amanheceu enforcado numa simulação de suicídio que a ninguém convenceu (MORAIS, 1997, p. 45).

Nessa obra, a beleza está a serviço da visualidade do horror, requisitando aos observadores uma postura diante de um fato político tomado como símbolo de uma situação que dizia respeito a todos os brasileiros. Mais do que isso, o horror representado reporta-se a uma condição presente em outros momentos da história, ocorridos em outros países, e diz respeito a um certo tipo de política que impõe aos indivíduos um estado de tensão e sofrimento constante.

Diante da obra de Amaral, somos convidados a pensar nos limites da soberania e a questionar a virulência dos métodos adotados para a manutenção da ordem. As instituições repressoras, em certo período do desenvolvimento capitalista, desenvolveram-se como meio seguro para docilizar os homens e mantê-los adaptados ao modo de produção e ao consumo. Os dispositivos disciplinares foram criados e aprimorados a fim de tornar possível o crescimento da massa de indivíduos úteis e, ao mesmo tempo, não ameaçar a ordem política e social. A partir dos estudos sobre a história da penalidade, Foucault foi percebendo uma relação específica de poder que incidia sobre os corpos de indivíduos enclausurados e utilizava uma tecnologia de controle minuciosa, que assegura a sujeição e que também se aplica a outras instituições, como o hospital, o exército, a escola, a fábrica.

De acordo com Foucault, o adestramento do corpo surgiu com a explosão demográfica do século XVIII e o crescimento da indústria, obrigando a utilização racional do corpo, intensificando sua potência produtiva. Era preciso um sistema político de dominação capaz de estabelecer dispositivos disciplinares que incidissem sobre o corpo e o transformassem em força de trabalho, ou para usar o termo de Simone Weil (1979), carne de trabalho. As sociedades disciplinares surgem no momento em que o sistema capitalista se constitui como hegemônico, os indivíduos dominados passam a ganhar visibilidade e o exercício do poder vai se tornando cada vez mais anônimo. É assim que os homens passam a ter uma organização e a serem classificados no tempo e no espaço. O indivíduo passa a ser controlado através da vigilância, como forma mais eficaz que a punição. O poder disciplinar situa os indivíduos no espaço e no tempo, exerce uma vigilância permanente e produz um registro de conhecimento que potencializa o exercício da dominação.

Durante os anos de chumbo, quando as obras de Antonio Henrique Amaral selecionadas para este trabalho foram pintadas, o regime ditatorial brasileiro contava com um sofisticado sistema de vigilância. O caso de Wladimir Herzog é emblemático no sentido de materializar o horror causado no próprio artista em relação à sociedade disciplinar, mas também em relação ao suplício, técnica complementar, que se aplicava ao prisioneiro. O prisioneiro é o indivíduo que escapa aos dispositivos disciplinares, empreendidos pelas instituições, sem ter sido totalmente docilizado e constitui-se como verdadeira ameaça à ordem social e, por consequência, ao bom andamento do sistema econômico. A ameaça torna-se ainda maior no caso de Herzog por se tratar de um jornalista, cujo acesso aos meios de comunicação de massa é um perigo concreto à manutenção dos discursos. Seu assassinato materializa o horror em relação às técnicas de tortura, frutos de saberes produzidos ao longo do exercício de poder, tal como descrito por Foucault em *Vigiar e punir* (1977).

> Antonio Henrique Amaral nunca duvidou da importância e da força expressiva da pintura, de sua capacidade de comover e de promover a reflexão sobre a condição humana ou sobre a realidade que nos envolve, de ser um veículo de afirmação da liberdade e um signo cultural (MORAIS, 1997, p. 70).

Para comprovar a convicção do artista, Frederico Morais faz uma análise das formas e da temática de Amaral, atentando para o fato de que as próprias formas exercem um papel imprescindível na tarefa política de estabelecer um diálogo com as pessoas. Ademais, a própria arte implica uma forma de libertação, como bem afirma o próprio artista referindo-se à sua liberdade de criar. As formas de Amaral nos permitem pensar sobre a condição sociopolítica dos homens independentemente do contexto em que foram produzidas. Suas pinturas correspondem aos anos de opressão e perseguição no Brasil, mas também em outros países da América Latina. O suplício, bem como a dor e o sofrimento que causa aos homens, é recorrente ao longo de todo processo civilizador, para citar o termo de Elias (1994), o que implica o horror de constatar episódios como o de Herzog ou mesmo dos prisioneiros do centro de detenção militar de Guantánamo, como fatos constantes na história, a despeito de um discurso racional que nos afastaria da barbárie.

Diante da situação inflexível a que nos conduzimos, pelo hábito de servir e pertencer ao sistema, não olhamos para o capitalismo de frente. Um olhar de soslaio é o olhar impossível diante das obras de arte. Longe delas, teimamos em dedicar a atenção aos sintomas que são a evidência de uma realidade penosa que elegemos para nós. A metáfora da Torre de Babel é bem colocada por Kafka (*apud* IANNI, 1999, p. 25) para tratar a forma com que lidamos com nossas vidas. Geração após geração os andares da torre foram edificados em direção ao céu. Com o passar dos anos fomos cuidando para que os pavimentos da torre fossem sendo decorados ao nosso gosto, de acordo com as possibilidades da técnica e da criatividade, até que em determinado momento percebemos que a construção já havia perdido sentido. As últimas gerações já não sabiam os motivos que levaram os homens a iniciar a construção, as pessoas ao nascerem iam acostumando-se ao cotidiano da edificação e dedicavam toda sua atenção à obra perdendo de vista o alicerce. Kafka, com essa metáfora, mostra a condição de alienação de nossas próprias vidas e, não por acaso, a metáfora aponta para o caos. Todos conhecem o final do mito, quando a discórdia passa a imperar entre os homens após a impossibilidade de se atingir os céus. Viviane Forrester indica a maneira com que os homens fogem da crítica à sua realidade, procurando ocultar a evidência da impossibilidade de solução para o problema. De uma forma ou de outra, os horrores do capital são presenciados diariamente, assim como os construtores da torre poderiam ver que dia após dia, conforme o edifício ganhava altura, o céu ia distanciando-se na mesma medida – como o horizonte se afasta de nós quando caminhamos em sua direção. A ironia que Forrester apresenta está no fato de lidarmos com a questão com tamanha falta de zelo que não apenas escondemos a impossibilidade de solução inerente, mas encontramos uma forma de lidar com a angústia causada por ela. Essa angústia justificaria um limite para as ações redentoras, ao mesmo tempo em que ganhamos fôlego para suportar a existência. A autora expressa sua preocupação com os desvios que tomamos em relação à nossa própria realidade e prevê um risco maior:

> Evitando essas questões, poupa-se de imediato a revelação do pior, mas temer a revelação do pior não significa correr o risco

A EXPERIÊNCIA DO HORROR 161

> de precipitar-se nele? Não significa continuar a debater-se com forças cada vez mais declinantes, sem nem sequer saber o que se debate, nem contra quem? Ou por quê? (FORRESTER, 1997, p. 54).

O pior, para Forrester, é a situação de paralisia em que nos metemos diante do desconhecimento da realidade. Ao tratar da situação, a autora não está propondo apenas que os homens modifiquem suas vidas, mas que possam modificá-las. Nesse sentido, *A morte no sábado* é uma forma que Amaral encontra de recuperar a realidade concreta em que os homens de sua época viviam. Mais do que um fazer conhecer as implicações do regime ditatorial, Amaral permite que lancemos um olhar aproximado para os resultados da tortura e da violência que se abatem sobre os que ameaçam a ordem e o progresso do capitalismo.

A dimensão trágica está no reconhecimento das forças que apontam para a produção e o consumo, para as regras que se fabricam para que sejam seguidas por todos. As instituições sociais são dotadas de racionalidade, são capazes de produzir indivíduos uniformes, mansos, que tornam possível o monopólio coercitivo do Estado. Diante disso, o caso de Herzog é simbólico. Quando Amaral se refere à sua morte, recobra a força das contingências que se abateram sobre ele: a forma como seu corpo foi supliciado e exposto, ainda que atenuada pela farsa do suicídio, foi próxima do ato dos soberanos que faziam o condenado morrer em praça pública, a fim de dar o exemplo e manter a ordem social.

O desconhecimento dos dispositivos disciplinares parecia ser a pior das situações, numa época em que a vigilância e a perseguição dos insurgentes, cujo engenho realizava-se especialmente através do Dops,[16] somava-se ao cuidado de construir uma imagem de governança pacífica, comprometida com o progresso da nação. Para intelectuais, ativistas e artistas engajados, o desconhecimento da realidade por parte da população aponta para a manutenção do sistema opressivo em que se encontravam.

Forrester chama a atenção para uma situação ainda pior que a penúria do real: o viver a penúria sem tomar conhecimento dela. Poderíamos ampliar a questão para um desconhecimento mais amplo, que se refere às forças do capital que atuam sobre os corpos dos indivíduos, nos aspectos sociais,

---

16 Departamento de Ordem Política e Social.

políticos e econômicos. Suas consequências estão diante de nossos olhos, seja na situação de miséria que presenciamos nas ruas cotidianamente, seja nas obras de arte, como as que mencionamos nesse estudo. Diante das catástrofes que nos rondam, somos obrigados a reconhecer o horror. "Esse horror disseminado em outros corpos que não os nossos, mas em sincronia conosco, nós não o 'conhecemos', mas o 'sabemos'" (FORRESTER, 1997, p. 79). Mas aprendemos a lidar com o horror cotidianamente, como um descuido que pode ser enfrentado com a ignorância. A respeito dessa realidade, a arte propõe uma outra atitude. Quando artistas, como os que nos propusemos analisar, nos apresentam uma imagem do cotidiano, somos convidados a pensar. Com o pensamento temos a possibilidade de reorganizar o real e conclamar nossa responsabilidade diante do mundo.

Seção III
HORROR SUPERLATIVO

Todos os homens buscam a felicidade. E não há exceção. Independentemente dos diversos meios que empregam, o fim é o mesmo. O que leva um homem a lançar-se à guerra e outros a evitá-la é o mesmo desejo, embora revestido de visões diferentes. O desejo só dá o último passo com este fim. É isto que motiva as ações de todos os homens, mesmo dos que tiram a própria vida.

Pascal

7

ENTRE O BEM E O MAL, O HORROR E A MORALIDADE

Civilização ocidental e cristã

Nietzsche nos fala da moral de senhores, que não se preocupa com a utilidade, e da moral de escravos, que é utilitarista. A fim de tratar das consequências desse utilitarismo, o autor nos apresenta uma causa primordial para entender como os homens se organizam; ao fazer isso, enxerga a miséria da humanidade sem se entregar a um pessimismo. O niilismo nietzschiano implica o reconhecimento de uma humanidade de escravos, que vive sob a égide de uma moral de escravos, mas que também convive com uma moral nobre, capaz de fazer o homem criar e ser soberano, ser capaz de fazer promessas e ser livre. Esse poder sobre si mesmo, esse conhecimento de si, é chamado por esse indivíduo soberano de consciência. Em *Para além do bem e do mal*, Nietzsche (2007b, p. 155-158) diz ter encontrado

> certos traços que regularmente retornam juntos e ligados entre si: até que finalmente se revelaram dois tipos básicos, e uma diferença fundamental sobressaiu. Há uma moral dos senhores e uma moral de escravos [...] Supondo que os violentados, oprimidos, prisioneiros, sofredores, inseguros e cansados de si moralizem: o que terão em comum suas valorações morais? Provavelmente uma suspeita pessimista face a toda a situação do homem achará expressão, talvez uma condenação do homem e da sua situação. [...] A moral dos escravos é essencialmente uma moral de utilidade. Aqui está o foco de origem da famosa oposição "bom" e "mau".

A moral de senhores é a que possibilita a criação de valores, a glorificação de si. Nietzsche não reconhece no homem moderno uma moral nobre, mas preponderantemente escrava, obcecada pelo progresso. Uma moral que aponta para o niilismo. Esse homem nobre, que responde por uma moral de senhores, é aquele capaz de ter consciência, é aquele capaz de responder por si.

Será que essa consciência implica o nosso afastamento do mundo exterior? Será que a consciência é nossa singularidade, por nos dotar da capacidade de pensar e figurar o mundo? Nietzsche dirá que, diferentemente do que dizem os filósofos, essa consciência não é o que nos afasta do mundo como sujeitos distantes de seus predicados; pelo contrário, é testemunha do que existe em nós de social, de gregário. A consciência é fruto de nossa vida coletiva, é o exato oposto de nossa individualidade. A força e o refinamento da consciência são proporcionais à capacidade e à necessidade do homem de se comunicar. A consciência nada mais é do que uma rede de comunicações entre os homens, que surge da necessidade que o homem social tem de se associar com os outros. Para resistir à vida, o homem precisa de seus semelhantes e precisa tornar-se inteligível. Precisa comunicar seus desejos, carências e pensamentos.

O surgimento da consciência e da linguagem é concomitante. Linguagens falada, gestual e visual. Também a arte se insere nesse contexto como forma de expressão do pensamento. A necessidade de se criar signos vem da urgência da comunicação. A partir da sociabilidade o homem pôde tornar-se consciente de si mesmo. Ao tratar a consciência dessa forma, Nietzsche está contrariando o pensamento tradicional que associa a consciência à natureza do indivíduo. Não se trata de um homem capaz de adquirir consciência a partir de sua solidão reflexiva, de sua capacidade cognitiva. Trata-se de uma característica da espécie humana e não do indivíduo. A consciência só pode surgir na medida em que estão em comunicação dois ou mais homens e, portanto, é impossível pensá-la desconsiderando o caráter gregário do homem. Nietzsche apresenta a tomada de consciência também como um processo, um movimento contínuo e ininterrupto, tal como descreve na segunda dissertação da *Genealogia da moral*:

> Já se percebe que o conceito de "consciência", com que deparamos aqui em sua manifestação mais alta, quase desconcertante, tem uma longa história e variedade de formas atrás de si. Poder

> responder por si, e com orgulho, ou seja, poder também dizer *Sim a si mesmo* [...] (NIETZSCHE, 2007a, p. 50).

Se a consciência é fruto do que há de gregário no homem, ao obedecer ao "conhece-te a ti mesmo" estamos trazendo à consciência aquilo que em nós é rebanho. Nosso pensamento acaba por ser traduzido pelo olhar da maioria; o geral acaba sobrepujando o individual. A consciência, por ser algo bastante jovem na humanidade, algo que ainda não está maduro, acaba por se render ao que é comum, ao que é geral, e isso implica uma tendência indissolúvel de ser dominada, tiranizada. A consciência é tiranizada pelo instinto de rebanho, que se faz valer dela mesma e obscurece tudo o que é original. Por ser a consciência assim, o mundo que nos é oferecido é um mundo vulgar, do senso comum, superficial. O pensamento consciente está impedido de buscar as profundezas e a escuridão, acaba por restringir-se ao luminoso, à superfície.

Com isso, Nietzsche está permitindo ver a dificuldade que o homem tem, desde o surgimento da metafísica, de compreender a si mesmo. O pensamento sempre buscou entender como se produz a ação humana. Mas se a consciência só permite conhecer o que é geral, as ações individuais são impossíveis de se conhecer, de se precisar. Os homens não podem conhecer as causas efetivas de seus atos, as imagens que suscitamos para dar explicações são apenas perspectivas, estão situadas no tempo e devem ser vistas, portanto, como movimento.

A crença no livre-arbítrio pressupõe que todo ato distinto está isolado dos outros atos. Podemos dizer, a partir dessa ideia, que somos responsáveis por algo, ignorando que fazemos parte de um todo, que se apresenta a nós com diversas outras variáveis, muitas das quais fora de nosso controle. O conceito de livre-arbítrio é resultado de uma instrumentalização do pensamento, de uma filosofia da gramática que busca um molde na linguagem. Esse tipo de pensamento busca semelhanças entre conceitos e simplifica as formas de se pensar o mundo. O sujeito que pensa já é uma interpretação do todo, que está em movimento. Pensamos segundo nossa rotina gramatical. Agir e conhecer não são meras sequências de fatos, são fluxo constante. Crer no livre-arbítrio implica essa cisão entre os atos e agrupá-los segundo critérios de certo e errado, de bom e mau. Por trás disso, está a vontade de igualar o diferente, de simplificar os eventos, na tentativa de dominá-los e torná-los inteligíveis. A crença na liberdade do querer é defendida pela linguagem, pelo palavreado que ignora que as coisas do mundo estão imbricadas. Nietzsche vai perguntar por que as pessoas se deixaram seduzir por essa superstição. Como nasceu essa doutrina do livre-arbítrio? Se na verdade somos regidos pela necessidade, como essa doutrina pôde ganhar espaço entre os indivíduos? Assim, classifica a "lei natural" como uma palavra da superstição:

> Se falais com tanto enlevo na legalidade da natureza, ou tendes de admitir que é por obediência livre, submetendo-se por si mesma, que todas as coisas naturais seguem sua lei – caso esse em que, portanto, admirais a moralidade da natureza –; ou vos enleva a representação de um engenheiro criador, que fabricou o mais artístico dos relógios, com seres vivos como ornamento. – A necessidade da natureza se torna, pela expressão "legalidade", mais humana e um último refúgio do devaneio mitológico (NIETZSCHE, 1999e, p. 110).

Cada indivíduo busca sua liberdade no querer, naquilo que mais necessita. Essa liberdade, então, não é nada além daquilo que preciso. Os indivíduos se sentem mais livres onde se sentem mais intensos. Nietzsche dirá que o que as pessoas chamam de livre-arbítrio é essencialmente nosso sentimento de superioridade àquele que deve obedecer. Há uma convicção de que eu sou livre e o outro deve obedecer. A filosofia tradicional quer fazer crer que a singularidade do homem está em ter um livre-arbítrio, que os homens são senhores de suas ações. Essa liberdade vem de certo testemunho da consciência, e podemos conhecê-la sem prova, apenas pela experiência que temos dessa liberdade. No caso específico da vontade, o que comanda também deve obedecer. Eu quero, eu obedeço. O conceito de "eu" será a máscara trazida pela filosofia tradicional para obscurecer essa dualidade entre quem comanda e quem obedece. O indivíduo que quer acredita que basta querer e a vontade só aparece quando acredita que será atendida. Com isso foi possível crer que ato e vontade são a mesma coisa e obscureceu-se o sentimento de potência pelo qual a vontade causa o ato. O livre-arbítrio será então uma ilusão psicológica que designa o estado de euforia do indivíduo, que comanda e triunfa sobre as existências pela vontade.

No *Crepúsculo dos ídolos*, Nietzsche nos diz que as propriedades do homem não são um presente de Deus, da sociedade ou de qualquer um. As características do homem não podem estar dissociadas das características de um todo imanente. "Ele não é a conseqüência de um propósito próprio, de uma vontade, de um fim, com ele não é feito o ensaio de alcançar um 'ideal de homem' ou um 'ideal de felicidade' ou um 'ideal de moralidade'" (NIETZSCHE, 1999c, p. 379). Com isso, está desvinculando a existência do homem de todas as ideias criadas com a expectativa de conduzi-lo a certo tipo de vida. Ao mesmo tempo está rejeitando o modo de pensar que implica causas e consequências:

> que ninguém mais seja responsabilizado, que o modo de ser não possa ser reconduzido a uma *causa prima*, que o mundo, nem como *sensorium*, nem como "espírito", seja uma unidade, *isto somente é a grande libertação* – com isso somente é restabelecida a *inocência* do vir-a-ser (NIETZSCHE, 1999c, p. 379).

É nesse sentido que Nietzsche edifica sua crítica ao cristianismo, denunciando um modo de vida que concebe uma culpa existencial. O que podemos esperar do pensamento que se desenvolveu a partir disso? Um saber expedicionário, que traçou um caminho por julgamentos concebidos a partir de uma certeza de verdade e procedimentos causais. A busca pelas causas, que motiva o pensamento ocidental, já está evidenciada pela procura do entendimento dos mistérios da fé e pela tentativa de agrupar o rebanho cristão como a própria causa da morte de Cristo.

Se não existe livre-arbítrio, é preciso questionar se os homens podem ser responsabilizados pelos seus atos. A partir do livre-arbítrio foi possível ao sacerdote estabelecer sua vontade de potência, tornando a humanidade responsável por seus atos e, por consequência, dependente dele mesmo, único capaz de minimizar os custos dessa responsabilidade. Está aqui o instinto de querer julgar e punir, de querer encontrar culpados e de puni-los. A liberdade foi, portanto, dada aos homens para que se tornassem culpáveis. Mas a que se reporta essa culpa?

Se tudo é necessidade, tudo é, na mesma medida, inocência. Então, a culpa não tem sentido de ser. Os que buscam na culpa uma forma de guiar a ação estão fazendo valer uma moral escrava, tiranizando a vontade. Nietzsche convida-nos a abandonar o livre-arbítrio e o determinismo que quer fazer valer uma lógica maquinal de causa e efeito. São os homens que criam os conceitos de causa e consequência, com ele podem designar os fenômenos, mas não podem explicá--los. Esses conceitos são forjados e incorporados por nós, e acabamos por cair na armadilha de, enxergando lógica, acreditarmos num conhecimento que não corresponde à realidade.

Os que acreditam no livre-arbítrio querem ser responsabilizados por tudo, os que são deterministas não querem ser responsabilizados por nada, para esses a sociedade é sempre a causa e a responsável por tudo. De acordo com Nietzsche, as características humanas não são dadas por alguém. Ninguém é responsável por ser de uma forma ou de outra. As ações dos homens são frutos de vontade e necessidade e não podem ser dissociadas de uma totalidade. Também não se pode isolar a existência de cada um ao que esta foi e ao que será, ignorando o caráter processual da vida, seu vir-a-ser.

Ao tratar de como os homens passaram a ser responsabilizados por seus atos, Nietzsche, em *Humano, demasiado humano*, busca explicitar esse processo:

> [...] damos o predicado bom ou mau não mais ao motivo isolado, mas a todo o ser de um homem, do qual o motivo brota como a planta do terreno. De maneira que sucessivamente tornamos o homem responsável por seus efeitos, depois por suas ações, depois por seus motivos e finalmente por seu próprio ser. E afinal descobrimos que tampouco este ser pode ser responsável, na medida em que é inteiramente uma conseqüência necessária e se forma a partir dos elementos e influxos de coisas passadas e presentes: portanto, que não se pode tornar o homem responsável por nada, seja por seu ser, por seus motivos, por suas ações ou por seus efeitos. Com isso chegamos ao conhecimento de que a história dos sentimentos morais é a história de um erro, o erro da responsabilidade, que se baseia no erro do livre-arbítrio (NIETZSCHE, 2006, p. 45).

O vir-a-ser é a própria necessidade. Não existe movimento que não seja absolutamente necessário, pois todos os homens também são partes naturais da natureza. Dizer sim à vida é dizer sim à fatalidade, ao eterno retorno do mesmo. Trata-se de um amor ao destino, para superar o niilismo. O espírito livre não se curva à autoridade externa, seu pensamento brota de um "eu quero" e não de um "eu devo".

Discutir a moral torna-se imperativo para o pensamento nietzschiano, uma vez que a culpa é criada para fazer valer a vontade de potência do sacerdote. Mais do que isso, a moral traz em si a possibilidade de se pensar o tipo de vida que está por trás dela. Os valores que estão por trás da moral é que nos chamam a atenção. Não são os fatos que são morais, a moral está nas interpretações que se faz dos fatos. Avaliar a moral implica situar-se fora dela, colocar-se além da dualidade metafísica que se estabelece entre bem e mal, tal como nos diz Nietzsche em *A gaia ciência (2007d, p. 283)*:

> Para uma vez ver com distância nossa moralidade européia, para medi-la com outras moralidades, anteriores ou vindouras, é preciso fazer como faz um andarilho que quer saber a altura das torres de uma cidade: para isso ele deixa a cidade. "Pensamentos sobre preconceitos morais", caso não devam ser preconceitos sobre preconceitos, pressupõem uma posição fora da moral, algum além de bem e mal, ao qual é preciso subir, galgar, voar – e no caso dado, em todo caso, um além de nosso bem e mal, uma liberdade diante de toda "Europa", esta última entendida como uma soma de juízos de valor imperativos, que nos entraram na carne e no sangue.

Coube à filosofia tornar a moral o campo da concórdia, aquilo que faz os indivíduos serem desta forma e não daquela. O pensamento filosófico, que busca unanimidade na moral, implica suscitar explicações precisas a partir das quais se pode dizer como se deve proceder no campo da política, nas relações sociais. Uma vez estabelecido o que é o homem, torna-se fácil dizer o que o homem não deve ser. Uma vez conceituada a vida, o não cumprimento de deveres implica negá-la. Ora, esse erro só foi possível pela insistência da filosofia em acreditar que a moral aponta para fatos e não para interpretações. Por trás disso está uma tendência da filosofia em buscar uma verdade segura, ignorando que tudo veio-a-ser. De acordo com a crítica nietzschiana, os filósofos acreditam em uma moral universal, válida para todos, por isso a moral jamais suscitou um problema filosófico. Para tanto, é preciso colocar lado a lado diversas morais e compará-las. Se uma moral é fruto de uma interpretação, é preciso encontrar uma outra para servir de parâmetro, ou então discordar do projeto inicial da filosofia e traspassar a vontade de verdade. A filosofia jamais foi capaz de apresentar um além de bem e mal. Nietzsche nos diz isso chamando a atenção para a perda de tempo da história da filosofia ao discutir a existência ou não de uma verdade absoluta, ignorando o valor de nossos valores. A questão dos valores irrompe como crucial, justamente por ter sido esquecida pelo pensamento metafísico, que se distanciou do homem ao dedicar-se à instalação de oposições ontológicas e qualitativas.

O platonismo teria sido responsável pela oposição entre um mundo verdadeiro e outro aparente. Disso decorre uma irrealidade sentida que somente o mundo das ideias poderia desvendar. Está neste pensamento toda a fundamentação da metafísica. A crença essencial na oposição de valores, que os homens apreendem em seu modo de organizar-se e compreender o mundo. Nietzsche nos possibilita duvidar se há, em geral, oposições, se elas não são mera aparência construída. Torna-se possível a dúvida sobre o valor qualitativo dos opostos, mais do que isso, torna-se desconfiável a oposição estabelecida pela filosofia entre o verdadeiro e o falso.

A questão que se coloca é a respeito da necessidade desses valores serem opositivos, uma vez que estão associados e possuem sentidos complementares. Como dissociar bem e mal? Como estabelecer o que é positivo e o que é negativo? A partir de que parâmetro posso estabelecer esses valores? Nietzsche vai mostrar que não há motivos para separar homem e mundo e é preciso considerá-lo novamente entre os animais esclarecendo seu estatuto natural, historicamente ignorado por uma ficção metafísica que o enquadra entre conceitos e uma lógica mecânica. Por aqui será possível encontrar a forma de superação do niilismo.

É preciso fazer com que os valores morais de nossa sociedade, já apodrecidos, sejam levados a termo, para que seja possível o advento de uma nova moral, de um outro modo de vida. O niilismo ativo é necessário ao espírito livre e uma ação pessimista, portanto, carrega em si um otimismo propositivo que implica um dizer sim para a vida. Nietzsche vai tratar o cristianismo como o responsável por oferecer um mundo metafísico aos homens comuns, aproximando-os do mundo dos filósofos. Aqui está a importância do cristianismo para Nietzsche: não se trata apenas de evidenciar a presença de valores reativos, oriundos de uma vontade de potência que impõe um modo de vida moral aos homens e alimenta seu espírito gregário. Não se trata também de um repúdio ao surgimento de uma moral escrava decorrente desse modo de vida. Trata-se aqui, antes de tudo, de estabelecer uma ponte entre o cristianismo e a metafísica para mostrar que os homens pensam o mundo a partir desses valores opostos, e que isso implica um distanciamento do homem de si mesmo e possibilita uma vida ilusória, mentirosa e desprovida de sentido histórico.

León Ferrari (1920) preocupa-se em evidenciar as contradições que, inevitavelmente, saltam aos nossos olhos ao avaliarmos a conduta humana diante do bem e do mal, estabelecidos como medida para a ação virtuosa, merecedora de crédito. A crítica contundente que suas obras fazem ao cristianismo parece estar muito mais atrelada ao modo de vida que a moral cristã proporciona do que à influência política das instituições religiosas. Esse é também o nosso propósito aqui. Antes de se estabelecer a crítica ao cristianismo como instituição, interessa reconhecer a moral cristã como atrelada a certo tipo de vida extenuante ao homem que, no limite, propicia um horror específico, que vincula verdades existenciais e relações de coerção psíquica. É a partir dessa moral que o homem solidificou um modo de ver o mundo que pressupõe oposições. A metafísica é a evidência máxima desse projeto na história do pensamento, mas as consequências estão também no cotidiano e na forma como o homem enxerga e lida com a vida. A obra de León Ferrari representa o limite que a moral impõe ao modo de existência do homem e nos faz questionar, assim como faz o pensamento de Nietzsche, se a moral cristã, amplamente difundida na civilização ocidental ao longo dos séculos, ora fracionada, ora exasperada, possibilita à humanidade uma vida melhor ou pior. É preciso questionar em que consiste uma vida melhor ou pior, do contrário também estaremos caindo na mesma armadilha, ao trabalharmos com valores opositivos. É preciso questionar também se o que fez o homem estabelecer as explicações religiosas para o mundo não foi o fruto de sua vontade de verdade e de uma impotência em dar respostas precisas para a realidade. Uma outra maneira de se colocar essa questão é indagando em que momento da história da humanidade o homem passou a lidar com suas dúvidas de maneira tão absoluta.

Para lançar um olhar sobre o homem, então, é preciso identificar a forma moral em que vive e reconhecer os danos causados pela metafísica ao entendimento da vida. Para que esse olhar seja possível, é preciso imitar o "andarilho que quer saber a altura das torres de uma cidade" (NIETZSCHE, 2007d, p. 283). A filosofia de Nietzsche nos auxilia a agir como esse andarilho que deixa a cidade. Ao deixar a metafísica e o pensamento platônico-cristão, será possível buscar um diagnóstico para a condição humana, a fim de se anunciar outro modo de vida.

León Ferrari e o modo de existir cristão

León Ferrari, em sua obra artística, apresenta uma virulenta crítica sobre o cristianismo a ponto de unir religião e política, razão e fé. É possível encontrar na obra desse artista uma concordância com o niilismo descrito por Nietzsche. Queremos, a partir de duas obras de Ferrari, *A civilização ocidental e cristã*[1] (1965) e *Juízo final*[2] (1985), identificar uma coincidência de ideias e, ao mesmo tempo, apontar para um horror causado pela moralidade cristã e que está atrelado ao horror causado pela impossibilidade de verdade. Entendemos que esses dois tipos primitivos de horror estejam entranhados de tal forma na condição humana que propiciam, em dado estado de consciência, um assombro ainda mais amplo, o qual se desdobra em um horror existencial, a respeito das próprias potências do indivíduo, e um horror social, a respeito da existência do outro e de sua diferença.

Quando León Ferrari, em 1965, apresentou suas obras para o Centro de Artes Visuais do Instituto Torcuato Di Tella, o diretor Romero Brest, diante do enorme avião americano com o Cristo nele crucificado, ficou apreensivo sobre sua repercussão e optou por não expô-lo, comunicando ao artista sua decisão sob a justificativa de que a obra feria a sensibilidade religiosa do público. Sobre esse fato, León Ferrari escreveu:

> eu me vi em uma espécie de disjuntiva: ou ir pelo caminho das artes plásticas, que indicava, ou exigia, retirar tudo e denunciar a censura, ou o caminho da política [ou seja] meu propósito inicial de expor algo justamente ali, sobre o Vietnã, no lugar

---

1 León Ferrari. *A civilização ocidental e cristã*. Plástico, óleo e gesso, 200 x 120 x 60 cm, 1965.

2 León Ferrari. *Juízo Final*. Colagem de excrementos de aves sobre gravura do *Juízo final* de Michelangelo, 46 x 33 cm, 1985. Outras gravuras sobre o Juízo Final, de autoria de outros artistas, foram usadas por Ferrari nessa obra, a de Michelangelo é apenas uma delas.

das liberdades que os EUA bombardeadores proclamavam (*apud* GIUNTA, 2006, p. 129).

O dilema apresentado pelo artista diante da censura a uma de suas obras revela um questionamento sobre o papel do artista. As duas opções levantadas por León Ferrari nos permitem ver que qualquer que fosse sua decisão, haveria uma atitude política. Qualquer que fosse o resultado de sua ação, a simples presença de suas obras naquele espaço, enquanto a guerra do Vietnã ocorria,[3] ou a denúncia da censura, já seriam uma ação política. Aqui podemos encontrar de forma bastante explícita o vínculo entre arte e política. As três caixas que acompanhavam a obra censurada[4] foram expostas e cumpriram o propósito de León Ferrari, totalmente aturdido com os fatos recentes da guerra, plenamente divulgados pela imprensa, inclusive com fotografias de torturas. O alvo central do artista na ocasião estava em expressar seu horror em relação às atrocidades da guerra promovidas pelos EUA e, não por acaso, vemos a temática religiosa presente em suas obras [**FIGURA 18, CADERNO DE IMAGENS, p. 296**]. Horácio Zabala esboça uma relação entre os ícones usados pelo artista:

> León Ferrari põe em contato dois objetos, e cria uma metáfora irregular e excessiva. A montagem de dois objetos não triviais revela-se capaz de problematizar algumas coisas do mundo e de nosso próprio olhar [...]. Entre os vários sentidos que aparecem nesta figura humana agonizante sobre uma arte de destruição em massa, sobressai o que mostra a barbárie que palpita na civilização. Daqui poderiam surgir duas interpretações opostas. Uma, que o cristianismo perdoa a guerra para que deixe de existir; outra que, para perdoar a guerra, o cristianismo precisa que ela exista (*apud* GIUNTA, 2006, p. 130).

---

3   A guerra do Vietnã ocorreu entre 1959 e 1975. Em 1965, ano de feitura da referida obra de León Ferrari, os EUA enviaram suas tropas a fim de evitar a unificação do país sob um governo socialista.

4   *Cristo morreu, A civilização ocidental e cristã bombardeia as escolas de Long Dien, Cauxé, Linn Phung, Mc Cay, Na Minh, Na Hoa e Duc Hoa e 15 votos na OAE.*

Em entrevista a Luis Felipe Noé, León Ferrari responde as críticas feitas à sua obra no que diz respeito ao ataque ao cristianismo, à forma como apresenta o cristianismo como causa de todos os males. É de se notar a semelhança com as críticas feitas à obra de Nietzsche. Em ambos os casos, o que mais importa é o modo de vida que resulta do cristianismo, como diz o artista:

> Um crítico do La Nación afirmou em uma nota que atribuo todos os males ao cristianismo. Respondi que não, que o que me preocupa é a violência, a tortura, a intolerância em geral. Se questiono o cristianismo é porque estamos vivendo em uma cultura cujo deus diz que vai torturar eternamente nós que pensamos diferente. Em uma cultura cujos artistas maiores sempre apoiaram essa idéia de que se deve torturar aqueles que pensam diferente. Justamente a idéia que contraria os direitos humanos que os católicos dizem respeitar. Refiro-me ao Novo e ao Velho Testamento. Uma diferença em favor do antigo Testamento é que o castigo de Jeová acabava com a morte. Mas chega Jesus para ressuscitar e salvar. Vem o salvador que nos ressuscita, mas não para nos salvar, para renovar o castigo. Por outro lado, quais são as origens do anti--semitismo, da discriminação contra os homossexuais, a condenação do divórcio e do sexo, desta cultura do Ocidente, que parece macular tudo o que se refere ao sexo? No evangelho segundo São Marcos, os parentes queriam levar Jesus para sua casa depois de uma cerimônia de nomeação dos apóstolos, porque diziam que havia enlouquecido. Eu acredito que no fundo o que deve ter acontecido é que Jesus era um pregador ensandecido como tantos outros que faziam essas ameaças; e que se vêm de um ensandecido, não representam uma afronta, e por isso ele não deve ser acusado. Mas depois chega São Paulo e aqueles que transformaram essas frases no fundamento de nossa cultura. Da Capela Sistina a Auschwitz, essas obras que o Ocidente produziu se devem a alguém que tomou as frases de um louco e as converteu em palavra de Deus. Esse livrinho, o Evangelho, é a causa das matanças na Conquista, na Inquisição, nas Cruzadas e em boa parte do que está acontecendo no Iraque. Enfim, era uma síntese disso que eu queria transmitir. Fracasso total (*apud* GIUNTA, 2006, p. 37).

A maneira como Ferrari expõe seus propósitos indica uma crítica política à instituição religiosa, como uma denúncia objetiva das consequências da existência da Igreja em momentos pontuais da história. Mas também o artista tem consciência de que esses momentos históricos, como o caso da guerra do Vietnã, que o fez criar a obra *A civilização ocidental e cristã*, são frutos de um longo processo. Nietzsche faz a genealogia desse processo e vai encontrar seu princípio muito antes da existência de Cristo, ao relacionar esse modo de vida, acusado por León Ferrari, a uma busca de verdade e a um pensamento dualista. Nesse sentido, é significativo o fato de Ferrari reclamar o direito a pensar diferente.

O horror à diferença talvez seja o pior dos horrores, justamente porque se instaura no seio de nossa existência sem que, muitas vezes, tomemos conhecimento. Na civilização ocidental o diferente é da ordem do insuportável, porque é, ao mesmo tempo, da ordem do desconhecido, do inesperado. Se somos todos iguais, agimos do mesmo modo, pensamos as mesmas coisas, da mesma maneira. Uma sociedade assim é destinada ao controle, ao viver homogêneo em massa. O diferente é o que ameaça a homogeneidade, é o que apresenta a ameaça do caos. Mais do que isso, o diferente apresenta a possibilidade de um agir de outra forma, de um ser de outro modo. O cristianismo quer que todos sejam iguais e, na mesma medida, possibilita que aquele que, por infortúnio, é diferente, seja excluído por sua monstruosidade.

O horror ao diferente fica manifesto se pensarmos em regimes fundamentalistas, mas não é preciso o argumento religioso para identificar os fundamentalismos. É nesse sentido que apontamos aqui o autoritarismo da verdade cartesiana, que se legitima pela ciência, mas também o autoritarismo que o progresso, no capitalismo, impõe aos homens. O horror à diferença pressupõe uma crença na igualdade. O perigo desse tipo de horror está na forma positiva com que a igualdade e a certeza estão presentes em nosso cotidiano. Trata-se, portanto, de uma ideia que se apresenta como inofensiva, especialmente porque promete uma vida melhor e pauta-se pela ideia do bem.

León Ferrari é sensível a essa condição da humanidade ocidental. Ao unir dois ícones que dizem muito de nossa civilização, encontra um paradoxo. O avião de guerra é uma máquina de matar. É símbolo do poder bélico, não apenas dos EUA, alvo de Ferrari, mas de toda a nação que quer subjugar outra. É essa máquina de matar que serve de cruz, em sua obra, para a morte de Jesus Cristo. Ainda que a cruz também seja feita para a morte torturante, a interpretação da morte de Cristo, para os cristãos, é a de uma morte para a vida. Foi o ato de morrer na cruz que, segundo a fé cristã, fez com que o filho de Deus libertasse o homem e abrisse caminho para sua salvação. A doutrina cristã apresenta o ato como um exemplo da misericórdia divina e, no entanto, os homens, ao longo da história, continuaram em pecado, agora com uma culpa ainda maior. Aos olhos de León Ferrari, essa interpretação propagada pelos seguidores de Cristo é pura bobagem e o fato de ter tomado tanta força e subsistido ao longo de anos faz disso um evento ímpar na história da humanidade. Nietzsche também está atento a isso e acusa o modo de vida gregário que se originou dessa interpretação. Na obra *A civilização ocidental e cristã*, o artista apresenta o filho de deus morto por uma máquina de matar. Seria possível interpretar a união desses símbolos como uma reafirmação de que os homens são, de fato, algozes sanguinários que nem ao filho de Deus perdoam. Matar a quem veio nos salvar é um atestado da incapacidade de pensamento. No entanto, o homem morto na cruz só é um salvador porque os próprios homens o nomearam assim. Seria então possível visualizar que, na obra de Ferrari, são os homens que destroem a salvação por eles mesmos criada.

Em *A civilização ocidental e cristã*, é possível visualizar que se trata da junção de dois símbolos opostos: um que vem para a morte e outro que vem para a vida; mas, no entanto, o que se atesta ao olhar para a história da humanidade é que ambos causaram tragédias. Especialmente juntos, os símbolos propostos pelo artista fazem o observador que se posta diante da obra relacionar o tema da religião e da guerra. A religião foi e ainda é a causa de guerras, o que torna patente a inaptidão dos homens em lidar com o diferente. León Ferrari nos diz isso com tanta força que sua obra ultrapassa a contemplação estética. Prova disso está nas reações que provocou e ainda provoca nos visitantes de suas exposições e, em alguns casos, nos críticos de arte. Em carta enviada ao diretor de *La Prensa*, o artista responde às críticas publicadas por E. Ramalho à sua obra, na ocasião do prêmio Di Tella. A respeito da produção de obras imparciais, que não adotem uma postura crítica diante da sociedade, León Ferrari diz: "limitar a crítica ao que não seja acre ou corrosivo é afogá-la com açúcar" (*apud* GIUNTA, 2006, p. 326). Em sua carta, León Ferrari reivindica que o autor seja visto através de sua obra, que a arte não deve ser imparcial e não deve obscurecer uma opinião em prol da mera contemplação. A postura de Ferrari é paradigmática, pois trata a arte como um modo de resistência. A crítica de Ferrari é corrosiva, na medida em que denuncia um vínculo entre a moral e a guerra. É uma forma de resistência, na medida em que sinaliza que a vida civilizada e cristã propôs algo que não cumpriu e que, portanto, cabe protestar e mudar.

Ainda na mesma carta, Ferrari escreve: "Minha 'intenção agressiva em relação a determinado país' limita-se a unir meu protesto com o de todos aqueles que em nosso país, nos EUA, na Europa, na Ásia e no mundo todo, lutam de uma forma ou de outra para que o governo dos EUA dê fim à sua política de matanças em nome de Cristo" (*apud* GIUNTA, 2006, p. 326). Aqui evidencia o momento histórico em que suas obras foram expostas e a possibilidade imediata que se estabeleceu de sentido para elas, mas Ferrari segue em sua carta ampliando a importância de sua ação:

> o que pretendo com essas peças é, como diz o crítico, "julgar nada menos que a civilização ocidental e cristã". Porque acredito que a nossa civilização está alcançando o mais refinado grau de barbárie já registrado na história. Porque me parece que pela primeira vez na história se reúnem todas essas condições de barbárie; o país mais rico e mais poderoso invade um dos menos desenvolvidos, tortura seus habitantes, fotografa o torturado, publica a fotografia em seus jornais, e ninguém diz nada. Hitler tinha ainda o pudor de ocultar suas torturas; Johnson foi mais longe: ele as mostra. A diferença entre ambos reflete as diferenças nas responsabilidades dos povos: os alemães puderam dizer que eles não sabiam o que acontecia nos campos de concentração de Hitler. Mas nós, os cristãos civilizados, não podemos dizer o mesmo (*apud* GIUNTA, 2006, p. 326).

Ferrari nos chama a atenção para a busca de sentidos para a barbárie que construímos. Sua resposta ao crítico de *La Prensa* evidencia a carência de pensamento da humanidade que segue míope pela vida, suportando-a com conformismos e esperanças. Nessa situação, um pensamento religioso que aponta para abstrações é extremamente danoso. Nietzsche encontra aqui as causas para um niilismo, que é, ao mesmo tempo, uma consequência e uma reação do modo de vida ocidental e cristão.

León Ferrari ainda diz em sua carta que a publicação das fotografias de torturas de guerra não ocorre como denúncia ou crítica, mas como uma forma de aumentar a venda dos jornais. Também isso é um sintoma no nosso estágio avançado de barbárie. A postura do crítico é um exemplo desses sintomas, pois, segundo Ferrari, "não lhe ocorre condenar a tortura: a única coisa que lhe ocorre é impedir a crítica à tortura" (*apud* GIUNTA, 2006, p. 327). E a respeito de seu trabalho o artista diz:

> Ignoro o valor formal dessas peças. O único que peço à arte é que me ajude a dizer o que penso com a maior clareza possível, a inventar os signos plásticos e críticos que me permitam com a maior eficiência condenar a barbárie do Ocidente; é possível que alguém me demonstre que isto não é arte: não haveria nenhum problema, eu não mudaria de caminho, me limitaria a mudar-lhe o nome: riscaria arte, e a chamaria de política, crítica corrosiva, qualquer coisa (*apud* GIUNTA, 2006, p. 327).

A obra *Juízo Final* (1985) reforça a crítica à moralidade cristã. Aqui a culpa é o principal alvo. Ferrari tem consciência de que é a partir da culpa que as instituições religiosas impõem certo domínio psíquico sobre os homens. A obra, realizada no MASP, se utilizou de diversas representações do juízo final descrito na bíblia. Os resultados da intervenção artística de Ferrari foram assim descritos pelo autor:

> Em uma exposição coletiva de escultura, no Museu de Arte Moderna de São Paulo (MASP), expus uma gaiola com duas pombas brancas presas, o Espírito Santo e um crucifixo como mesa, que a sustenta. A chapa galvanizada que serve de piso tem uma cruz entalhada. Entre a mesa e a gaiola, coloquei uma reprodução do *Juízo Final* que Michelangelo pintou na Capela Sistina. Dez dias depois de inaugurada a mostra, quando as pombas já haviam desenhado sua cruz de esterco sobre o afresco de Michelangelo, troquei essa lâmina por outra com o *Juízo Final* de Fra Angélico. A mostra se estendeu do início de dezembro até o final de janeiro, o

que me permitiu fazer dez intervenções do Espírito Santo em outros tantos juízos finais pintados por Giotto, Tintoretto, Ticiano, Doré, Rubens, Jean Cousin, Van der Weyden, Jordaens, Cornelius e Hans Memling. Com uma boa objetiva tirei fotografias de detalhes dessas lâminas onde se misturam anjos, demônios, deuses, justos e pecadores com as diversas cores e relevos dos excrementos das pombas (*apud* GIUNTA, 2006, p. 340).

Ao usar reproduções de obras consagradas da pintura, León Ferrari tece uma ácida crítica ao vínculo que os artistas tiveram com a Igreja [**FIGURA 19, CADERNO DE IMAGENS, p. 297**]. Ferrari parece indicar a necessidade de uma postura política dos artistas, mas que também seja coerente com ideais que valorizem a vida. É nesse sentido que o artista concretiza sua crítica, unindo o excremento com ícones da cultura tradicional cristã. O contraste é provocador em relação aos observadores que de fato se identificam com a ameaça de um julgamento que está por vir. Mas é também um profundo desprezo pela tentativa da Igreja de eternizar um medo em seus fiéis, que suscita um comportamento dócil e gregário nos homens.

Por outro lado, o esterco sobre as obras de alguns dos pilares de nossa cultura serve de crítica à colaboração com a multinacional cristã que os promovia, os mantinha e os usava, para que fizessem a publicidade gráfica do temível inferno que parecia ser seu principal ramo político e evangelizador. [...] Existe algum militar ou civil, algum Hitler ou Videla, que tenha imaginado uma tortura semelhante à eternidade do inferno que Jesus, seus apóstolos e os cristãos nos prometem? A beleza das obras que germinaram dessa religião que transita entre o dilúvio e o apocalipse, duas matanças que nenhum ser humano poderá jamais igualar, me fazem pensar se da colaboração dos artistas contemporâneos com as multinacionais do poder e do dinheiro nascerá alguma vez um inferno tão bem pintado como o de Michelangelo ou de Fra Angélico (FERRARI *apud* GIUNTA, 2006, p. 340-341).

A crítica feita por Ferrari à civilização ocidental e cristã só faz sentido na medida em que os homens aceitam e acreditam nos dogmas. Assim como para

Nietzsche, importa a Ferrari o resultado desse tipo de crença. É porque os homens têm fé na possibilidade de uma verdade absoluta que acreditam nas verdades dogmáticas ofertadas pela moral cristã. Parece haver uma necessidade ancestral dos homens de aceitar verdades mitológicas. Com o advento da filosofia e da ciência, essa crença mitológica se projeta e garante uma potência dogmática à verdade. Ao colocar em cheque a possibilidade da verdade absoluta, seja no mito, na religião, na filosofia ou na ciência, o resultado que temos é um niilismo extremo. A crise de nossa civilização é uma crise de percepção porque reconhece a dúvida sobre os grandes sistemas explicativos. Mas se antes não havia crise, se não havia dúvida, é porque esses sistemas estavam muito bem protegidos pela fé. Isso vale tanto para a moral religiosa quanto para o pensamento racional.

Nietzsche identifica essa crise pela qual passam os homens e apresenta o cristianismo como o marco inicial para ela. O reconhecimento dessa crise implica um olhar para a história, a identificação do papel do cristianismo e, por consequência, um reconhecimento de onde estamos situados.

O mundo moderno estaria despido de civilização, não haveria mais substância na cultura, apenas a informação, a paródia. Os homens estariam embriagados por sensações e repletos de fastio. Nietzsche lança um olhar sobre os homens incapazes de criar, com o espírito infecundo, que se aglomeram em massa e buscam o lucro irrefreavelmente através de um trabalho insano. Esse estado de torpor seria apenas a aparência que obscurece um fato ainda mais incisivo, o da morte de Deus, a partir do qual todos os fatos de nossa época seriam consequências. Nietzsche pergunta por que Deus está morto e responde que, se Deus morreu, foi por responsabilidade do cristianismo. Graças ao cristianismo, o homem teria perdido a verdade trágica sob a qual viviam os gregos pré--socráticos, e no lugar dessa verdade estaria um sem-número de ficções, como pecado, redenção, imortalidade, capazes de direcionar o homem ao niilismo. O curso da civilização corresponde ao agravamento desse niilismo, que decorre do equívoco histórico do cristianismo. Nietzsche está diagnosticando um mal--estar e apresentando sua causa capital. O percurso traçado pelo autor implica proceder a uma gênese do cristianismo, a fim de identificar os motivos pelos quais é possível atribuir esse mal-estar.

Jesus Cristo, segundo Nietzsche, em nada tem a ver com o que se fez do cristianismo. Essa personagem teria sido capaz de inventar um novo modo de vida, e as palavras que usa para descrevê-lo são apenas signos, metáforas que visam expor esse modo de vida. O verdadeiro cristão seria aquele capaz de livrar-se do pensamento contrário que nos opõe bem e mal, dos conceitos de culpabilidade e castigo, da distância criada entre Deus e os homens. Jesus teria morrido não para salvar os homens, mas por mostrar-lhes como se deve viver. O cristianismo teria sido deturpado a partir da distorção da imagem de Jesus e de suas ideias. Jesus passa a inspirar uma crença e não um modo de vida, daí ter sido corrompido o exemplo.

Foi a partir do ressentimento dos homens oprimidos por certa conjuntura histórica que o cristianismo pôde ter surgido com seus propósitos. Nietzsche mostra por aqui como as forças ativas e reativas resultam em diferentes modos de vida. Também os oprimidos e ressentidos são passiveis de interpretar e criar. Nietzsche encontra na dissimulação do moralista o desejo de estar em evidência, tão comum ao homem vil; no fanatismo da justiça, encontra um secreto desejo de vingança; nos valores ideais, enxerga a luta contra os que ocupam uma situação superior (JASPERS, 2000, p. 20). A partir dessas ideias, Nietzsche identifica uma deturpação, operada pelo cristianismo, das verdades de Jesus. A fim de tirar proveito próprio, os fundadores do cristianismo sepultaram tudo o que era nobre e dizia sim à vida.

O cristianismo interessa pelo modo de vida que suscita e é visto por Nietzsche como o fruto inevitável da antiguidade, representada pelas ideias de Sócrates e Platão. Sua existência implicou a falsificação da vida, de tudo o que é natural e real. Os valores morais foram criados para serem cultivados. A crença nesses ideais possibilitou um sentido a uma vida oprimida, impotente. A ideia que se fez da vida de Jesus, especialmente a partir do apóstolo Paulo, foi a de um rebelde e agitador social, donde se tira o desejo de vingança como legítimo, a punição como inevitável. O próprio Cristo foi dado por Deus em sacrifício, de modo a ser um exemplo a ser seguido. A interpretação de Paulo conduz os homens a uma vida ressentida e ignora o perdão e a atitude de não resistência de Jesus.

Os dogmas construídos pelos cristãos foram apresentados como uma interpretação divina, da qual não se pode duvidar, apenas crer e aceitar. Os homens foram convertidos em rebanhos e a verdade deixou de ser essencial, dando espaço para o procedimento de imposição das doutrinas. A Nietzsche menos interessa o que se dizia sobre a vida de Cristo; o que mais importa é a forma como os homens aceitaram esse modo de vida.

O cristianismo, para Nietzsche, é o ponto nórdico da civilização ocidental. Sua genealogia permite lançar um olhar sobre a vida dos homens, repleta de ideais igualitários e humanitários, que nada mais são do que decorrências da doutrina cristã. Esses ideais implicam uma conduta de socorro aos debilitados, aos impotentes, ignorando a realidade da própria vida, as diferenças e dificuldades naturais da vida. Os homens acabam por crer no merecimento de uma felicidade construída e direcionam sua vontade para uma fantasia, fruto de uma interpretação que passa a ser tomada por verdade. Os ideais cristãos, no curso da história, foram modificando-se, mas conservando seu caráter hipócrita e a distância da realidade concreta. Quando esses ideais se esgotam e se desintegram, sua destruição dá lugar ao niilismo. Já não se acredita em nada, pois as promessas se mostraram imaturas, os valores, por não encontrarem correspondentes na vida, se desmancham e deixam os homens desamparados. Em sua essência, o niilismo é uma consequência do cristianismo desviado de sua origem (JASPERS, 2000, p. 25).

O Deus cristão é aquele que tudo pode resolver, que faz a vida reduzir-se a uma vontade. Tudo o que faz é para o bem e todo o seu projeto é bem executado, de modo que não há espaço para o trágico, para o horror. Não há nada de trágico no mal, pois no cristianismo o mal está apenas para se antepor ao bem, sem deixar dúvida ou ameaça à supremacia da vontade benevolente de Deus. É o último discurso diante da insuportável concretude da vida. O que resta do cristianismo não é tanto a ideia de Deus ou de imortalidade, mas uma certa conduta honesta e benevolente.

Nietzsche considera o cristianismo como um fenômeno da história, dentre tantos outros. Essa visão implica uma consideração da história em sua totalidade e do movimento que vai permitir o desenvolvimento de um processo que caminha para a superação do homem. Para que esse processo seja levado a cabo, é preciso que o niilismo seja levado a cabo. "Esse niilismo é o perigo mais terrível e, por isso, o que abre mais possibilidades ao homem" (JASPERS, 2000, p. 26).

Através da análise do fenômeno do cristianismo é possível olhar para a antiguidade e encontrar sentido para o modo de vida do homem, a forma como se desenvolveram suas vontades e suas forças. Mais do que identificar as mentiras que implicam a condição humana, Nietzsche está interessado nos seus motivos e em suas consequências. Por esse olhar abrangente, Nietzsche enxerga na atualidade um momento precioso da história. Pela primeira vez é possível estabelecer para a condição humana o mais ambicioso dos projetos. Uma vez conhecido o curso dos acontecimentos, identificados os motivos das mentiras e as consequências que tiveram para o homem, é possível ver no niilismo uma forma de potencializar a mudança. A respeito dessa reação, Jaspers (2000, p. 28) escreve que

> as potências da fé e suas conseqüências, todos os ideais morais e a filosofia, devem ser rechaçados como inimigos da vida; e sobre esse rechaço poderá fundar-se então uma concepção nova, que dirá sim ao mundo e estimulará o homem ao invés de mutilá-lo.[5]

Nietzsche olha para a história da humanidade como um continuum, em que há uma distinção na qualidade de vida do homem de antes e do homem de agora. Para esse autor, o período de apogeu da humanidade é a Grécia pré-socrática. Todo o seu brilhantismo e glória foram corrompidos por um sem-número de mentiras que impuseram certo modo de vida aos homens. Para Nietzsche, se quisermos recobrar nossa própria verdade é preciso que reencontremos nossa tragicidade. O platonismo teria sido o início daquilo que o cristianismo só seria o cume. A partir de então, a história do homem já estaria dada e lhe caberia apenas dedicar-se à salvação de sua alma. Disso decorre um modo de vida conformista, negativo, em que a ação humana perde sentido e o mundo deixa de ser um lugar para se viver e passa a ser um lugar de passagem. Mas para Nietzsche, no lugar de um Deus criador que conduz os acontecimentos, deverá surgir um homem atuante, criativo, que terá o domínio da história em sua totalidade e que, por isso, poderá modificar seus valores.

---

5   A versão do texto de Karl Jaspers, *Nietzsche e o cristianismo* (2000), consultada para a escritura desse trabalho está em espanhol. As citações foram traduzidas para o português pelo autor na medida em que foram necessárias à análise.

Há um reconhecimento da presença de uma frustração no homem que só se justifica pelo pecado original; daí o desejo de ver recuperada a tragicidade pré-socrática. O homem é, no entanto, um animal inacabado, indeterminado. Isso aparece, ao mesmo tempo, como um defeito e uma virtude. Por um lado o homem não é o que poderia ser, mas, por outro, é capaz de mover-se em direção à sua realização. Isso não implica dizer que Nietzsche espera que o homem se torne um ser determinado. Essa fixidez implicaria também um niilismo. A virtude que tratamos diz respeito à capacidade de superar-se a si mesmo, sempre.

> Disso procede o fato de que Nietzsche diga sim, integralmente, à condição humana. Recusa todas as acusações que havia formulado: o homem real vale muito mais que qualquer homem desejado ou sonhado. [...] O homem está perdido, mas sua salvação continua sendo possível: tal parece ser o esquema fundamental do pensamento que Nietzsche constrói da condição humana (JASPERS, 2000, p. 39).

Esse caráter do homem que implica uma potência de mudança em si mesmo, que independe de Deus, condiz com um super-homem muito distante da realidade humana. O homem é, efetivamente, o ser que se identifica com ídolos distantes e não concebe uma realidade que não possa ser explicada. A condição para encontrar o homem é justamente não buscá-lo. Isso é demasiado abstrato para o entendimento humano e, por isso, o super-homem nos é tão indeterminado. A forma como concebemos o mundo e o seu conhecimento implica uma busca constante de razões precisas, uma explicação total e absoluta da vida. Tal é a ambição do homem que o percurso histórico que traçou desembocou no cristianismo, como uma explicação hermética da existência. Foi a partir do cristianismo que a vontade de saber ganhou tamanha amplitude.

Nietzsche nos lembra esse caráter da ciência ocidental, de buscar a verdade incondicional. Os gregos reconheciam no cosmos uma realidade perfeita e ordenada, o que não era reconhecido pela razão era nada, indigno de ser conhecido. Ao contrário, a partir do cristianismo o mundo passa a ser criação de Deus e, por isso, merece ser conhecido. Não apenas o que é concreto, mensurável, mas toda a existência. Então, todos os fenômenos passam a interessar ao homem, pois tudo o que existe carrega em si mesmo um aspecto de Deus. Conhecer o mundo é, ao mesmo tempo, conhecer o seu criador. Não que o cristianismo e a ciência tenham suas origens na mesma época, mas foi preciso, no curso da história, que o homem buscasse o entendimento exato de Deus, para que lhe fizesse sentido a contradição de tanto o bem quanto o mal serem aspectos de uma mesma criação.

A disciplina com que se processou a busca do conhecimento de Deus criou as condições para uma vontade de verdade ampliada para todos os aspectos da criação divina. Ao mesmo tempo, conforme essa vontade de verdade se desenvolveu, a ciência pôde distanciar-se do conhecimento de Deus e, até mesmo, voltar-se contra ele. Nietzsche reconhece esse movimento e identifica nessa vontade de verdade científica o último produto da moralidade cristã. A impossibilidade da verdade, portanto, nos conduz ao niilismo, e somente um além-homem seria capaz de superar o niilismo e criar uma moral distinta.

Na busca de um entendimento histórico do cristianismo, Nietzsche o identifica com o surgimento da metafísica. É com ela que se instaura, a partir das ideias de Platão, um pensamento opositivo e que hierarquiza qualitativamente seus opostos. Foi a partir da oposição entre mundo aparente e mundo verdadeiro que foi possível contrapor Deus e Diabo, bem e mal. É nesse sentido que Nietzsche afirma no *Crepúsculo dos ídolos* que Platão foi o primeiro cristão:

> minha desconfiança, com Platão, vai até o fundo: acho-o tão extraviado de todos os instintos fundamentais dos helenos, tão moralizado, tão preexistentemente cristão – ele já tem o conceito de "bom" como conceito supremo –, que, sobre o inteiro fenômeno Platão, eu usaria antes a dura palavra "alta trapaça" ou, se preferirem ouvir, idealismo – do que qualquer outra (NIETZSCHE, 1999c, p. 387).

Nietzsche não devota sua filosofia a uma cruzada contra Deus, propalando seu ateísmo. De fato o alvo de Nietzsche é o cristianismo pela coincidência que tem com o platonismo, pela crença absoluta em um deus verdadeiro e pela crença na existência de uma verdade absoluta. Há um certo tipo de existência que brota dessa crença. O crente acaba por ter uma vida determinada e disciplinada, sua vontade está restrita aos ditames da moral. Esse modo de existir, em um mundo cristão, é tomado em seus preceitos como o único permitido, o único correto, a ponto de colocar os homens em conflito. Pela religião os indivíduos se aglutinam e se reconhecem, por possuírem o mesmo modo de vida, como o rebanho esperando as ordens de seu pastor.

O deus cristão é diferente dos deuses gregos. Enquanto na Grécia os homens tinham deuses próximos de si, com características humanas e falíveis, e a relação entre deuses e mortais mantinha um interesse mútuo, no cristianismo essa relação com o divino é transmutada. O deus cristão

> é furtivo, temeroso, modesto, convida à "paz da alma", ao não-mais-
> -odiar, à indulgência, ao "amor" mesmo, para com amigo e inimigo.
> Moraliza constantemente, esgueira-se na caverna de toda virtude
> privada, torna-se deus para todos, torna-se homem privado, torna-
> -se cosmopolita... Outrora representava um povo, a força de um
> povo, toda a agressividade e sede de potência da alma de um povo:
> agora é meramente o bom deus... De fato, não há outra alternativa
> para deuses: ou são a vontade de potência – e então serão deuses
> de povos – ou senão a impotência de potência – e então se tornam
> necessariamente bons... (NIETZSCHE, 1999d, p. 396).

A relação entre os homens e a divindade passou a ser desigual. Existe uma distância abissal entre Deus e a humanidade. O deus cristão incorpora potências inexistentes no mundo e suas características, portanto, implicam uma negação da vida. Agora a semelhança entre Deus e os homens é mera ficção. Os homens são passionais e não se reconhecem em um deus destituído de paixões. O mundo cristão acaba por contrapor-se à natureza e o resultado será um sentimento de desamparo.

A mudança de um Deus que ajuda e reúne as esperanças de seu povo para um Deus que exige, que cobra certa conduta, vai permitir o surgimento do sacerdote. Através dele, a vontade de Deus será punitiva ou compensadora, dependendo do grau de obediência do rebanho. É o sacerdote quem vai interpretar a vontade de Deus, é ele quem vai estabelecer os dogmas e disciplinar o modo de vida dos homens. O sacerdote vive do desamparo dos homens, faz da vontade de Deus um instrumento para seu próprio domínio.

A preservação desse domínio implicará a manutenção de suas condições. Nesse sentido, a revelação e a interpretação da figura de Cristo serão essenciais para que o domínio do sacerdote seja mantido. Nietzsche vai descrever o cristianismo da época de Cristo como distinto do cristianismo decorrente do apóstolo Paulo. O modo de vida que se cria pelos evangelhos é passivo, não há espaço para a rebeldia e para a guerra, não cabem as contradições e as paixões precisam ser controladas. A relação com Deus é de dívida, e o fardo dos homens é a culpa pela existência. O cristianismo representou, portanto, um distanciamento em relação à realidade, que ainda hoje não foi superado. Por conta desse modo de vida, no qual não há espaço para o trágico, é que é possível reconhecer a existência do horror diante da tragédia.

É possível reconhecer o esforço de Nietzsche em mostrar que o cristianismo habita a gênese do niilismo europeu, tanto pela criação de um modo de vida gregário e passivo quanto pela distância e oposição que se estabelece entre a verdade divina e a realidade do mundo. A interpretação de Paulo, em verdade, deslocou o centro de gravidade da vida para além da vida, para o nada. A vida passou a girar em torno da crença na imortalidade da alma, na ressurreição. O mundo suprassensível descrito pelo cristianismo assemelha-se ao mundo das ideias platônico. Em ambos os casos a verdade existe além da vida e se desdobra em uma ficção distante da natureza.

Nietzsche fará sua crítica a Sócrates expondo sua negação à vida a ponto de ter aceitado a morte para solucionar seu enfado. Também Platão será descrito por Nietzsche como um caso de mal-estar com a vida, a ponto de voltar-se para um mundo ideal. É a racionalidade quem está por trás disso. É ela quem garante ao homem a distinção na natureza e o permite voltar-se contra ela em uma atitude negativa, ressentida. Essa atitude reativa encontra sua base na oposição platônica entre mundos pautada pela razão. A busca pela verdade é para Nietzsche uma atitude ressentida, pois a busca de uma verdade racional, abstrata, significa uma negação da realidade, um ressentimento em relação à própria vida. Esse mesmo modo de pensar vai levar o moralista a opor bem e mal, prazer e desprazer, e implicará um niilismo extremo.

Mas é preciso frisar o que nos diz Nietzsche sobre o niilismo. Se há um esforço do autor em identificar um modo de existência extenuante, que induz a um nada de vontade, há também um reconhecimento de que o niilismo indica a precisão de um diagnóstico sobre a vida ocidental e cristã e que, diante desse diagnóstico, é possível agir. Então, ao mesmo tempo em que é possível reconhecer um pessimismo correspondente ao horror de não ter mais solo firme, é possível indicar que a ausência de solo nos obriga a voar. É assim que devemos considerar o niilismo, um sintoma negativo e, ao mesmo tempo, uma possibilidade positiva de resistência e mudança.

8

BIOPOLÍTICA: A VIDA E O HORROR

O homem matável e o sacrifício do cotidiano

Mesmo após o final da Segunda Grande Guerra e o término do regime stalinista, o fenômeno dos campos de concentração permanece como um alerta. Trata-se de algo que não pode ser desconsiderado. Hannah Arendt, ao procurar compreender o totalitarismo, encontra nos campos de concentração o ápice de um amplo processo que se iniciou na antiguidade. Arendt não fala de uma natureza humana, mas de uma condição formada em meio a ideais ambíguos de destruição e construção, que apontavam para a morte, mas também para a vida. Em larga medida, o desenvolvimento do capitalismo contribuiu para o estado de coisas a que chegamos, em que foi possível realizar algo como Auschwitz. Haveria no homem a possibilidade de restaurar uma experiência semelhante? Episódios como o de Guantánamo e tantos outros noticiados com frequência, que denunciam o barbarismo com que são tratados presos políticos e militares, provocam discursos que recuperam a ideia de uma natureza humana má, um estado permanente de guerra que só pode ser provisoriamente evitado através de contratos. A hipótese descrita por Thomas Hobbes para o início da sociedade e do Estado é uma tentação. Somos tentados a colocar sua hipótese à prova, de forma a verificar se de fato a maldade é algo intrínseco à humanidade, o que explicaria muitos dos horrores que produzimos. Quando nos colocamos de frente a fatos como a guerra, a tortura, o extermínio, o espanto que essas situações nos causam nos exige uma explicação e a existência de uma natureza má, que vez ou outra se manifesta, é o caminho mais simples para esse entendimento. Mas é preciso atentar para outros elementos que tornam possível que essa *conditio* seja realizada. Foi o que fez Hannah Arendt em suas obras e o que fez o pensador italiano Giorgio Agamben em seu *Homo sacer* (2007). A análise do horror capital existente na vida humana deve apontar para os desígnios de um sistema de poderes sofisticado, que impõe ao homem uma conduta ao mesmo tempo voltada para a morte e para a vida. Nessa tarefa, além das considerações feitas por Marx e Arendt, é preciso que atentemos para as ideias de autores concentrados em descrever os paradoxos presentes no coti-diano contemporâneo, quando a própria vida torna-se um capital a ser medido, potencializado e negociado.

Agamben parte do conceito de biopolítica de Michel Foucault para mos-trar como a vida da população tornou-se algo que interessa ao poder soberano, a partir do momento em que o homem passa a ser animalizado, termo que aponta para a consideração do corpo biológico (*zoé*), sobreposto à vida política (*bíos*), como elemento central da atuação política. Cerca de 20 anos antes de Foucault escrever a *Vontade de saber*, Arendt notava em *A condição humana* "o processo que leva o *homo laborans* e, com este, a vida biológica como tal, a ocupar pro-gressivamente o centro da cena política do moderno" (AGAMBEN, 2007, p. 11). Peter Pál Pelbart refere-se também a essa possibilidade de encontrar um diálogo entre o pensamento de Arendt e Foucault, ao abordar a vida nua tratada por Agamben. Os autores de fato estão preocupados em mostrar as consequências da entrada da *zoé* na esfera da *polis* como elemento decisivo da modernidade. Agamben trata a vida nua como a vida matável e insacrificável do *homo sacer*, essa figura obscura do direito romano arcaico, "na qual a vida humana é inclu-ída no ordenamento unicamente sob a forma de sua exclusão (ou seja, de sua absoluta *matabilidade*)" (AGAMBEN, 2007, p. 16). Essa contradição será a chave para o entendimento da sociabilidade, quando a política passa a se apropriar da vida nua como ponto central.

Se por um lado temos de considerar a forma com que os homens organiza-ram-se, construindo um edifício político-econômico capaz de um ordenamento disciplinar, o que foi suficiente para a constituição de horrores substantivos para a humanidade, por outro lado temos de considerar as resistências a esse estado de prostração. Na mesma medida em que os homens veem-se presos a uma condição de servidão voluntária, que condiciona os hábitos e os corpos, a vida nua pulsa e

A EXPERIÊNCIA DO HORROR   193

revigora-se num processo de manifestação. A política se apropria do corpo biológico como elemento capital para seu ordenamento, mas também a própria vida,
que se constitui como sujeito e como potência, constantemente se reinventa. A
antiga figura do *homo sacer* indica uma exclusão inclusiva, uma sacralidade que
está implícita numa vida que não pode ser sacrificada através dos ritos, mas que
pode ser morta por qualquer um sem que se cometa com isso algum sacrilégio.
A imagem é paradoxal, mas permite vislumbrar uma *zoé* que já se inclui em uma
bíos na forma da exceção.

Ao equacionar as ideias de Arendt e Foucault, na tentativa de entender
os campos de concentração, Agamben explicita que esse fenômeno só poderia
ser possível dentro de uma lógica biopolítica. A decadência da democracia e a
ascensão dos regimes totalitários coincidem com a notoriedade da vida nua em
relação à vida política. "Esta é a força e, ao mesmo tempo, a íntima contradição da democracia moderna: ela não faz abolir a vida sacra, mas a despedaça e
dissemina em cada corpo individual, fazendo dela a aposta em jogo do conflito
político" (AGAMBEN, 2007, p. 130). A vida nua é aquela que Agamben recuperou
na figura do *homo sacer* colocando-a no centro da cena política moderna.

> O estado de exceção, no qual a vida nua era, ao mesmo tempo, ex-
> cluída e capturada pelo ordenamento, constituía, na verdade, em
> seu apartamento, o fundamento oculto sobre o qual repousava o in-
> teiro sistema político; quando as suas fronteiras se esfumam e se in-
> determinam, a vida nua que o habitava libera-se na cidade e torna-
> -se simultaneamente o sujeito e o objeto do ordenamento político
> e de seus conflitos, o ponto comum tanto da organização do poder
> estatal quanto da emancipação dele (AGAMBEN, 2007, p. 16-17).

A figura do *homo sacer* sugere um aspecto sacro da vida que Agamben
recupera como possibilidade de entendimento das sociedades contemporâneas.
Existe uma dupla exclusão inerente ao *homo sacer*, do âmbito religioso e do
âmbito profano. Ao mesmo tempo em que o *homo sacer* é julgado e condenado pelo direito romano, excluído da esfera dos homens, é também excluído da
esfera dos deuses por ser insacrificável. Sua existência está sujeita a uma violência inclassificável, pois sua morte não é passível de sanção e qualquer um
pode cometê-la. A existência sacra, tal como a descreve Agamben, guarda uma

semelhança com a estrutura da soberania. É a partir da *sacratio* recuperada do antigo direito romano que o autor vai propor uma analogia com a política contemporânea; para isso, estabelece uma relação com a soberania que somente se cumpre em um estado de exceção. A decisão soberana atua mediante uma suspensão da lei no estado de exceção fazendo emergir a vida nua. Nas palavras de Agamben (2007, p. 91), "soberana é a esfera na qual se pode matar sem cometer homicídio e sem celebrar um sacrifício, e sacra, isto é, matável e insacrificável, é a vida que foi capturada nessa esfera". Aqui podemos já visualizar o caminho percorrido pelo autor na tentativa de compreender a existência dos homens na contemporaneidade. O campo de concentração é, sobretudo, um ícone que indica a impossibilidade de o sistema capitalista funcionar sem se transformar em uma "máquina letal" (AGAMBEN, 2007, p. 182). É ainda o exemplo máximo de atuação do soberano sob estado de exceção, quando as leis estão suspensas, quando as vontades são sobrepostas e, finalmente, quando a vida nua passa a ser protagonista.

> Se ao soberano, na medida em que decide sobre o estado de exceção, compete em qualquer tempo o poder de decidir qual vida possa ser morta sem que se cometa homicídio, na idade da biopolítica este poder tende a emancipar-se do estado de exceção, transformando-se em poder de decidir sobre o ponto em que a vida cessa de ser politicamente relevante (AGAMBEN, 2007, p. 149).

Assim também é, portanto, em outra medida, mas com o mesmo fundamento, a atuação biopolítica do estado contemporâneo, que lança mão de sua soberania para docilizar os corpos e caminhar para pequenos estados de exceção capazes de reivindicar a necessidade de um poder total. Com isso, o protagonismo da vida nua implica considerar que a *zoé* habita a origem da soberania, instaurando uma relação íntima entre vida e política, constituindo uma região de indiscernimento. Para Agamben (2007, p. 178), além de efetivo estado de exceção, o campo de concentração

> é o próprio paradigma do espaço político no ponto em que a política torna-se biopolítica e o homo sacer se confunde virtualmente com o cidadão. A questão correta sobre os horrores cometidos

nos campos não é, portanto, aquela que pergunta hipocritamente como foi possível cometer delitos tão atrozes para com seres humanos; mais honesto e sobretudo mais útil seria indagar atentamente quais procedimentos jurídicos e quais dispositivos políticos permitiram que seres humanos fossem tão integralmente privados de seus direitos e de suas prerrogativas, até o ponto em que cometer contra eles qualquer ato não mais se apresentasse como delito.

Peter Pál Pelbart explicita a questão trazida por Agamben, recobrando a necessidade de se identificar as ocasiões em que a estrutura de campo se repete em nosso cotidiano, independentemente dos crimes que são cometidos, cuja essência "consiste na materialização do estado de exceção, e na criação de um espaço para a vida nua enquanto tal" (PELBART, 2003, p. 65).

A soberania que Foucault abordou na sua aula do dia 17 de março de 1976[1] efetiva-se sob o estado de exceção, momento em que o poder soberano é reivindicado, como elemento capaz de assegurar a sociabilidade. Para tratar do que chamou "racismo de Estado", Foucault referiu-se à teoria clássica da soberania na qual é fundamento o direito de vida e de morte, ou seja, o soberano tem o poder de deixar viver e de fazer morrer. O direito do soberano sobre a vida dos súditos existe na medida em que pode matar. Esse direito é simbolizado pela espada presente na clássica representação do Leviatã de Hobbes. É justamente a vontade de viver que faz com que os súditos reúnam-se em torno do contrato que delega poder ao soberano para que lhes assegure a vida. No entanto, esse direito modifica-se a partir do século XIX, quando o longo processo de controle e regulamentação dos corpos passa a integrar a disciplina, modificando-a. Essa mudança coincide com o crescimento do sistema capitalista, com o desejo de ordem e progresso eminentemente necessário para o desenvolvimento econômico das nações.

Diante dessa lógica, a partir da qual a atuação do Estado implica uma valorização da vida, como seria possível justificar a morte produzida através do racismo, dos campos de concentração, da guerra? Diante dessa aparente contradição, Foucault inquieta-se e procura demonstrar como o racismo de Estado

---

1   Cf. FOUCAULT, 2005.

está perfeitamente contido na lógica da biopolítica. A partir da relação guerreira – a morte do inimigo em função da minha vida –, o racismo vai dar um sentido biológico para a morte do outro. Quanto mais a raça ruim for eliminada, mais as possibilidades de proliferação da raça boa. Existe aqui um conteúdo darwiniano que foi apropriado indevidamente para justificar a dominação de um grupo sobre o outro. O racismo e o darwinismo social surgem como formas de deixar a vida mais saudável e pura. A vida do guerreiro é preservada em função da morte do outro que o ameaça. A biopolítica passa a criar mecanismos de preservação da vida de alguns, de forma que toda a ciência de uma época adquire contornos eugênicos e higienizadores. Essa mudança do mecanismo disciplinar para a lógica da regulamentação, para a sociedade da normalização, implicou uma nova dinâmica, muito mais eficaz que a vigilância e a punição. Uma política voltada para a vida produz mecanismos de controle sutis que preenchem todos os espaços possíveis, penetram a subjetividade da população e promovem novas formas de conduta, fazendo com que o indivíduo dominado seja, perversamente, sujeito de sua própria dominação. Agamben também se refere a essa mudança na tentativa de descrever a política moderna:

> Tudo ocorre como se, ao mesmo passo do processo disciplinar através do qual o poder estatal faz do homem enquanto vivente o próprio objeto específico, entrasse em movimento um outro processo, que coincide grosso modo com o nascimento da democracia moderna, no qual o homem como vivente se apresenta não mais como objeto, mas como sujeito do poder político. Estes processos, sob muitos aspectos opostos e (ao menos em aparência) em conflito acerbo entre eles, convergem, porém, no fato de que em ambos o que está em questão é a vida nua do cidadão, o novo corpo biopolítico da humanidade (AGAMBEN, 2007, p. 17)

Deleuze (1992) considera que esse poder *sobre* a vida resulta num processo de inversão em que o poder *da* vida responderia como uma nova potência, em que a vida compõe-se em si mesma como política. A potência da vida representa uma avaliação da maneira como surge uma resposta de resistência ao poder sobre a vida, explicitando uma capacidade própria de reinventar-se e um recobrar constante de sua própria enunciação. Há, portanto, uma potência de resistência intrínseca à multidão, para usar o termo de Hardt e Negri (2000), que corresponde a uma biopotência. É preciso cuidado ao tratar a questão dessa maneira, para que não pareça que a característica de conservação da multidão implica uma segurança de felicidade e de tomada do próprio destino. Vale o cuidado de reservar a capacidade de resiliência da multidão, a fim de enfrentarmos com mais cuidado o processo de vínculo da vida nua pela política.

A simetria entre a *sacratio* e a soberania, no entanto, permite observar que a participação da vida nua na vida política é algo que antecede a biopolítica. Agamben sugere que a figura do *homo sacer* corresponde justamente a essa relação indistinta entre *zoé* e *bíos*, o que nos permite chegar a uma espécie de pensamento político original no qual não se pode distinguir a existência biológica da existência política.

> A proximidade entre a esfera da soberania e a do sagrado, que foi muitas vezes observada e diversamente justificada, não é simplesmente o resíduo secularizado do originário caráter religioso de todo o poder político, [...] a sacralidade é, sobretudo, a forma originária da implicação da vida nua na ordem jurídico-política, e o sintagma *homo sacer* nomeia algo como a relação política originária, ou seja, a vida enquanto, na exclusão inclusiva, serve como referente à decisão soberana (AGAMBEN, 2007, p. 92).

A análise do autor nos orienta a uma reflexão sobre o lugar do *homo sacer* nos dias atuais. Haveria uma outra política totalmente distinta ou o que existe é uma sofisticação dos mesmos elementos políticos originários? Agamben apresenta a questão, sugerindo que uma situação jurídico-política fazia com que o indivíduo deixasse sua própria vida à mercê de um poder de morte, de forma incondicional, no intuito de pagar por sua participação na vida política, fazendo dessa a única forma de incluir a *zoé* na cidade. A partir dessa informação, seria possível pensar as sociedades contemporâneas, nas quais atua o biopoder, tomando a situação de Agamben como uma analogia? E ainda, seria possível comparar a vida do *homo sacer* à vida do trabalhador?

O estado de natureza hobbesiano pode ser comparado ao estado de exceção, como uma situação pré-jurídica na iminência da cidade política. Esse estado, descrito como um estado de guerra de todos contra todos, é uma condição em que cada um é para o outro *homo sacer* e, portanto, tem a oferecer como barganha somente sua própria vida. Essa condição, que não é nem mesmo a pura vida biológica ou a vida política, mas a vida nua ou a vida sacra, é a condição *sine qua non* para a existência da soberania. Essa condição arquetípica, ao mesmo tempo em que representa uma situação pré-política que teria feito os indivíduos delegarem poder à soberania em prol da promessa de instauração da sociedade pacificada, implica a origem do direito de punir, quando os indivíduos, ao abandonarem seus próprios direitos, deixaram ao soberano o poder de agir da forma que julgasse adequada para preservar a vida de todos.

Em que pese a situação hobbesiana como situação ideal, a realização de um contrato social como meio de preservação da vida de todos permite um questionamento inevitável. No momento em que a própria vida torna-se alvo da política nas sociedades de controle e a morte de muitos horroriza aos próximos prováveis, o contrato parece ter dado lugar a algo semelhante ao estado de exceção originário, o que nos permite vislumbrar um refazer dessa hipótese constante, a fim de buscar legitimidade à soberania.

Parece que, ainda que não seja de forma tão explícita, a situação pré-política, em seus aspectos originais, pode ser novamente vislumbrada, senão vejamos: a vida sacra adquire hoje um outro contorno, o homem em sua condição de produtor e consumidor pertence ao mundo em que vigora o capitalismo, em analogia ao *homo sacer* que não pode ser sacrificado aos deuses por já pertencer a eles. "A sacralidade é uma linha de fuga ainda presente na política contemporânea, que, como tal, desloca-se em direção a zonas cada vez mais vastas e obscuras, até coincidir com a própria vida biológica dos cidadãos" (AGAMBEN, 2007, p. 121).

Seguindo a analogia, o trabalhador figura como número na vida política, restringindo sua cidadania ao voto, o que tem a oferecer como barganha é sua própria vida nua e o faz hodiernamente num trabalho vicioso, que não acaba jamais; por fim, outro aspecto semelhante à figura do *homo sacer* é o fato de o homem contemporâneo adquirir, nessa zona de indiscernimento em que nos mergulha a biopolítica, a característica de ser matável a qualquer momento, por qualquer um, sem que sua morte implique um homicídio passível de punição. Ainda que esse último elemento pareça improvável e distante da realidade da figura do antigo direito romano, sua improbabilidade nos permite identificar com horror as formas que a vida humana adquire.

> Na modernidade, o princípio da sacralidade da vida se viu, assim, completamente emancipado da ideologia sacrificial, e o significado do termo sacro na nossa cultura dá continuidade à história semântica do *homo sacer* e não à do sacrifício (daí a insuficiência das desmistificações, ainda que justas, hoje propostas por várias partes, da ideologia sacrificial). O que temos hoje diante dos olhos é, de fato, uma vida exposta como tal a uma violência sem precedentes, mas precisamente nas formas mais profanas e banais (AGAMBEN, 2007, p. 121).

A condição de matabilidade minimiza a hipótese hobbesiana, porque é justamente a preservação da vida que legitima o contrato do qual resulta a soberania. Diante da lógica biopolítica, a morte somente se justifica pela segregação dos povos, quando a morte de um grupo indica a conservação da vida de outro grupo. Não é, portanto, a mesma situação na matabilidade. Mas, para irmos adiante com a analogia, poderíamos supor a condição dessa *sacratio* a alguns homens, não aqueles que têm sua vida preservada e as biopolíticas legislando por sua longevidade, mas os que ocupam o lugar de cidadãos *pro forma*, sem que efetivamente sejam sujeitos de sua *bíos politikós*. Esses são efetivamente matados, não em um rito formal, mas no seio do processo produtivo ou mesmo na sua exclusão. Essa morte não é passível de punição, tal como a *sacratio* romana. A forma como ocorre, em geral, passa despercebida e é considerada como consequência inevitável das contradições do sistema. Essa morte do moderno *homo sacer* é tão comum que já não choca mais. Dificilmente, salvo exigência moral, causa horror aos viventes. No entanto, essa condição de indiferença pode alterar-se no momento em que a reflexão permite ao *homo sapiens* ver no *homo sacer* uma afinidade íntima e, nesse caso, o horror é desvelado. De fato, "a vida nua não está mais confinada a um lugar particular ou em uma categoria definida, mas habita o corpo biológico de cada ser vivente" (AGAMBEN, 2007, p. 146).

Agamben propõe uma releitura do mito fundador hobbesiano. O estado de natureza descrito como aquele que impulsiona o contrato social e o estabelecimento da soberania é, de fato, um estado de exceção em que a cidade moderna já é vislumbrada e constitui-se gradativamente ao longo de um processo cuja participação do soberano já se mostra. Não se trata, portanto, de um fato histórico ocorrido de uma hora para a outra. A decisão soberana, por sua vez, refere-se imediatamente à vida dos cidadãos, configurando-se como elemento político originário. Essa vida a que se refere o soberano não é nem a vida biológica nem a vida política, mas a vida nua do *homo sacer*. Segundo Agamben, a relação político-jurídica originária é o *bando*, que mantém unidos a vida nua e o poder soberano. A estrutura desse *bando* soberano é apresentada pelo autor como uma lei que vigora, mas não significa. "Por toda parte sobre a terra os homens vivem hoje sob o *bando* de uma lei e de uma tradição que se mantém unicamente como ponto zero do seu conteúdo, incluindo-os em uma pura relação de abandono" (AGAMBEN, 2007, p. 59). O *bando* é exatamente a força que, atrativa e repulsiva, liga a vida nua do *homo sacer* e o poder do soberano. "O que foi posto em *bando* é remetido à própria separação e, juntamente, entregue à mercê de quem o abandona, ao mesmo tempo excluso e incluso, dispensado e, simultaneamente, capturado" (AGAMBEN, 2007, p. 116). Agamben dispensa a representação de um estado de natureza original em que se firmou um contrato que definiria de modo preciso o surgimento do Estado e o abandono da selvageria. Em substituição a esse estado originário o autor propõe a forma do *bando* que figura constantemente como estado de exceção.

> É essa estrutura de bando que devemos aprender a reconhecer nas relações políticas e nos espaços públicos em que ainda vivemos. Mais íntimo que toda a interioridade e mais externo que toda a estraneidade é, na cidade, o banimento da vida sacra. [...] E se, na modernidade, a vida se coloca sempre mais claramente no centro da política estatal (que se tornou, nos termos de Foucault, biopolítica), se, no nosso tempo, em um sentido particular mas realíssimo, todos os cidadãos apresentam-se virtualmente como *homines sacri*, isto somente é possível porque a relação de bando constituía desde a origem a estrutura própria do poder soberano (AGAMBEN, 2007, p. 117).

Cabe perguntar se os homens efetivamente percebem sua condição de *bando*. Acreditamos que não. A hipótese de um contrato que apaziguou um estado de natureza que ficou no passado e que foi substituído pela civilização é muito mais alentadora. O *bando* só poderia ser compreendido na figura do outro, mas para isso é preciso tratar o outro como diferente a fim de que sua semelhança e afinidade não lembrem em hipótese alguma que a condição de *bando* diga respeito a todos. Essa percepção é, para o indivíduo político, a condenação à realidade, a compreensão de que todo o esforço da sociabilidade redundou numa vida nua, passível de ser destruída. Os retirantes de Portinari podem ser identificados como exemplo da condição de *bando*. A família de indivíduos representada pelo artista é a materialização do horror. Não há ali uma distinção, algo que permita identificar a *bíos*, apenas a vida nua, já frágil, na iminência de extinguir-se. O horror da miséria que impõe o nomadismo aos seres humanos aponta não apenas para a condição inumana que emana da pintura, mas também indica que essa condição pungente faz parte de todos nós, na medida em que é o resultado indefectível de todas as forças que operamos a fim de chegarmos onde estamos. Ainda que uma vida tecnológica se nos apresente como a promessa de uma existência abundante, repleta de gozos e satisfações, o que nos discursos se apresenta como exceção é, de fato, a realidade concreta dos homens. Essa condição sacra implica uma devoção imprudente a um sistema político e econômico. Pela promessa de felicidade do consumo, pela promessa de biopolíticas que promovam um estado de bem-estar social, pelo lazer que aliena e lança a esperança ao desesperado, constituímo-nos como fiéis, devotos, alienados em um modo de vida da exclusão. Somos *sacer* na mesma medida que o estigmatizado, na mesma medida que o estrangeiro e o retirante. E é nesse sentido que Agamben (2007, p. 189) nos diz que o *homo sacer*

> foi excluído da comunidade religiosa e de toda vida política: não pode participar dos ritos de sua *gens*, nem (se foi declarado *infamis et intestabilis*) cumprir qualquer ato jurídico válido. Além disso, visto que qualquer um pode matá-lo sem cometer homicídio, a sua inteira existência é reduzida a uma vida nua despojada de todo direito, que ele pode somente salvar em uma perpétua fuga ou evadindo-se em um país estrangeiro. Contudo, justamente por ser exposto a todo instante a uma incondicionada ameaça de morte, ele encontra-se em perene relação com o poder que o baniu. Ele é pura *zoé*, mas a sua *zoé* é capturada como tal no *bando*

soberano e deve a cada momento ajustar contas com este, encontrar o modo de esquivá-lo ou de enganá-lo. Nesse sentido, como o sabem os exilados e os banidos, nenhuma vida é mais "política" do que a sua.

Essa condição, como já foi indicado, também poderia ser vista de maneira muito direta na imagem dos *Retirantes* (1944) de Portinari; mas, de uma forma mais ampla, também no desempregado, naqueles que perambulam pelas ruas das cidades como estrangeiros. Trata-se de existências que cumprem sentido no não pertencimento. São em si a segurança do sistema de exploração do trabalho, enquanto constituem o exército de reserva. Implicam a necessidade de existência de um Estado soberano, que os aparta enquanto ameaça e os nutre enquanto seres juridicamente destinados a permanecerem vivos. São vidas sagradas e insacrificáveis, na medida em que estão excluídas do rito do capital, e são, principalmente, matáveis na medida da indigência onerosa. Do ponto de vista dessas pessoas, há um clamor de visibilidade, uma manifestação de existência. Do ponto de vista de quem não se reconhece nelas, emana a urgência da lucidez. É preciso que reconheçamos os momentos em que nós nos identificamos com a condição de *sacer* e sentimos na pele a exclusão e a impotência da política, quando lançamos todos os nossos esforços a manter e abastar nossa vida biológica. Sem que precisemos transitar pelos incontáveis exemplos nos quais a exclusão se faz presente em nosso cotidiano, podemos procurar essa aproximação no próprio mundo do trabalho, quando relacionamos nossa dignidade a ele e dedicamos todas as nossas forças à condenação de repetidas vezes lutar pela sobrevivência no interior do sistema, sem perceber que essa dedicação implica também nosso próprio exílio. No capitalismo, "nós não somos apenas, nas palavras de Foucault, animais em cuja política estão em questão suas vidas de seres viventes, mas também, inversamente, cidadãos em cujo corpo natural está em questão a sua própria política" (AGAMBEN, 2007, p. 193). A indistinção de pertencer e estar à margem, ser sujeito e objeto ao mesmo tempo implica o cerne de nossa condição política. Sobre essa indistinção, Agamben (2007, p. 193) diz que

toda tentativa de repensar o espaço político do Ocidente deve partir da clara consciência de que da distinção clássica entre *zoé* e *bíos*,

> entre vida privada e existência política, entre homem como simples vivente, que tem seu lugar na casa, e o homem como sujeito político, que tem seu lugar na cidade, nós não sabemos mais nada.

O indivíduo que já não se reconhece, nem como natural, nem como político, é ele mesmo sacro. É essa indistinção que devemos ter em conta ao procurar entender os horrores que nos cercam e que, muitas vezes, se mostram e causam nas pessoas um sentimento de conformismo e recalque. A obra de Karin Lambrecht, nesse sentido, é emblemática. Em *Morte eu sou teu*,[2] o uso do corpo na própria pintura associa-se ao sacrifício do carneiro, cujo sangue serviu de tinta. A morte apresenta-se como detentora dos vivos, e a frase que aparece impressa na pintura e que dá título à obra assemelha-se à oferta religiosa dos que se submetem ao poder divino, deixando a própria existência à mercê da sabedoria dos deuses. Segundo Agamben (2007, p. 171), "vida e morte não são propriamente conceitos científicos, mas conceitos políticos, que, enquanto tais, adquirem um significado preciso somente através de uma decisão". O ato de Karin Lambrecht é também político, na medida em que reivindica uma decisão do observador frente ao horror da existência e é, ele próprio, a materialização da decisão política da artista de atentar para a transitoriedade da vida, num mundo em que a lógica do capital preenche todas as lacunas e corrompe todos os sentidos.

Karin Lambrecht e o limite entre vida e morte

A forma com que os homens lidam com a morte é um elemento central para o entendimento da sociedade e da política. Prova está no magnífico ensaio de Elias (2001) a respeito da forma com que os moribundos são tratados em nossa sociedade hoje, engendrando uma solidão que diz respeito a todos. Segundo Elias, o moribundo é excluído do convívio social porque se aproxima da morte e, nesse estado, lembra aos outros que a morte também lhes diz respeito. A tese de Elias é bastante perturbadora. Segundo Edgar Morin, em *O enigma do homem* (1979), a primeira sepultura firma-se como marco para o desenvolvimento do *sapiens*. É a questão da finitude da vida que incomoda e acompanha o homem desde seu início, suscitando uma forma de horror que lhe é própria,

---

2   Karin Lambrecht. *Morte eu sou teu*. Sangue de carneiro e tecido, 1997.

que se mostra de diferentes modos ao longo da história. O horror à morte pode ser sentido nos discursos cotidianos, na maneira como o assunto é tratado entre os vivos, nos comportamentos que se firmam diante do tabu. A própria religiosidade dos indivíduos e a existência das instituições religiosas podem ser vistas como uma maneira de o homem encarar como possível a existência de um prolongamento da vida, como forma de vencer a morte. São muitas as implicações a serem discutidas a esse respeito, mas queremos aqui tratar do horror que a morte causa nos vivos, especialmente quando a vida passa a ser a unidade de sentido que norteia a política.

Nas sociedades de controle, a questão do corpo é tão premente quando a questão da vida. É preciso manter os corpos saudáveis, fazendo incidir sobre eles um controle totalizador, capaz de penetrar a subjetividade dos indivíduos. O ser vivente mantém-se afastado da morte, precavendo-se, afastando riscos e perigos. Toda uma indústria se constrói em torno dessa questão, transformando o horror à morte em mercado e oferecendo alternativas aos indivíduos capazes de fazê-los lidar com esse problema. A partir da discussão que Foucault e Deleuze estabelecem sobre as sociedades de controle, é possível pensar nas biopolíticas que se firmam no sentido de prolongar a vida dos indivíduos e baixar a mortalidade. No processo de desenvolvimento das políticas públicas, pesquisas são feitas a fim de se chegar a índices de controle e um mapeamento amplo da vida da população. Como resultado imediato, estatísticas permitem uma matematização da vida útil, os fatos são pensados em probabilidade, a preservação da vida se torna uma obrigação e ocorre uma afirmação do horror à morte. A vida é tratada de forma tão imperativa que os indivíduos já não sabem como lidar com a morte.

O argumento de Epicuro primando pela felicidade e contestando o medo da morte[3] já não poderia surtir efeito algum, porque os homens já não sentem a morte como parte da vida. Firma-se uma oposição que se apresenta como absoluta em tempos de biopolíticas e que é indispensável para lançarmos um olhar sobre as obras de Karin Lambrecht. Em seus trabalhos, Karin nos permite pensar o quão tênue é a fronteira entre a vida e a morte.

---

3   Cf. EPICURO, 1997

Desde 1997, Karin vem desenvolvendo os *Registros de sangue*.[4] A artista dirige-se a um matadouro ou estância em que o abate de carneiros seja feito. Karin não mata, nem manda matar o animal, acompanha o abate que é feito com um corte de faca na jugular, à semelhança do rito judaico. Os órgãos são separados e o sangue derradeiro é recolhido. No momento da morte do carneiro, Karen deixa que parte do sangue escorra sobre toalhas, papel ou vestimentas, em geral brancas. A quantidade de sangue derramada e colhida corresponde ao tempo final de vida do carneiro. Depois de feito o ferimento e recolhido o sangue, Karen pede ao peão responsável pelo abate que separe os órgãos e os deposite em uma folha de papel branca. O contato do órgão com a folha deixa um desenho de sangue, carregado de forte simbolismo. O sangue registra a passagem efêmera pelo papel de um órgão vital. Sua ausência é o registro da vida que se esvaiu. [**FIGURAS 20 A 22, CADERNO DE IMAGENS, p. 298**]

Em *Meu Corpo-Inês*,[5] Karin Lambrecht fotografou duas figuras femininas com uma geração de permeio, sua mãe e sua filha, vestidas com a túnica manchada pelo sangue do carneiro. Ambas mantêm o olhar para baixo, as expressões fortes apontam para um conformismo diante do trágico. Não há desespero, mas uma seriedade sobre as condições da existência. O contraste entre as gerações aponta para a vida como ciclo. A mesma situação vivida. A mesma roupa vestindo as duas mulheres. A mesma posição, o mesmo olhar. O tempo fica representado como algoz, sua presença indelével é sentida com a expressão dura do rosto da mãe e da filha. O sangue, concentrado no ventre e expandido ao acaso da gravidade, reforça a simbiose entre vida e morte. O pigmento dessa mancha associa-se diretamente à vida, porque é sangue, e ao sofrimento de sua finitude, porque foi derramado no momento da morte. A mancha é a lembrança do tempo, nos remete aos instintos, aos desejos e gozos, mas também à dor, ao sofrimento e ao medo. O sangue é a força pulsante de vida do corpo, mas quando recolhido num vestido indica a fragilidade de uma vida que se mostra exígua. Esse contraste, tão forte e permanente, é testemunha da fragilidade da existência.

---

4   A artista também se refere a essas obras como "trabalhos de sangue". As obras que analisamos para a realização desse trabalho foram as seguintes: *Eu e você*, 2001; *Meu Corpo-Inês*, 2005; *Con el alma en un hilo*, 2003 e *Morte eu sou teu*, 1997.

5   Karin Lambrecht. *Meu Corpo-Inês*. Sangue de carneiro, tecido e papel fotográfico, 2005.

Meu Corpo-Inês, trabalho cujo título é fortemente marcado pelo trágico e simbólico episódio de Inês de Castro, nos permite pensar em dois caminhos. Ao mesmo tempo em que a obra indica a fragilidade da vida e seu caráter descartável, a imagem feminina com o ventre manchado de sangue nos reporta a uma tragédia que para ser materializada requisita apenas o corpo. Há um horror de si mesmo presente na obra de Lambrecht, porque diante do horror da morte os homens alteram a maneira de lidar com a vida. Diante da finitud, e o sentido da existência se torna frágil e o suicídio se mostra como uma questão por excelência. Albert Camus trata do absurdo do existir que faria qualquer indivíduo que o enfrentasse de frente optar por matar-se. Ao mesmo tempo, levanta a questão de que aqueles que se suicidam parecem estar certos do sentido da vida.

> Diante destas contradições e destas obscuridades, será então preciso acreditar que não há relação alguma entre a opinião que se tem sobre a vida e o gesto que se faz para abandoná-la? Não exageramos nada nesse sentido. No apego de um homem à sua vida há algo mais forte que todas as misérias do mundo. O juízo do corpo tem o mesmo valor que o do espírito, e o corpo recua diante do aniquilamento. Cultivamos o hábito de viver antes de adquirir o pensar. Nesta corrida que todo dia nos precipita um pouco mais em direção à morte, o corpo mantém uma dianteira irrecuperável (CAMUS, 2008, p. 21-22).

Camus recobra a questão do suicídio como questão filosófica primordial. Aqui está implícita uma consideração pelo enfrentamento entre vida e morte, como um aspecto do existir que algumas vezes é levado a cabo, em outras é recalcado. O horror emerge no pensamento que considera esse assunto, mas também na plasticidade das obras de Karin, que suscita um estado de torpor nos que se veem diante da fragilidade da vida.

De uma forma ou de outra, o impasse do suicida se repete a cada náusea, em todos os homens. Diante de uma vida de ilusões, os indivíduos voltam sua preocupação para questões outras, mas no momento em que se mune de razão e se presta a encontrar sentidos para a existência, é obrigado a enfrentar o horror. Uma vida sem sentido desperta um sentimento extremo de horror. Os vínculos já não se fazem, as explicações já não se sustentam, as vontades já não são suficientes. Esse horror de si pode ser materializado pela imagem que Drummond apresenta em *A máquina do mundo*,[6] a de um homem prostrado diante da impossibilidade do conhecimento total, mas seguindo o curso de sua vida; e também pode ser representado por essa imagem do ventre ensanguentado e dos olhares petrificados que nos traz Karin Lambrecht em *Meu Corpo-Inês*. A náusea é permanente. Os anos que separam a juventude e a velhice não bastam para resolvê-la. A natureza ao fundo é vida calada.[7] A brancura do longo tecido que sobra ao chão é espaço para o trágico. Se suspenso, a abundância do sangue o percorreria todo. Mas o sangue, seja este tragédia ou vida, é finito. Seca e coagula a partir do momento em que deixa de fluir. Ficará marcado como memória e fará do resto de tecido virgem um porvir que não se cumpre. Há esse efêmero no trabalho de Karin. A vida que pulsa no sangue, pela cor, textura e cheiro, é transitória. Em poucos minutos, o que era pulso se modifica, como um resignar-se, e passa à forma dura do papel e tecido. A partir daí, o sangue é metáfora pura da precariedade da vida e ameaça dura da inevitabilidade da morte.

Há um outro aspecto no trabalho de Karin que nos reporta às sociedades atuais e nos indica sua debilidade. Na mesma medida em que é possível antever um horror pela fragilidade da vida e lembrar a necessidade ontológica do homem em buscar uma forma de lidar com a sua finitude, edificando uma espiritualidade que tem origem nos mitos e nos rituais que lhe conferiam veracidade, é possível pensar que esses rituais já se tornaram transitórios. O entendimento desse processo aponta para uma compreensão da forma com que a racionalidade se edifica diante de um mundo cada vez mais desencantado. O carneador executa um ofício que lhe foi ensinado e o faz de maneira insípida, é o cotidiano da fazenda. "Nem sacerdote, nem açougueiro; para esse homem seu trabalho não tem nenhuma conotação religiosa, muito embora ele se cerque de uma série de cuidados que, na prática, aproxima o processo de um ritual" (FARIAS, 2002, p. 14). Mas, de fato, já não há ritual algum, nem orações e nem oferendas, apenas suas ruínas. O carneiro é morto, mas não é sacrificado. É exatamente a imagem trazida por Agamben, o *homo sacer*, para referir-se ao homem contemporâneo. Diante da sociedade do consumo e do

---

6   Cf. ANDRADE, 1993.

7   As fotografias foram tiradas em uma fazenda, que serviu de cenário.

208   RAFAEL ARAÚJO

espetáculo, o efêmero e o descartável são imperativos. Já não há enraizamento, tudo que sobra é a ação vã e monótona, repetição irremediável e sem sentido. [**FIGURAS 23 a 28, CADERNO DE IMAGENS, p. 299**]

A imagem de *Con el alma en un hilo*[8] é o registro de uma ação, mas para os que não a presenciaram, restam as formas criadas ao acaso e o simbólico do sangue. André Severo afirma, a respeito de outra obra feita com sangue de carneiro, que "o trabalho de Karin Lambrecht se oferece como experimento de incerteza existencial e tende para a eliminação dos limites entre arte e vida cotidiana, morte e experiência artística" (SEVERO & BERNARDES, 2001, p. 16). Ao mesmo tempo em que a obra da artista é o registro de uma ação simbólica que nos remete ao horror do cotidiano, a obra em si é uma resposta de Karin aos tormentos da vida precária, que já não nutre os mesmos valores e a tudo banaliza. A totalidade aqui é discutível. Mas se Karin se reporta ao sacrifício do animal, e podemos lembrar que o biopoder incide sobre a *zoé*, a vida matável que é representada por ela nos remete à ideia de certo tipo de existência que se tornou preponderante e que requisita a morte constantemente.

Agamben recupera a figura do *homo sacer* para nos confrontar. Se no capitalismo biopolítico o homem é matável e insacrificável, e é essa sua condição, emerge disso o horror de reconhecer um modo de vida que requisita a morte, que a inclui como condição operacional de forma banal. Ao apoderar-se do sangue do carneiro, Karin resiste a essa condição. O sangue derradeiro, à proporção que fica retido no tecido e mancha o papel, deixa de ser descartado e torna-se protagonista da ação. Segundo Chaia (2008, p. 105), "ao se apropriar desse líquido vital, a artista quer expressar visualmente a ideia de que nenhuma vida é descartável, bem como deixar transparecer o desgosto pela vida matável, retirando-a do espaço de indiferenciação". A ação artística firma-se como política porque requisita a reativação do *bíos politikós*, sugere a superação da condição banal que se tornou a vida humana para que o indivíduo recobre sua distinção. A tomada de consciência parece ser uma necessidade e uma ação imediata ao diagnóstico feito por Karin. Nessa ação do homem em direção ao encontro de sua generalidade, ou seja, da consciência de si, está implícito um horror trazido

---

8   Karin Lambrecht. *Con el alma en un hilo*. Sangue de carneiro e papel Canson, 40 cm x 60 cm (aproximado), 2003.

por uma ausência sabida, pela percepção de finalmente enxergar-se como se é: solitário, ausente de si mesmo.

> A arte de Karin oferece um tempo lento que aperfeiçoa nossos sentidos para a percepção deste lado trágico, auxiliando a investigar a natureza do homem e as características do ritual e da sociedade. Esta arte possibilita compartilhar a experiência do irreparável, mostrando que a morte está presente, em diferentes significados, na natureza e na cultura contemporânea. Entretanto, referir-se à morte é valorizar a vida e a atenção com o animal é também um cuidado com o homem (CHAIA, 2008, p. 110).

Karin recupera elementos da natureza em sua arte, o que permite pensar as obras como um meio de ligação entre o mundo e os homens. É assim que a artista se vale de materiais orgânicos, como o mel e o sangue, ou mesmo argila e pigmentos de terra e, em alguns casos, de vestígios naturais, como as pegadas de um gato e a ação do tempo. As obras, segundo Agnaldo Farias (2002, p. 13-14),

> muitas vezes são realizadas ao ar livre, com a artista tomando uma vassoura como pincel para, depois, deixá-las ao relento sujeitas à ação do sol, do vento, da chuva, que lhes vai alterando ainda mais a aparência, como se fossem co-autores autônomos da obra, que não compartilham com a artista o rumo que está sendo dado.

Há uma forte participação do acaso em suas obras. O próprio sangue de carneiro, em geral, ao ser colhido, escorre atraído pela gravidade, de maneira imprevista. A artista intervém muito pouco, posteriormente, quando necessário, para retirar um excesso de sangue. O vermelho vivo do sangue, depois de passado o tempo, transforma-se num marrom forte, quase preto. As formas são retorcidas, heterogêneas, seguem em direções aleatórias, às vezes represando-se, às vezes dispersando-se. A imprevisibilidade das formas marcadas no tecido ou papel firma um contraste em relação à coerência do sangue das veias e artérias, controlado, uniforme, contínuo, repetitivo, determinado. Essas são características que a racionalidade procura impingir ao cotidiano dos homens, daí haver uma possibilidade de incômodo diante da cartografia de Karin. A beleza plástica do sangue, outrora vermelho, resguardado nas entranhas do animal, transforma-se em opacidade coagulada e mortificada, exposta sem pudor. Na forma imprevista está contido o sofrimento inapreensível do animal e a efemeridade da vida, mas também está a comprovação de que o acaso pode ser demarcado e apropriado.

As formas trazidas por Karin e os materiais utilizados por ela nos falam da natureza como algo que se distancia. A natureza afasta-se dos homens como a vida afastou-se do sangue que virou pintura. Esse distanciamento entre homem e natureza é inclassificável e Karin parece incomodar-se. Fruto da razão que de tudo quer se apropriar, da indústria que a tudo quer explorar, da ciência que a tudo quer controlar, a natureza hermética, na sua essência indomável, resguarda-se daqueles que já não cultivam com ela intimidade alguma. Karin enxerga que a liquefação dos rituais, do contato do homem com o cosmos, é a consequência irretorquível do modo de vida trazido pela sociedade de consumo que transforma tudo em algo descartável. A obra de Karin, de uma forma política, recoloca o homem diante da natureza, seja pela visualidade do acaso, seja pela forma imbricada com que trata vida e morte. Aqui reside a dimensão trágica de sua obra, pois, ao forçar nosso olhar para nossa própria existência, abandonamos nossas armas, nos despojamos de nossas defesas e nos vemos diante de nós mesmos, desnudos, prestes a viver novamente, como a flor que, ao fechar-se em si mesma durante a noite, volta-se para sua alma, a fim de reconciliar-se consigo para depois, na aurora, abrir-se novamente ao mundo. [**FIGURA 29, CADERNO DE IMAGENS, p. 300**]

Morte eu sou teu,[9] primeira obra dos trabalhos de sangue, é composta por duas toalhas atadas uma à outra, manchadas por sangue derradeiro de carneiro, dependuradas; um fio de cobre preso às toalhas, que desce até o chão e passa por uma peça de argila crua em forma de agulha; três pinturas feitas com sangue misturado com água. Na obra, além da presença dos elementos de que já tratamos aqui, Karin interfere diretamente nas pinturas, corroborando o acaso do sangue respingado, mas retirando o excesso acumulado com água em um dos cantos da tela; depois, nos papeis usados para proteger a tela da

---

9   Karin Lambrecht. *Morte eu sou teu*. Sangue de carneiro e papel Canson, 40 cm x 60 cm (aproximado), 1997.

água, Karin observou as formas se delineando no papel e as conduziu com as mãos. Posteriormente, acrescentou algumas palavras e rasuras, que acresceram a pintura de significados.

Nessa obra, novamente encontramos a representação da transitoriedade da vida, que nos reporta ao horror que nos causa a morte. Mas, segundo Icleia Cattani, Karin não se interessa pela representação, mas pela "matéria da pintura".[10] Sua obra é apresentação de seu próprio corpo, sua subjetividade e seu toque. Em uma das pinturas que compõem a obra *Morte eu sou teu*, Lambrecht imprimiu a marca de suas mãos. Como uma assinatura, o registro das mãos é a prova inconteste da passagem da artista pela obra. Há o registro da autoria, há o registro da intencionalidade, mas também a ausência, o movimento de quem já não está agindo e deixa a ação cravada no tempo. A marca pessoal pode nos reportar ao efêmero, não da pintura, mas da própria vida que a executou.

> Lambrecht trabalha com a memória do corpo, escrevendo seguidamente sobre as pinturas os nomes das diferentes partes que o compõem, como se, na pintura, o sentido pudesse nascer, também, do ato de nomear. Palavras como fluxo, sangue, circulação, além de partes do corpo: rins, pulmões, coração. A mão está aí presente de duas maneiras – inicialmente pelo ato de escrever: o gesto, a caligrafia pessoal, às vezes, as rasuras. Em seguida, por uma evocação mais arcaica: nomear alguma coisa pressupõe indicá-la (CATTANI, 2002, p. 27).

As mãos impressas apontam para a própria existência da artista. Mas em cada uma das folhas pintadas, Karin imprime o título da obra "morte eu sou teu". Então, essa devoção expressa, essa oferta do ser vivente à morte que a todos já possui, soa como uma redenção. Como se a derrota frente à imortalidade se mostrasse ineludível. O pronome da frase está no masculino, o que implica ampliar o referencial da obra. Não diz respeito apenas à artista, mas também ao observador. O "eu" reporta-se a um "outro"[11] que diz respeito a todos. A marca do sangue, no momento em que explicita a humanidade pela impressão da mão, liga

---

10   Informação retirada de Cattani (2002, p. 22) e fornecida à autora pela própria artista.

11   "Eu é um outro" (cf. RIMBAUD, 1995).

diretamente a manifestação da artista a uma preocupação com a vida dos homens. Sua mensagem é gravada no tempo pelo sangue animal e refere-se ao humano. É o humano que se entrega à morte, porque pertence a ela. Diante da crueza dessa realidade, Karin nos chama atenção para o enigma da existência, o vínculo entre o sangue e o espírito, que não pode ser controlado pela ciência, porque é um rabisco negro, mas que não pode ser esquecido.

9

O HORROR DEVASTADOR DA GUERRA

Goya e o suspense da morte

O vínculo entre guerra e política pode ser pensado a partir da proposição de Clausewitz (1996), pela qual a guerra é a continuação da política por outros meios. A guerra é um ato político, uma forma diferente de dar prosseguimento à política. O autor-general, ao observar as investidas napoleônicas, considera a guerra como parte integrante da existência humana, como um instrumento necessário para a política. A destruição do inimigo acaba por ser uma estratégia de estabelecimento político em que uma parte faz imperar sua vontade sobre a outra parte. A guerra seria, portanto, caracterizada pelo poder repressivo, materializado por uma violência armada. Podemos visualizar a obra de Francisco de Goya, *Os fuzilamentos de 3 de maio*,[1] como um retrato do ambiente que inspirou Clausewitz às suas proposições. A revolta do povo madrileno, em 2 de maio de 1808, contra o exército napoleônico que tinha ordens de levar o infante D. Francisco de Paula, filho de Carlos IV, suscitou como represália a morte de dezenas de rebeldes na colina de Príncipe Pio. A tela revela as consequências do dia seguinte à resistência da população frente à vontade de Napoleão. O uso da violência acaba por ser um recurso de força política, capaz de reprimir e fazer prevalecer uma vontade sobre a outra. A obra de Goya, no entanto, não é a pura materialização das consequências da guerra ou a representação da desigualdade

---

1   Goya. *Os fuzilamentos de 3 de maio*. Óleo sobre tela, 266 x 345 cm, 1814. A tela, no Museu do Prado, em Madri, é apresentada com o seguinte título: "El 3 de mayo de 1808 en Madrid: los fusilamientos en la montaña del Príncipe Pio". No texto, adotamos o nome encontrado na literatura, mais sintético: "Os fuzilamentos de 3 de maio".

de forças entre as partes conflitantes. A tela retrata a tensão do instante em que a morte se aproxima. Diante do corpo caído das primeiras vítimas, os homens se desesperam. O medo de ver a vida se esvair se sobrepõe à indignação de ver a liberdade da nação ser suprimida pela força do dominador. O quadro de Goya parece trazer uma evidência que nos obriga a pensar a proposição de Clausewitz de uma outra forma. Parece haver uma urgência pela vida nua nos olhos dos personagens. Diante da presença da morte a política já não é capital. Já não importa a soberania ou a ideologia, já não interessa discutir as vontades e as regras de conduta, é preciso agarrar-se à vida a todo custo.

Ora, se considerarmos o homem como animal político, que estabelece relações na comunicação com os outros, que firma contratos de conduta e organização e que, no ato de relacionar-se, confronta vontades díspares e lança mão da violência como meio de fazer prevalecer sua vontade sobre a de outros, estaríamos diante da fórmula de Clausewitz, segundo a qual a política é encarada de maneira natural. Nesse caso, o homem é pensado como um animal distinto dos demais por sua capacidade política. Mas diante da tela de Goya, a guerra não parece ser a simples continuação de uma capacidade política. A guerra se mostra como uma situação limite, na qual o passado político que engendrou os fatos, para os partícipes, torna-se irrelevante. No momento em que a vida e a morte confrontam-se, tal como representado por Goya, parece haver uma suspensão da política (*bíos*) e o homem torna-se pura *zoé*. Seria o caso, nessas circunstâncias, de rever a formulação de Clausewitz e seguir o raciocínio exposto por Michel Foucault em sua aula do dia 7 de janeiro de 1976.[2] Não se trata de reduzir a guerra a uma ou outra definição, mas de retorcê-la e avaliá-la como expressão da condição humana sem que se sobreponha a ela.

Foucault sugere que a proposição de Clausewitz seja invertida, que a guerra seja considerada não a continuação da política, mas que a política seja vista como a guerra continuada por outros meios. Há uma diferença gritante nessa inversão. Na primeira situação, a política é anterior à guerra; na segunda, a guerra é anterior à política. Nas duas formulações, tanto a guerra como a política relacionam-se intimamente, mas ganham em cada uma delas potências diferentes. A partir dessa inversão, Foucault desenvolve algumas consequências.

---

2   Cf. FOUCAULT, 2005.

As relações de poder partiriam de um momento preciso estabelecido pela guerra. A política viria se colocar de permeio entre as partes conflitantes para fazer com que a situação de guerra permanecesse. "O poder político, nessa hipótese, teria como função reinserir perpetuamente essa relação de força, mediante uma espécie de guerra silenciosa, e de reinseri-la nas instituições, nas desigualdades econômicas, na linguagem, até nos corpos de uns e de outros" (FOUCAULT, 2005, p. 23). A guerra seria a manifestação de um desequilíbrio de forças que a política mantém como necessária à existência social, semelhante ao que diz Pierre Clastres em *Arqueologia da violência* (2004). Todas as assimetrias, os conflitos, as disputas, as relações de poder, tudo seria desdobramento de uma mesma guerra continuada, inclusive pelos momentos de paz, que resultariam na constante afirmação da unidade social.

Se de fato levamos a cabo a hipótese de Foucault, nosso olhar sobre a guerra justifica-se pela necessidade de encará-la a fim de construirmos um retrato das relações de poder engendradas pelo homem. Esse retrato se edifica a partir de uma guerra permanente. O processo civilizador seria uma forma de suscitar mecanismos de camuflagem, incorporados aos discursos, que penetrariam o modo com que os homens veem o mundo e que produziriam neles o horror diante do conflito bélico. Disso decorre que a análise do horror é uma forma de se chegar ao entendimento das relações sociais e de seus aspectos mais primordiais. Haveria no homem uma existência guerreira que se esconde nos discursos e que ganha forma através das relações de poder que constroem o indivíduo e o fazem subordinar-se às instituições. Mas é preciso cuidado para que a maldade não ganhe vultos absolutos. Queremos deixar a ideia de mal um pouco de lado, para que as concepções morais não sejam consideradas como origem; para que sejam vistas, se necessário, como resultantes de um procedimento belicoso que encontra nos discursos e formulações morais a continuidade de disputas que resultam nas dominações cotidianas. [**FIGURA 30, CADERNO DE IMAGENS, p. 301**]

O quadro de Goya pode ser visto como um momento extremo, quando a guerra assume contornos explícitos e suas consequências são experienciadas. No momento do fuzilamento, os discursos são parciais. Não parece haver na postura dos soldados, de fuzil em riste, o interesse em fazer valer os princípios da civilização. Estão convencidos a pôr fim na vida de seus opositores. Esse momento merece atenção. Não seria incomum ouvir como explicação, para essa postura obstinada dos que matam, que se trata de uma manifestação da maldade humana. A política estaria por trás da ação; os soldados seriam cumpridores de ordens. Sobre essa ideia, cabe aqui recuperar o pensamento de Hannah Arendt. Ao analisar o julgamento de Eichmann,[3] a autora chega a considerações perturbadoras. Para Arendt, esse homem, condenado à morte por ter cometido, segundo o júri, crime contra a humanidade, faria parte de uma longa cadeia destrutiva que tornava possível ao regime nazista banalizar o mal, a ponto de fazê-la colocar em xeque os conceitos de culpa e responsabilidade, em um sistema cuja promoção da morte era uma execução burocrática. Arendt, ao ouvir Eichmann relatar sua rotina de funcionário exemplar, que somente cumpria ordens, identifica um aspecto central, como recupera em sua obra *A vida do espírito*:

> Nele não se encontrava sinal de firmes convicções ideológicas ou de motivações especificamente más, e a única característica notória que se podia perceber tanto em seu comportamento anterior quanto durante o próprio julgamento e o sumário de culpa que o antecedeu era algo de inteiramente negativo: não era estupidez, mas irreflexão (ARENDT, 2002, p. 6)

A incapacidade de pensar brota como elemento crucial para a avaliação das ações políticas. Sem o pensamento as ações são mecânicas, não aparecem para nós com sentido e, diante disso, perdemos nosso lugar no mundo. Esse lugar, segundo a autora, só pode ser preenchido pela atividade do pensar, que permite um afastamento do passado e do futuro e um reconhecimento de nossa condição. Diante dessa perspectiva, a imagem dos guardas convictos de suas ações, cumprindo ordens superiores, em uma servidão voluntária, é fruto não de uma maldade, mas de sua banalização. De uma total ausência de pensamento e, por consequência, de um afastamento dos homens de si mesmos. O horror estampado no rosto do próximo a ser fuzilado, na obra de Goya, pode ser entendido pela proximidade da morte, mas poderia ser pelo reconhecimento da

---

3   Cf. ARENDT, 1999.

banalidade, da animalização que suprime a reflexão e conduz o homem ao agir mecânico.

A violência da guerra, para Hannah Arendt seria fruto da irreflexão, assim como o agir repetitivo que impõe uma existência de dominantes e dominados. Mas, se a política for tomada como a continuação da guerra por outros meios, a racionalidade mostra-se como elemento da própria violência e do agir cotidiano em que os poderes são exercidos. A política pode ser vista como a distinção da espécie humana, por ser ato reflexivo e cooperativo e, ao mesmo tempo, pode ser encarada como a maneira de engendrar a continuidade de um modo de existir. Por um lado, é possível considerar a política como elemento de permanência de nossa existência belicosa, por outro lado, a política pode ser considerada como alternativa de ação coletiva, capaz de construir o bem comum e, com o auxílio do pensamento, fornecer ao homem um lugar no mundo.

Na parte direita da tela, a mais escura, os soldados franceses anônimos, apenas identificados pelo uniforme, estão alinhados; em um gesto mecânico, apontam os fuzis na direção dos rebeldes. São os promotores da morte, que não se pode identificar. Formam um bloco homogêneo, não há individualidade, não há expressão alguma. Sua simples presença causa horror aos condenados. Fazer morrer lhes parece ser indiferente, pois não se trata de uma questão moral. Trata-se do cumprimento de funções para que haja a manutenção da ordem social e a perpetuação da dominação. Há aqui, ao mesmo tempo, a ação irrefletida dos que matam, como Eichmann na decisão final, e a racionalidade da guerra, produtora da coesão, que elimina o outro que ameaça. A morte, enquanto punição, é exemplo para os demais, é reafirmação do poder que unifica, que mantém, pela oposição ao diferente, a força identitária dos iguais.

No lado oposto da tela, iluminado pela luz da lanterna trazida pelos soldados, vinda de baixo para cima, um grupo de pessoas desordenadas, com o espanto e o desespero nos rostos, aguarda a morte inevitável.

> Nos patriotas que morrem não há heroísmo, pelo menos não no sentido classicista de David, mas fanatismo e terror. A história como carnificina, como catástrofe (são dessa época as águas-fortes de *Os desastres da guerra*). A destruição se cumpre no halo amarelo de uma enorme lanterna cúbica: eis "a luz da razão",

enquanto ao redor está a escuridão de uma noite como todas as outras e ao fundo a cidade adormecida (ARGAN, 1999, p. 41).

A luz artificial da lanterna seria signo da racionalidade precária e parcial, uma vez que tomamos suas consequências imediatas para os fuzilados. A luz deixa explícito qual é o centro da cena e estabelece um contraste com a cidade ao fundo, símbolo da civilização, mergulhada na escuridão. O homem de camisa branca é protagonista, seu gesto, com os braços abertos para cima, nos remete à crucificação. Parece ser essa a punição correta para os rebeldes que contestam o poder imperial. Em suas mãos é possível ver estigmas, que confirmam a intencionalidade de Goya em recuperar a ideia do Cristo. Seu rosto não expressa a frieza da racionalidade, de quem se dispõe a argumentar por sua vida ou ideologia; também não expressa a busca de perdão ou arrependimento. Sua expressão é de horror diante dos fuzis, já não há mais espaço para heroísmo, apenas para o medo. Os gestos dos que estão à sua volta corroboram a impotência de ação e o suspense criado no observador da tela, que percebe a morte iminente, mas, como qualquer dos personagens, não pode fazer nada para evitá-la. Um dos homens eleva o rosto e encara seus opositores, parece estar ciente de sua condição e, com os olhos arregalados, mantém os punhos fechados num gesto de resistência. O padre, pintado por Goya para representar o papel importante da Igreja no desenrolar dos fatos,[4] com as mãos unidas, parece fazer uma prece. Contudo, não se volta para o céu, mas para o chão. Talvez, num ato limite, a fé tenha se esvaído e voltar-se para a terra seja o gesto simbólico daquele que Deus parece ter abandonado. Dois dos presentes levam as mãos nos rostos, como se esse gesto fosse capaz de, ao privar a visão, evitar a execução que se aproxima.

Os mortos que jazem no chão, muito perto dos próximos fuzilados, são prova de que ali, naquele momento, a morte se reúne com os vivos. O horror sentido por essas pessoas não parece ser em relação à guerra em si, mas frente à certeza da morte causada pela guerra. Não há grande movimentação na tela, as cenas parecem acontecer com a pausa terrível e sádica dos que concedem aos que vão morrer um instante de sofrimento excessivo pelo final de suas

---

4 Goya inclui no quadro um representante da Igreja Católica, que na época napoleônica desempenhou forte papel de oposição, tendo sido retaliada em diversas ocasiões, inclusive no Tribunal do Santo Ofício.

vidas. Atrás dos condenados, a silhueta do que parece ser uma mulher reforça o suspense causado pela tela. Pode ser uma testemunha que presencia os fatos calada; pode ser mais uma vítima, que não é identificada por não receber luz suficiente; mas pode também ser a própria morte. [**FIGURA 31, CADERNO DE IMAGENS, p. 301**]

A visualidade trazida por Goya em *Os fuzilamentos de 3 de maio* implica a identificação do horror dos homens que vivenciam a guerra, mas também o reconhecimento de que, se nossa existência corresponde a uma guerra contínua, a violência será recorrente de forma permanente, e junto dela a ameaça à vida. Essa condição adquire o grau superlativo do horror, não apenas pela morte e pelo imperativo da violência, mas pelo fato de nossa generalidade, a capacidade política, se mostrar subordinada à nossa existência matável. Essa visão implica um reconhecimento das consequências da racionalidade, expressas no cotidiano dos homens, quando as batalhas são travadas em busca de permanência e coesão, mas também na brutalidade imediata da guerra, que se nos apresenta como algo recorrente, fruto das contingências e de nosso próprio modo de existir.[5]

A tela de Goya representa uma situação limite entre os homens, a evidência da presença indelével da guerra. O acontecimento a que diz respeito é histórico, foi resultado da ação patriótica de um grupo de pessoas diante da política napoleônica. A ação política de fato parece ser o prolongamento de uma guerra, que se desenvolve a partir de dominações difusas, do exercício da coerção física e psíquica. No momento preciso retratado por Goya, quando as pessoas estão diante da morte e a guerra é sentida nos ossos, parece haver um reconhecimento da realidade nua dos homens. O uso da força para fazer valer uma vontade sobre a outra – que tem por consequência a ameaça à vida de todos, quando o contrato social, para esses homens, já não vale nada e as regras de conduta são colocadas em suspensão – mostra-se natural o bastante para questionarmos o discurso sobre a civilização.

Na série de xilogravuras intitulada *Guerra* (1922-1923), Käthe Kollwitz[6] representa o abandono e a angústia dos civis, que aguardam o desfecho da

---

5   Essa ideia também pode ser visualizada através de um dos desenhos de Goya da série *Os caprichos*: "*O sonho da razão produz monstros*". Ver figura ao início deste livro.

6   Fizemos a análise de algumas gravuras da série "A revolta dos tecelões" de Käthe Kollwitz no capítulo 5. Ali nos interessava a leitura que a artista fazia da vida do operariado no início da sociedade

batalha. A artista, assim como no ciclo *A revolta dos tecelões* (1897-1898), apresenta o fato histórico a partir do ponto de vista dos homens comuns, especialmente as mulheres. A guerra será vista como a causa do sofrimento das mães e esposas, que veem seus filhos e maridos na frente de batalha sem que possam fazer alguma coisa para protegê-los. Se em algumas gravuras Kollwitz retratou a revolta e a barbárie de que os homens são capazes em momentos limites, na gravura *Campo de batalha*,[7] pertencente ao ciclo *A guerra dos camponeses* (1903-1908), não há mais tempo para se rebelar. Os corpos amontoados confundem-se com o horizonte, somente alguns traços permitem identificar cabeças, braços e mãos. Uma mulher, em pé, vasculha entre os mortos como se procurasse o filho ou o marido. O único ponto iluminado da gravura deixa ver parte do rosto de alguém. Iluminada também, a mão direita da mulher toca o cadáver, talvez pela esperança de encontrar algum lampejo de vida. A mão é representada por Kollwitz com riqueza de detalhes. É possível ver as veias saltadas, os tendões tesos, as rugas e calos causados pelo trabalho. Essa mulher é a imagem da resignação. Já não há o que fazer. Sua perda é irreparável, resta-lhe o sofrimento de seguir adiante. A guerra é vista por Kollwitz, e também por Goya, como um desastre assombroso. A morte de uns, ao causar o sofrimento e a solidão nos vivos, permite à artista enxergar na guerra uma tragédia que diz respeito a todos. Suas consequências estão presentes nas ruas, nas casas e nos espíritos. O silêncio da mulher diante dos corpos no campo de batalha recupera todo o suspense de antes da morte, quando a luta ainda não havia acabado e o sofrimento da mulher já era imenso. Sua ação ensimesmada é de uma tensão monumental, não é possível ver sua face e nem tampouco imaginar o que vai pensando. A imagem da mulher viva, em pé diante dos homens mortos, sugere um momento de suspensão, quando a vida se mostra vitoriosa, ainda que estejamos cientes de sua precariedade. [**FIGURAS 32 e 33, CADERNO DE IMAGENS, p. 302**]

---

industrial. Optamos por apresentar suas gravuras sobre a guerra aqui, neste capítulo. Por sua força expressiva, julgamos que contribuiriam para o tema, especialmente quando analisadas junto à série de Goya, "Os desastres da guerra".

7   Käthe Kollwitz. *Campo de Batalha*. Gravura em água-forte e verniz mole, 41,2 x 51,9 cm, 1907.

Na xilogravura *As mães*,[8] novamente Kollwitz recupera a imagem feminina para mostrar as consequências da guerra na vida cotidiana dos homens. A técnica escolhida permite uma robustez ao grupo de mães que se une para proteger seus filhos. Não há resignação. Os filhos aparecem sufocados pelos braços, mãos e vestidos das mulheres. Os olhares tensos, as testas franzidas, as mãos abrangentes indicam a existência da opressão que chega por todos os lados. Na esquerda, uma mulher ergue as mãos espalmadas num gesto, ao mesmo tempo, de recusa e afastamento, como que implorando que sejam deixadas em paz. Diante da possibilidade de terem seus filhos tomados pela guerra, a atitude de defesa das mães, representada por Kollwitz, indica um recobrar de forças capaz de resistir a qualquer coisa e, ao mesmo tempo, o desespero diante da possibilidade da morte. Aqui, a urgência da vida parece vencer a racionalidade da política. Mas a disposição em defender a vida dos filhos diante da ameaça da guerra já representa uma disposição de luta.

A situação permite que pensemos novamente na inversão da proposição de Clausewitz, colocando a própria guerra como anterior à política, como algo intrínseco ao humano. As mulheres estão dispostas a lutar contra toda a opressão a fim de evitar que seus filhos sejam tomados. É possível pensarmos que resistem à violência do inimigo, mas também aos mandos do Estado que envia seus filhos para a frente de batalha. A artista amplia o sentido da guerra, ao mostrar o assombro das mães; ao mesmo tempo, possibilita uma reflexão sobre a forma como a vida é capaz de emergir em meio à ameaça da racionalidade da política.

Diante da disputa pelo poder, a razão da guerra sobrepõe-se à razão iluminista. Assim como Kollwitz, Goya, em *Os desastres da guerra* (1810-1829), abre mão das imagens épicas e românticas. Os homens são retratados em toda sua ferocidade, durante as batalhas, cometendo atrocidades, como se encontrassem na guerra um motivo suficiente para extravasar os desejos mais animalescos. Para Sylvester (2007a, p. 290), "Goya parece ter tomado como regra que um ser humano com poder ou autoridade sobre outro abusará dessa posição para arruinar o próximo – para desmembrar, depravar, despojar, impiedosamente, gratuitamente".

---

8   Käthe Kollwitz. *As mães*. Xilogravura, 44,2 x 54,2 cm, 1922-1923.

222   RAFAEL ARAÚJO

Espantosa realidade da vida, a vontade de poder[9] do homem torna possível a dominação violenta de outros homens. A desigualdade, que desde o início da civilização requisita a política, permite-nos entender como os sistemas políticos foram sendo construídos ao longo dos anos e como os Estados empreenderam batalhas, retaliações e punições como forma de manter o poder e a sociedade coesa. É possível olhar para a guerra do ponto de vista de sua função para a manutenção da soberania, e esse exercício permitiria encontrar sua necessidade e até mesmo justificá-la. Mas, ao olharmos para a guerra do ponto de vista dos governados e, mais especificamente, da perspectiva dos que estão no campo de batalha, então vemos o horror extremo, quando, para esses homens, a política e a racionalidade já não significam nada. Goya vivenciou a invasão das tropas napoleônicas ao território espanhol e documentou os desastres da guerra em seu cotidiano. [**FIGURAS 34 e 35, CADERNO DE IMAGENS, p. 303**]

Existe uma diferença na maneira com que Goya representa a guerra na série *Los desastres de la guerra* e em *Os fuzilamentos de 3 de maio*. Se nessa última há a possibilidade de encontrarmos um heroísmo no povo espanhol que patriotica-mente enfrentou o exército de Napoleão, naquela não há heroísmo algum. A série desnuda a guerra, mostra-a por dentro, pela existência bárbara dos homens. Para Goya, em seus desenhos, tanto espanhóis quanto franceses são capazes de come-ter atrocidades. Seus atos são apresentados de forma circunspeta, não interessam motivos e causas, também não interessa juízos sobre certo e errado, justo e injusto. O artista apresenta a guerra como um desastre que precisa ser visto de perto para ser reconhecido.

No desenho intitulado *Qué valor!*,[10] o artista representa uma montanha de corpos que serve de apoio a uma mulher que aciona um imenso canhão. O títu-lo dado à obra pode ser uma ironia, mas também um enaltecimento. Ao mesmo tempo em que a mulher foi fria o suficiente para pisar nos corpos sem se deixar abalar, também foi forte, capaz de seguir com o ataque. Há uma ambiguidade na imagem. A mulher não é representada como frágil, mas guerreira. No entanto, seu rosto não é mostrado, apenas a identificamos pelo vestido, pelo contorno do

---

9   Aqui não nos referimos ao termo nietzschiano, que preferimos grafar "vontade de potência".

10   Goya. *Qué valor! (Desastres da guerra)*. Água-forte, água tinta, ponta-seca, buril e polidor, 155 x 210 cm, 1812-1815.

busto e pelo cabelo cumprido. Não sabemos qual a expressão de seu rosto, se segue impassível, concentrada na batalha, ou se chora impactada pela tragédia. A imagem feminina, no entanto, nos permite uma aproximação com a força com que Käthe Kollwitz representa as mulheres nas cenas de guerra.

A perda dos filhos no campo de batalha, imagem recorrente em Kollwitz, é invertida no desenho *Madre infeliz!*,[11] de Goya. Ainda que o título dirija-se à mãe, a imagem apresenta a mãe morta sendo carregada por três homens. Atrás, segue em prantos uma criança. Aqui é a criança quem sofre a perda da mãe, mas o artista, ao dar o título à obra, direciona a leitura para o fato de que a mãe não poderá mais cuidar de sua filha. O desígnio da maternidade não se cumpre. A menina terá de viver sem a proteção e o afeto de sua mãe. Ao exclamar "mãe infeliz!", Goya poderia estar supondo a vivência dessa infelicidade e, para tanto, haveria de atribuir alguma consciência à mãe morta, talvez em uma outra vida, de onde poderia olhar para sua filha órfã.

Essa visão mística em Goya é controversa. Ao longo de sua obra é possível identificar bruxas, monstros, seres mitológicos e mesmo a morte em pessoa. A crítica ao clero também está presente, especialmente diante da atuação incisiva do Tribunal do Santo Ofício na Espanha na época em que viveu. De forma que, ainda que se objete que Goya não acreditasse numa existência transcendental, é preciso reconhecer a forma como o artista recobra a crença popular, o que reforça a ideia de que o olhar que apresenta sobre a tragédia da guerra corresponde ao olhar do homem comum, que vivencia o trágico.

Sua posição diante da morte é exposta, de alguma forma, na lâmina 69 da série,[12] que representa um cadáver saindo de dentro da terra, e na qual se pode ler "Nada. Isto dirá". Nas mãos do cadáver há uma placa com a palavra "nada" escrita. Essa informação pode ser referência ao que se sucede após a finitude da vida, mas também pode ser a resposta que se procura para as questões terrenas. Em um outro desenho, Goya representa a morte da verdade, fazendo alusão ao título da série, "desastres".[13] O desastre diz respeito a

---

11   Goya. *Madre infeliz! (Desastres da guerra)*. Água-forte, água tinta polida e ponta-seca, 155 x 205 cm, 1812-1815.

12   Goya. *Nada ello dirá! (Desastres da guerra)*. Água-forte, água tinta polida, ponta-seca, buril, 155 x 210 cm, 1812-1820.

13   Goya. *Murió la verdad! (Desastres da guerra)*. Água-forte, ágata, 175 x 220 cm, 1812-1820.

um fracasso, a uma expectativa não cumprida. A verdade morta é a imagem da falência da razão ou, dito de outra forma, a guerra seria a prova pulsante de que a razão já não está presente, o que nos aproxima das ideias de Arendt sobre a irreflexão. A morte da razão proporciona aos homens esses desastres, que implicam a vivência das consequências da ausência de civilidade. A razão, por sua vez, reporta-se à busca de respostas da humanidade. Goya, ao representar o cadáver ressuscitado, vindo de outro mundo, parece ser o porta-voz de uma verdade absoluta e reveladora, impossível no mundo dos vivos. Mas essa verdade é o nada.

O nada de Goya é a total ausência de sentido, é a expectativa frustrada, a impotência da religião, a inconsequência das ações dos homens. Os que estão no campo de batalha e, amontoados, olham com pavor o mensageiro do além, haveriam de perguntar-lhe sobre a estranha ordem geométrica de tudo, ao que responderia "nada". Os mesmos, tementes pelo julgamento de seus pecados, acabados de serem cometidos, também haveriam de perguntar se existiria a misericórdia divina e o purgatório, ao que escutariam "nada". Firma-se, então, pelos olhos de Goya, o horror vivido, mas que permanece sem sentido aos olhos humanos. [**FIGURA 36, CADERNO DE IMAGENS, p. 304**]

Pablo Picasso, em um outro contexto histórico, na primeira metade do século xx, ao pintar *Guernica* (1937), retoma a representação do horror da guerra de forma potente. A política, no episódio de Guernica, mostrou-se de forma explícita como a continuação da guerra e, ao mesmo tempo, como a confirmação do caráter bárbaro dos homens. Entre os gregos e romanos da antiguidade, o bárbaro é o estrangeiro de língua indiscernível, que não se pode entender. O termo é aqui bastante apropriado. Diante da tragédia da guerra, o homem parece ser um estrangeiro, exilado de si mesmo. Como se sua ação fosse a ação de alguém de fora da civilização, de fora da humanidade. Mas esse exílio implica uma visão pontual da civilização, que ignora o caráter racional da guerra. Essa postura trata a barbárie como uma exceção, como um desvio do humano. Não se trata, pois, de negá-la, mas de reconhecê-la como parte da própria humanidade.

Picasso e a tragédia da guerra

Poucas obras são capazes de fulminar o observador como o faz a *Guernica*[14] de Picasso. O assombro não é causado apenas pelas formas e pelo tamanho do quadro, mas pelo sentido que materializa. Na tela de Picasso, a morte violenta é apresentada aos indefesos. Pessoas e animais com a vida por um fio, apavorados diante da fúria da interminável destruição que os pegou de surpresa e a tudo devastou. Os ideais ficam menores. Restou o impulso de defender-se, gritar por socorro e aguardar o horror dissipar-se.

As formas poderosas da obra de Picasso guardam a potência da arte, capaz de surpreender sempre, de vociferar verdades à alma do observador e colocá-lo prostrado diante da catástrofe da guerra. Cada um que se coloca diante de *Guernica* é tocado de forma permanente. A cada embate que se trava com a tela floresce um sentimento distinto, uma reação diversa, uma interpretação inédita.

A tela materializa a potência destrutiva dos homens e da sociedade. O horror representado está tanto no sofrimento das vítimas quanto no maquinismo febril dos que vitimam. Somos convidados a reconhecer que a humanidade que produziu tal tragédia é a mesma a qual pertencemos. E sabemos que, a princípio, assim como não havia motivo racional objetivo para uma tragédia de tais proporções acontecer com uma cidade indefesa, e mesmo assim ocorreu, é possível que ocorra novamente, em qualquer lugar, a qualquer momento, como um pressuposto recorrente de nossa racionalidade. Essa possibilidade é recalcada e sua impossibilidade é defendida pelo discurso da razão emancipadora e da justiça, mas sabemos quão frágeis são esses discursos diante do ímpeto do poder. A percepção dessa fragilidade é também um horror sentido e implícito em *Guernica*.

Seria possível recobrar a análise de Raymond Williams a respeito da tragédia moderna para nos referir a *Guernica*. De acordo com o autor, a experiência trágica diz respeito às crenças e às tensões de uma época e, não raro, cobra-se um uso rigoroso do termo que ultrapassa o mero acontecimento. Os acontecimentos do dia a dia por si só não seriam trágicos, mas tornam-se trágicos a partir das reações convencionadas sobre eles e, também, das reações que ocorreriam

---

14 Pablo Picasso. *Guernica*. Têmpera sobre tela, 354 x 782 cm, 1937.

mediante a capacidade dos indivíduos em conectar os acontecimentos a um conjunto de fatos mais geral, ganhando com isso uma dimensão universal. Para Raymond Williams (2002, p. 70), a tragédia não é

> um tipo de acontecimento único e permanente, mas uma série de experiências, convenções e instituições. Não se trata de interpretá-las com referência a uma natureza humana permanente e imutável. Pelo contrário, as variações da experiência trágica é que devem ser interpretadas na sua relação com as convenções e as instituições em processo de transformação.

Poderíamos então pensar nas consequências da vivência dos homens no mundo do trabalho e encará-las como trágicas a partir do momento em que as relacionamos a um conjunto mais amplo de fatos, como fizeram Albert Camus (2008) e Viviane Forrester (1997). O mesmo pode ocorrer com o ataque de Guernica. É possível encará-lo como trágico a partir da conexão feita entre o bombardeio e a conjunção de forças políticas que o desencadearam. [FIGURA 37, CADERNO DE IMAGENS, p. 305]

A maneira com que Picasso reúne os elementos da tela parece formar uma massa compacta de pernas, cabeças, patas, rabos, objetos. As formas confundem-se e imbricam-se como se tudo o que está ali representado fosse parte de uma mesma coisa. A superposição dos elementos da tela parece diminuir a profundidade, dando a impressão de que não existem prioridades na urgência dos que compõem a cena. Diante da destruição, tudo se reduz a ruínas. Os elementos que se destacam misturam-se ao que parecem ser destroços de prédios explodidos, tijolos, madeiras, mesas, janelas. Os objetos confundem-se com os seres vivos, dando a entender que a guerra não se importa com a hierarquia; na qualidade de alvos, tudo e todos se equivalem.

Essa sobreposição de formas e a expressão que adquirem diante da concretude dos traços do artista produzem um impacto justificado pela estranheza de ver vida e morte de forma tão indiscriminada. Figuram juntos um braço sem vida, mas ainda segurando a espada; um cavalo ferido, mas ainda com os olhos vivos, aterrorizados; o choro pulsante da mãe pela morte do filho. A conjunção de tantos elementos dá a impressão de que Picasso condensou num só tempo e espaço as três horas e quinze minutos de bombardeio impiedoso sobre a cidade. Diante da tela, a confusão de elementos representados direciona a atenção do observador para um único fato, um único evento capaz de causar todos os gestos registrados na tela: a guerra.

As formas cubistas e surrealistas[15] parecem ser uma estética ajustada à representação de um horror assim. A deformação dos elementos não só induz o observador a notar o movimento impulsivo em busca de proteção no momento do ataque, mas também a indecisão desse movimento, a insegurança. As formas geométricas fragmentadas e sem cor parecem estar de acordo com os resultados da guerra que a tudo deforma e aniquila.

> A inexistência de cor, inclusive o vermelho do sangue, e relevo, qualidades intrínsecas a todos os seres vivos, equivale à negação da vida tal qual a conhecemos. A área do quadro está saturada e as personagens aprisionadas num espaço claustrofóbico envolto em uma densa atmosfera. Lamelas pontiagudas e cortantes fraturam e fragmentam *Guernica*, mediante o cruzamento de linhas e de contrastes de luz, assemelhando o cenário a um *puzzle* de vidros partidos. (CERQUEIRA, 2005, p. 44).

A racionalidade presente na geometria se impõe como um contraste pelas formas irregulares usadas pelo artista. Cada um dos elementos trazidos por Picasso contribui para lembrar ao observador que os objetos da destruição racional são elementos do cotidiano, formam a vida de homens comuns que têm na guerra a materialização das consequências de uma vida submetida ao cálculo. Pode-se tentar uma comparação com o pensamento cartesiano em que a *mathesis universalis*, que identificamos na base da racionalização do mundo e de seu desencantamento, tem na geometria uma referência. Descartes, notando que o uso da razão difere de pessoa para pessoa, procura um método seguro de

---

15   A respeito da orientação plástica em que se enquadra a tela de Picasso, em geral, se reconhecem diversos estilos, como observa Serraller (1981, p. 49-50): "Se trata de uma obra em que se pode rastrear elementos de seus períodos azul e rosa; do cubismo – cuja presença não se limita na construção de figuras deterioradas mas também se faz evidente através da colagem, que aparece na evocação da ilusão de papel de jornal com que constrói o corpo do cavalo –, a deformação e o alongamento surrealista, etc.".

utilizá-la e o encontra na matemática. Segundo a filosofia cartesiana, a matemática é o modelo de conhecimento rigoroso e verdadeiro que poderia ser aplicado a todos os domínios do saber. Todas as coisas em que se aplicam a ordem e a medida se reportam à *mathesis universalis*.[16] O projeto iluminista, a partir dessa ideia, em muito toma a matemática como modelo capaz de síntese e análise. Todo um processo civilizador, ou de racionalização, avança em direção à vida dos homens, estabelecendo modos de organização e existência. É nesse sentido que os autores da Teoria Crítica buscaram uma alternativa à Teoria Tradicional. Para Horkheimer (1975, p. 136),

> A ação conjunta dos homens na sociedade é o modo de existência de sua razão; assim utilizam suas forças e confirmam sua essência. Ao mesmo tempo este processo, com seus resultados, é estranho a eles próprios; parece-lhes, com todo o seu desperdício de força de trabalho e vida humana, com seus estados de guerra e toda a miséria absurda, uma força imutável da natureza, um destino sobre-humano.

É interessante, então, associar essa constatação aos recursos formais usados por Picasso para tratar da guerra. A reta, o plano, o ponto são seres matemáticos passíveis de ordenação e medida. As formas cubistas usadas pelo artista para designar a tragédia de Guernica nos permitem uma livre associação com as causas da guerra. De uma forma ou de outra, estaria a guerra associada ao processo de racionalização, o que indicaria a tragicidade da vida.

Ao questionarem-se do porquê da guerra, Albert Einstein e Sigmund Freud trocaram cartas nos idos de 1932, alguns anos antes da tragédia de Guernica, portanto. Na opinião dos dois autores, haveria uma indignação à guerra atribuída às características da civilização. De acordo com Freud, haveria na civilização duas características psicológicas que se destacam: um crescente fortalecimento do intelecto, a ponto de passar a governar a vida instintual, e a internalização das pulsões agressivas características dos homens.[17] A racionalização trazida pelo processo civilizador teria constituído, portanto, o discurso de

---

16   Cf. DESCARTES, 1999.

17   Cf. FREUD, 2002.

repúdio à guerra, e vê-la ocorrer é, por assim dizer, ver o próprio ideal de civilização negado. Haveria então, segundo essa forma de pensar, uma explicação para a violência que se aproxima às características naturais do homem, que a civilização nem sempre consegue recalcar. Constatar uma tendência à violência no homem, no entanto, não impede que a presença concreta de atos violentos suscite o assombro típico dos que esperam uma vida controlada, ou para usar os termos cartesianos, ordenada e medida.

Então, a indignação de Picasso frente ao bombardeio de Guernica ganha outra dimensão quando associamos o fato histórico à fragilidade da razão iluminista. Mas somos tentados a pensar, também, que o mesmo processo civilizador permitiu ao homem uma matematização das táticas de guerra, assim como tornou possíveis a ciência e a técnica capazes de produzir as máquinas de destruição. A razão capaz de emancipar também é capaz de aniquilar e, nesse sentido, na mesma medida em que as formas geométricas de *Guernica* nos reportam para a *mathesis universalis*, também desnuda aos homens o que os frankfurtianos chamaram nova barbárie[18] e o horror a que nos conduziu a civilização.

Um dos elementos que chama a atenção no mural de Picasso é a lamparina de querosene situada bem ao centro. Segurada por uma mulher que estende seu braço e cabeça para dentro da cena e que parte de uma janela, como se trouxesse a luz para clarear o lugar de onde, talvez, ouvira gritos de dor e desespero. A partir da lamparina emana uma claridade que atinge a cena de forma irregular, formando com outros elementos um losango iluminado e um triângulo equilátero maior, que abarca a parte mais clara do quadro. "Como uma desordenada sinfonia cacofônica, a luz de *Guernica* ricocheteia em todas as direções imitando os violentos clarões provocados pelas explosões das bombas" (CERQUEIRA, 2005, p. 43). O contraste causado pela distribuição irregular da luz na pintura, somado ao fato da ausência de cor, exige do observador uma atenção maior, procurando a coerência das formas, descobrindo uma assimetria intrínseca aos próprios elementos.

Próximo a essa lamparina, uma lâmpada elétrica permite o contraste do antigo e do moderno. A lâmpada aparece dentro do sol, que adquire um formato de olho. Se tomarmos a luz como símbolo da razão, do iluminismo, poderíamos

---

18   Cf. ADORNO & HORKHEIMER, 1985, p. 43.

ver representada na tela a tentativa de estabelecer o entendimento de uma tragédia assim. Poderíamos também ver lado a lado duas representações distintas de um mesmo símbolo, que nos reportam à sua pertinência histórica, como se desde o início do pensamento humano, passando pelo esclarecimento, os homens tentassem compreender por que, afinal, a guerra ocorre. Ao colocar o sol no interior do recinto em que acontece a cena, Picasso recobra a metáfora do sol como saber platônico, absoluto. A tentativa de encontrar um entendimento satisfatório para a tragédia, no entanto, parece fracassar, quando a lâmpada elétrica – aqui, metáfora do conhecimento racional, fruto do desenvolvimento técnico do homem – é associada ao sol. A luz que emana não parece potente o suficiente para iluminar a cena, somente alguns poucos raios são projetados, alguns negros.

Pierre Clastres, em *Arqueologia da violência* (2004), permite que vejamos a guerra a partir de suas origens. Ao perguntar sobre o papel do conflito bélico nas sociedades primitivas, retoma a discussão hobbesiana sobre o vínculo íntimo entre guerra e Estado. Clastres nos lembra o fato de que Hobbes escreveu sobre o estado de natureza em uma época em que as informações sobre as sociedades primitivas chegavam à Europa filtradas pela visão evolucionista, que sugeria serem estas sociedades exemplos vivos de um passado da civilização. A constatação de que quase todas as sociedades primitivas eram sociedades guerreiras parecia ser a confirmação do estado de natureza descrito por Hobbes, a partir do qual os homens precisaram do soberano para colocar fim à guerra de todos contra todos. As pesquisas de Clastres revelam que esse autor estava certo em considerar o vínculo entre a guerra e o Estado, mas apontam também para uma ampliação do sentido da guerra.

Para o autor, a guerra não é simplesmente a consequência das trocas mal--sucedidas como o é para Lévi-Strauss,[19] nem tampouco uma situação de maldade natural; mas um fator capital, que mantém as sociedades coesas. Assim, para as sociedades primitivas, a guerra existe como elemento que possibilita a coesão social, que estabelece aliados – que poderão se tornar inimigos – e que encontra no inimigo uma referência para o estabelecimento do uno.

---

19 "A guerra não é um fracasso acidental da troca, a troca é que é um efeito tático da guerra" (cf. CLASTRES, 2004, p. 263).

> A guerra como política externa da sociedade primitiva relaciona-se com sua política interna, com o que poderíamos chamar de conservadorismo intransigente dessa sociedade, expresso na incessante referência ao sistema tradicional das normas, à Lei ancestral que deve sempre ser respeitada, que não se pode alterar com nenhuma mudança. O que busca conservar a sociedade primitiva com seu conservadorismo? Ela busca conservar seu próprio ser, ela quer perseverar em seu ser. Mas que ser é esse? É um ser não dividido: o corpo social é homogêneo, a comunidade é um Nós (CLASTRES, 2004, p. 265).

A guerra, portanto, contribui para a conservação da sociedade em suas características, evita que ocorra uma divisão social. Isso se verifica no âmbito econômico, pela impossibilidade de se acumular riquezas, que prontamente seriam consumidas, mas também na dimensão política, quando as relações de antagonismo são firmadas como forma de se apropriar da força dos guerreiros pelo canibalismo; como meio de apropriação das mulheres do grupo adversário, ou mesmo como proteção dos feitiços produzidos pelo xamã inimigo. Ora, a forma com que essas sociedades[20] articulam-se em torno de um inimigo ameaçador é um mecanismo capaz de criar identidade e formar grupos coesos, e pode servir de parâmetro para o entendimento do racismo de Estado e das guerras vividas pela sociedade ocidental. Dessa forma, para a Segunda Guerra foi preciso o estabelecimento do uno em torno do povo ariano, a fim de se considerar todos os demais povos como ameaça; ou mesmo na Guerra Civil Espanhola, os comunistas, anarquistas e nacionalistas bascos poderiam ser considerados como a ameaça ao Movimento Nacional[21] franquista.

A ameaça se justifica enquanto aspecto de agregação. Por essa ideia, é possível ampliar a consideração sobre a guerra, abrindo mão do simplismo que a considera fruto da bestialidade, ou mesmo da visão que encontra as causas da guerra em forças externas à sociedade. Para Clastres (2004, p. 257),

---

20 Clastres refere-se de forma universal às sociedades primitivas, mas especialmente aos índios Yanomami, que pôde estudar mais de perto, assim como os Guarani e os Guayaki.

21 Referimo-nos aqui ao movimento de inspiração fascista liderado por Franco – que compreendia, dentre outros elementos, o partido único originado no início da Guerra Civil Espanhola, a Falange Espanhola – e que seria o único veículo de participação da vida pública do regime franquista.

há, imanente à sociedade primitiva, uma lógica centrífuga da atomização, da dispersão, da cisão, de modo que cada comunidade tem a necessidade, para se pensar como tal (como totalidade uma), da figura oposta do estrangeiro ou do inimigo, e assim a possibilidade da violência está inscrita de antemão no ser social primitivo; a guerra é uma estrutura da sociedade primitiva e não o fracasso acidental de uma troca malsucedida.

O esforço do autor em compreender o sentido da guerra para a substância da sociedade primitiva nos auxilia a buscar um entendimento mais consciencioso da guerra na sociedade ocidental. O processo civilizador, que dá ênfase ao caráter racional dos homens, seria o aspecto diferencial entre as sociedades primitivas e a civilização ocidental e cristã. É na racionalidade, portanto, que devemos encontrar um movimento interno capaz de engendrar a guerra e fazê-la acontecer. Trata-se de reconhecer a guerra como estratégia para a manutenção social e, ao mesmo tempo, como elemento capaz de vincular política e sociedade. A guerra é a política continuada, capaz de perpetuar a sociedade. Para que ocorra, como fato necessário, a racionalidade é usada, seja ela uma razão oriunda de um modo de pensar tradicional e conservador, como nas sociedades primitivas, seja uma razão influenciada pela moralidade ou pautada pela técnica e a ciência.

A imagem da lâmpada trazida por Picasso em *Guernica* pode ser considerada como o fracasso no entendimento iluminista da guerra, mas também uma forma de reconhecimento da presença da racionalidade da guerra. O horror deverá surgir do paradoxo, que se estabelece entre a racionalidade e a irracionalidade, vivenciado pelas vítimas. As figuras femininas presentes na obra são significativas por representarem as pessoas atingidas pelo bombardeio. São as mulheres indefesas que ocupam o lugar do diferente a ser alvejado pela guerra, o que coincide com o discurso nazista que considera a fragilidade, a fraqueza, como características indesejáveis, ameaçadoras e que devem ser extirpadas.

Atrás da mulher que segura a lâmpada de querosene, uma outra, com os braços erguidos, semelhante ao personagem central de *Os fuzilamentos de 3 de maio* (1814), de Goya, grita desesperada pelo fogo espalhado por seu corpo. Sobre ela parece haver caído uma tora de madeira, também em chamas, que não a deixa escapar. Mais abaixo, no primeiro plano, outra mulher arrasta-se com os joelhos flexionados e os braços abertos. Sua expressão dramática impele o observador a dirigir o olhar da direita para a esquerda da tela, contrariando o costume ocidental de leitura. Seu gesto talvez pudesse ser confundido com uma genuflexão respeitosa de quem pede piedade. Seu olhar mira a fonte de luz, que não a pode confortar. Outra figura feminina no quadro encontra-se à esquerda: uma mãe segura sua criança nos braços e chora sua morte. Atrás dessa mulher, um touro observa impassível a cena com olhos humanos.[22] À sua frente, um guerreiro caído. Seu braço, amputado do corpo, ainda segura, com vigor, uma espada – contraste manifesto com as tecnológicas armas usadas no ataque – e uma flor, que resiste a tudo. Ao centro da pintura, bem abaixo das lâmpadas, um cavalo ferido. Seu corpo retorcido tem uma lança atravessada e um corte imenso, seu pescoço volta-se para trás numa frágil reação, a língua pontiaguda e os olhos estatelados são a expressão da dor e do desespero.

É sabido que os elementos pintados em *Guernica* permitem interpretações simbólicas e que essas interpretações ganham novos sentidos quando associadas a outras obras do próprio autor e de outros artistas que o influenciaram. Não há uma interpretação absoluta e indiscutível da obra, como diz o próprio Picasso: "O público, os espectadores, têm que ver no cavalo, no touro, símbolos que interpretem como eles queiram. Há animais, são animais destroçados. Para mim isso é tudo, que o público veja o que quiser" (*apud* SERRALLER, 1981, p. 54). Aqui fazemos uma interpretação recortada de *Guernica*, olhando para a obra como uma emblemática representação, na modernidade, do horror à guerra que conhecemos. O bombardeio de Guernica prenunciou o horror da Segunda Guerra Mundial e das táticas inéditas que a humanidade viria em breve tomar conhecimento. O assassinato de mulheres e crianças, o ataque pelo simples intimidar, pela simples demonstração do poderio militar era algo nunca antes visto na história das guerras. A morte de civis e inocentes causa um horror que se amplia para um tratamento da vida coisificada. Para Giulio Argan (1999, p. 475),

> Picasso tem uma visão clara da situação: o massacre de Guernica não é um episódio da Guerra Civil Espanhola, e sim o anúncio de uma tragédia apocalíptica. [...] Picasso não pretende denunciar

---

22 O fato de Picasso ter representado o touro com olhos humanos nos reporta à figura do minotauro, tão recorrente em suas obras.

um crime e despertar desprezo e piedade; quer trazer o crime à consciência do mundo civilizado, obrigando-o a se sentir co-responsável, a reagir.

Para tanto, Picasso reúne três animais, uma ave que se situa na parte esquerda, no escuro, um touro e um cavalo, além de quatro mulheres e uma criança, para retratar um ataque bélico. Essas imagens envolvendo mulheres, crianças e animais, todos indefesos e fora da frente de batalha, correspondem à iniquidade com que Guernica foi atacada. A maneira com que ocorreu foi descrita por George Steer em reportagem publicada no dia seguinte no *The Times*. Na tarde de 26 de abril de 1937, quando a população se reunia na feira da cidade, o sino da igreja tocou alertando as pessoas da proximidade de aviões.

> Cinco minutos mais tarde um único bombardeiro alemão apareceu, circulou sobre a cidade em baixa altitude, e então lançou seis bombas pesadas, aparentemente mirando para a estação. As bombas e uma chuva de granadas caíram em um antigo instituto e sobre casas e ruas do entorno. O avião foi embora. Dentro de outros cinco minutos veio um segundo bombardeiro, que jogou o mesmo número de bombas no meio da cidade. Cerca de um quarto de hora mais tarde, três Junkers chegaram para continuar o trabalho de demolição, e daí em diante o bombardeio cresceu em intensidade e foi contínuo, cessando somente com a aproximação do anoitecer, às 19h45min. A cidade inteira, com 7.000 habitantes e mais 3.000 refugiados, foi lenta e sistematicamente esmagada em pedaços. Em um raio de cinco milhas ao redor, um detalhe da técnica dos atacantes consistia em bombardear casarios ou casas de fazenda em separado. À noite, essas queimavam como pequenas velas nas colinas. Todos os vilarejos em volta foram bombardeados com a mesma intensidade da cidade e, em Mujica, um pequeno grupo de casas na entrada de Guernica, a população foi metralhada durante 15 minutos. [...] As táticas dos bombardeiros, que podem ser de interesse de estudantes da nova ciência militar, eram as seguintes: primeiro, pequenos grupos de aviões lançavam bombas pesadas e granadas por toda a cidade, escolhendo área por área de forma ordenada. Depois vinham as máquinas de combate que atacavam em baixa

altitude para metralhar aqueles que fugissem em pânico dos abrigos, alguns dos quais já tinham sido atingidos por bombas de 450 quilos, que fazem um buraco com 30 metros de profundidade. Muitas dessas pessoas foram mortas enquanto corriam. Um grande rebanho de ovelhas que estava sendo trazido para o mercado também foi dizimado. O objetivo dessa ação era aparentemente conduzir a população aos subterrâneos, para que, após, cerca de 12 bombardeiros aparecessem ao mesmo tempo lançando bombas pesadas e incendiárias sobre as ruínas. O ritmo desse bombardeio de uma cidade aberta era, portanto, lógico: primeiro, granadas leves e bombas pesadas para dispersar a população, então metralhá-la para levá-la para baixo e, depois, lançar bombas pesadas e incendiárias para demolir as casas e queimá-las por cima das vítimas (STEER, 2005).

O texto traz elementos narrativos que nos possibilitam imaginar um pouco melhor a tragédia ocorrida. Picasso tomou conhecimento do bombardeio através de reportagens como essa. Em sua obra não faz um retrato fiel dos fatos, parece estar mais preocupado em reagir diante dos significados de tamanha atrocidade, além de denunciar o horror causado pelo fascismo. *Guernica* é, nesse sentido, eminentemente política; nela, Picasso explicita a visualidade de um aspecto humano que a razão quer obscurecer.

Argan (1999, p. 475) afirma que *Guernica* é "o quadro histórico do nosso século. Ele o é não por representar um fato histórico, e sim por ser um fato histórico. É a primeira intervenção resoluta da cultura na luta política". A resposta de Picasso ao massacre ocorrido não está em significados implícitos ou em conteúdos míticos ou históricos, mas sim na própria forma do quadro. "A forma é a expressão mais alta da civilização ocidental, herdeira da cultura clássica; a crise da forma é o sinal da crise da civilização" (ARGAN, 1999, p. 475). A ausência do relevo e da cor no quadro de Picasso revelam a ausência de vida. Tudo o que sobra é a morte. E é a morte em processo, com todo o sofrimento figurado nas formas cubistas do quadro e a simbologia de elementos como a lamparina de querosene, a lâmpada elétrica, a espada partida, as chamas de incêndio, o touro, o cavalo ferido. "O símbolo, por sua própria fixidez pavorosa, é morte; passar da realidade ao símbolo é passar da vida à morte" (ARGAN, 1999, p. 476).

O impulso violento do homem no ataque à cidade pareceu ter sido um grande extravasamento, um agir sem ponderação. Se tomamos o ocorrido dessa maneira, acabamos por considerar, de um lado, indivíduos cujo engenho tornou possível tamanho aniquilamento e, de outro, as vítimas tomadas de surpresa, sem possibilidade de defesa, perseguidas pela morte. Picasso nos permite visualizar essas pessoas, igualadas aos animais e às coisas. Suas vidas já não são *bíos*, mostram-se como vidas nuas destinadas à matabilidade.

Guernica desnuda o significado da guerra. Antes de um artifício ardiloso para se ampliar a dominação e o poder, para enriquecimento e eliminação de ameaças a planos e objetivos de qualquer ordem, a guerra significa a manutenção do poder de um grupo humano sobre outro. O horror causado nos que vivenciam a tragédia está também na constatação da guerra como elemento implícito à sociedade e à sua coesão. Ainda assim, a guerra não pode ser considerada comum, corriqueira, deve ser sempre entendida como um atropelo à vida. O horror à guerra cumpre também uma função, a de agrupar os indivíduos em torno de seu repúdio; e, com isso, estabelecer a possibilidade da crítica sobre sua insensatez. Se por um lado o humanismo introduz uma frágil esperança na ação construtiva do homem em defesa da vida, por outro lado os fatos trágicos do cotidiano colocam nossa expectativa à prova. Ao indagarmos os motivos dos acontecimentos trágicos, nos deparamos com o questionamento sobre as contingências que se abatem sobre a vida e corremos o risco de cair em uma discussão sobre a natureza humana. Para Raymond Williams (2002, p. 86), é possível dizer que

> o homem não é "naturalmente" nada: que nós tanto criamos como transcendemos os nossos limites e que somos bons ou maus em modos e em situações específicas, definidos pelas pressões que a um só tempo recebemos, podendo recriá-las e novamente alterá--las. Essa continuada e diversificada atividade é a verdadeira origem das palavras, que podem apenas na imaginação ser abstraídas para explicar a atividade em si.

A tragédia da guerra não é fruto da pura vontade humana e não a podemos classificá-la por critérios de bom ou mal. É preciso considerar as forças engendradas pela fortuna a fim de se reconhecer a racionalidade implícita ao bombardeio de Guernica. O ataque ocorreu em um período de conflito mundial, quando a Alemanha nazista formava alianças e firmava objetivos estratégicos. Guernica era um ícone do país basco;[23] atacá-la serviria aos propósitos de Franco contra a república e contra a autonomia regional de uma Espanha federalista ou descentralizada. O fato de ser uma cidade indefesa e fora das linhas de batalha serviria à Alemanha nazista como exemplo de seu poderio bélico ao mundo, além de criar uma sensação de horror por toda a parte, uma vez que qualquer cidade do globo poderia ser vitimada por esse novo tipo de ameaça, a guerra total. Esse sentimento de insegurança causado nas pessoas, atônitas diante da ciência do bombardeio de Guernica, foi fruto de cálculo, repetido, anos depois, guardadas as proporções, em Nagasaki e Hiroshima.

Então, não se trata de olhar para a guerra, especificamente para o bombardeio de Guernica, como a materialização do mal absoluto. Esse diagnóstico seria o mais fácil. Implicaria o reconhecimento de monstruosidades, a quem devotaríamos nosso horror e poderíamos liquidar com uma ação benévola e heroica. Mas, no momento em que consideramos a ação nazista como uma ação de homens, tão racionais quanto quaisquer outros, somos tomados por um reconhecimento que causa horror. De forma simplista, comumente a tragédia é relacionada ao mal. Raymond Williams pondera que o mal acaba por ser considerado de forma absoluta, especialmente por conta da tradição judaico-cristã. Nesse sentido,

> o que a tragédia nos mostra, argumenta-se, é a ocorrência do mal como inevitável e irreparável. Simples otimistas e humanistas negam a existência do mal transcendental e desta forma são incapazes de experiência trágica. A tragédia é assim um lembrete salutar, uma teoria, na verdade, contra as ilusões do humanismo (WILLIAMS, 2002, p. 85).

---

23 A literatura aponta a presença em Guernica de um velho carvalho (*Guernikako arbola*), embaixo do qual os monarcas espanhóis tradicionalmente juravam respeitar as leis e costumes dos bascos. Ali também se reunia o conselho basco (*batzarraks*) para a tomada de decisões (cf. CERQUEIRA, 2005).

O autor aponta a necessidade de se olhar para a tragédia a partir de elementos mais amplos, relativos, movidos pelo contexto em que se inserem. Hölderlin (2001, p. 165), em um de seus escritos, diz que "o modo mais fácil de compreender a significação das tragédias é pelo paradoxo". É preciso olhar para as consequências da ação beligerante em sua racionalidade política, ainda que a destruição causada pela violência inexorável salte aos nossos olhos. Do ponto de vista moral, considerar o mal como irreparável é assumir uma fatalidade da existência. Encarar o mal de maneira absoluta implica a consideração de seu oposto, um bem absoluto, e ambos implicam um afastamento da realidade.

Reymond Williams afirma que diante da arte trágica, o otimismo desmesurado é colocado em xeque. Aqui a consciência sobre a vida pode resultar num niilismo, pode suscitar o desânimo e a impotência, mas também, de forma oposta, pode gerar a revolta e a ação propositiva. Nem bem nem mal absolutos. Uma concepção mais conscienciosa permite olhar para a realidade com suas implicações. Com isso, o mal passa a ser encarado como o nome dado às diversas formas de desordem que consomem e aniquilam a vida real, o que não implica considerá-lo inexistente.

Guernica carrega em si mesma o contraste do cotidiano sendo destruído e a vida pulsante sendo extirpada. O ambiente fechado em que ocorre a cena amplia a angústia de ver a morte tão próxima cercando a vida. Mas as portas, na pintura, estão abertas. Haveria então uma possibilidade de escapatória em que a ação permitiria a continuidade da vida política (*bíos*) e da vida biológica (*zoé*). Picasso parece estar relacionando as duas formas de vida. Na medida em que as vidas de Guernica foram tratadas como *zoé*, a tela parece ser um alerta para a condição política dos homens e para a sua necessidade.

HOMO HORRENS

A experiência do horror pode ser associada, de forma geral, à imagem trazida por José Saramago quando nos compara a uma ilha, por vezes habitada.[1] Há no símile do autor a consideração dos homens em uma condição que acarreta extrema solidão. Trata-se de um deserto, um vazio, que implica destituir o homem de seus discursos. Saramago fala de um momento de serenidade, que ocorre nos raros momentos em que a ilha é habitada, quando o mundo parece ter sido explicado e encontramos toda a verdade suportável em um pequeno punhado de terra. Esse instante, em que nos sentimos livres, é o momento em que podemos reter o mundo em nossas mãos e organizá-lo novamente. A terra escorrendo pelos dedos traz uma estranha sensação de segurança de que a podemos tomar repetidas vezes, ao preço de dedicarmos nossa existência a esse ato. É esse punhado de terra que temos, nada mais. Se cravarmos nossas unhas no solo em busca de mais terra, saberemos logo nosso limite ao sentirmos os dedos frágeis serem feridos e o solo mudar de consistência. Sloterdijk (2008, p. 104) retoma uma citação de Hölderlin que nos ajuda nessa ideia: "por vezes, julgamos sentir que o mundo é tudo e nós somos nada, mas por vezes sentimos também como se nós fossemos tudo e o mundo fosse nada". Há nos homens uma capacidade de transitar entre o otimismo e o pessimismo, assim como lhe cabe o trânsito entre a vida e a morte. Procuramos aqui recuperar, através do pensamento e da arte, uma condição humana que se situa nesse limiar e que se revela como uma questão política na medida em que é estímulo para a ação e, ao mesmo tempo, resultante de forças e poderes.

---

1   Cf. SARAMAGO, 1985, esp. "Na ilha por vezes habitada".

É de uma complexa teia de forças, flexível como a teia de uma aranha frente ao vento, que destacamos certo tipo de experiência do homem diante da realidade, que o coloca em um estado de espírito específico. Quisemos mostrar que o horror é uma experiência humana tão íntima e forjada no contato com o mundo que já não podemos considerar o homem sem ela. O *homo horrens* é aquele que sofre as consequências de um existir específico, que compreende o assombro do real, o medo frente às contingências, o terror diante dos fatos violentos da vida. Essas experiências vão desde o reconhecimento de nossas impotências, do descompasso de nossa existência em relação aos outros e ao mundo, até o suspense da morte, as consequências do mundo do trabalho, da desigualdade, dos poderes sofridos na carne, da transformação da vida em algo descartável. Entendemos que todos esses horrores, na medida em que são experienciados, revelam aos homens sua condição.

Procuramos apresentar algumas das muitas possibilidades da experiência do horror, que ocorrem a partir de variadas circunstâncias. Essa experiência deve ser encarada como algo que se funda na mesma medida em que se funda a sociabilidade, sua existência confunde-se com a do próprio humano enquanto ser dotado de razão, que se apropria do mundo torneando-o com sentidos e que, por isso, é capaz de reagir a ele. A experiência do horror é fruto de um choque entre o mundo concreto e as percepções que se fazem dele. Em larga medida essas percepções acabam por fundar noções exatas sobre o mundo, tanto no que diz respeito à sua concretude quanto à sua significação. Esse sentimento de mundo é construído gradativamente pela vivência do homem, e junto dele, as expectativas criadas sobre a vida.

As expectativas são construídas pelos hábitos, pelos fatos do cotidiano, pela sociabilidade, pela moral. No momento em que são abaladas, quando verdades outras surgem diante dos nossos olhos, entramos numa zona de suspensão em que o horror ganha força e se apresenta como um concreto reagir ao mundo e, mais do que isso, como um convite constante à sua reconstrução, com novas interpretações, novos olhares, novas sensações. A deformação do olhar é uma forma de libertação e, sendo assim, implica um constante reconstruir. Ao deformar o mundo, sofremos por sua inconstância, por nos reconhecermos em um estado de fragilidade e de suspensão.

De fato, por uma vontade de conservação, e mesmo um receio pelo novo, acabamos por enxergar o horror como algo negativo, como um diagnóstico de nossa condição trágica; mas, na mesma medida em que o horror nos revela nossa tragicidade, convida-nos a retomarmos a nós mesmos. Trata-se de um voltar-se para si que estabelece um diálogo íntimo consigo. Há aqui um impulso de conservação que em geral não é percebido. Ao estabelecer o pensamento, esse diálogo ensimesmado, tal como o define Arendt (2002), livramo-nos da solidão maior, aquela em que nos encontramos perdidos de nós mesmos. Esse primeiro diálogo é o ponto de Arquimedes, pelo qual podemos reelaborar a existência, rever os afetos, ressignificar nossa tragicidade a fim de nos reconhecermos como parte da engrenagem do mundo.

A imagem sugerida por T. S. Eliot a respeito da condição dos homens nos reporta a um vazio existencial. Segundo o autor, "nós somos os homens ocos/ os homens empalhados/ um nos outros amparados" (ELIOT, 1981). Essa imagem implica considerar os homens em uma espécie de impotência e fragilidade, na qual precisam amparar-se uns nos outros para que não caiam. Seguem erguidos, mas de uma maneira artificial, empalhados, sem vida. Trata-se de uma visão sombria da existência que nos permite vislumbrar a experiência do horror. A imagem de vazio existencial remete-nos à ideia de solidão, que corresponde à experiência de nos vermos perdidos, isolados do mundo, sem referência alguma, destituídos dos sentidos que poderiam nos tornar capazes de lidar com o absurdo. Mas essa imagem também aponta para a possibilidade de encarar a solidão como um momento precioso de diálogo do homem consigo, que o potencializa a pensar, tal como sugere Arendt, que o permite criar e cuidar do mundo.

Essa experiência, portanto, pode ser encarada de forma pessimista e otimista. É possível entender essa ambiguidade a partir das considerações de Nietzsche sobre o niilismo. Para esse autor, o niilismo apresenta-se, também, sob um caráter equívoco. Por um lado é sintoma de decadência, de uma aversão pela existência; por outro lado, e ao mesmo tempo, o niilismo é expressão de um aumento de força e condição para um novo começo. Essa ambivalência não pode ser tida como uma incoerência: é constitutiva do próprio conceito. Segundo Nietzsche, há uma necessidade histórica e filosófica do niilismo, não se trata de um mero acidente.

Nietzsche (1999d, p. 399) pondera que "se se põe o centro de gravidade da vida, não na vida, mas no "além" – no nada –, tirou-se da vida toda a gravidade". O niilismo começa com um deslocamento do centro de gravidade da vida para outro lugar que não nela mesma, e todas as suas consequências decorrem disso. Trata-se de uma depreciação metafísica da vida a partir de vários valores considerados superiores à própria vida, que a reduzem a um valor de nada.

Uma vez que esses valores são alçados acima da própria vida, a vida é diminuída e parece ser dependente deles. Quando colocados diante de um processo de desvalorização dos valores supremos, eles também se desvalorizam e aparecem como o que eram desde o início: nada.

É nesse contexto que ocorre a ascensão dos valores morais, com o peso que foram tomando, na cultura socrático-cristã. Eles deram à existência um *valor* e um *sentido*, mas ao mesmo tempo a denegriram, deixaram entrever que a verdade desses valores era, desde o início, uma ficção. A história do Ocidente foi construída sob fundamentos do niilismo, com o que o niilismo dos fundamentos não poderia deixar de vir à tona.

O niilismo, tal como Nietzsche o descreve, recobre a história da filosofia e da cultura como um todo, em dois movimentos contrários. Inicialmente há um deslocamento metafísico operado na antiguidade desde Platão e prolongado no cristianismo. Posteriormente ocorre a perda desse eixo metafísico consolidado, é esse o momento da modernidade. O segundo movimento, o niilismo da modernidade, é o sentido mais corrente no tempo de Nietzsche. Em larga medida Nietzsche é influenciado pelo niilismo russo do século XIX, notadamente através dos escritos de Dostoiévski.[2]

Em *Os demônios*, Dostoiévski apresenta a Nietzsche o personagem Kiríllov, o homem obcecado pelo suicídio. Segundo ele, há duas coisas distintas capazes de impedirem os homens de se suicidarem, uma grande e outra pequena. Ambas dizem respeito a um medo indelével; a pequena é o medo da dor, a grande é o medo do outro mundo. Mas há uma forma de se tornar livre e ser capaz de vencer esses medos, que Kiríllov formula assim: "haverá toda a liberdade quando for indiferente viver ou não viver" (DOSTOIÉVSKI, 2005, p. 120) e, ao ser objetado sobre o fato do homem amar a vida e por isso temer a morte, responde:

---

2   Cf. GIACÓIA JR., 1994 e 1997.

> A vida é dor, a vida é medo, e o homem é um infeliz [...] quem
> vencer a dor e o medo, esse mesmo será Deus. E o outro Deus
> não existirá... Aquele que desejar a liberdade essencial deve
> atrever-se a matar-se... Aquele que se atrever a matar-se será
> Deus (DOSTOIÉVSKI, 2005, p. 120).

Aqui parece já estar esboçada a relação que se vai estabelecer entre o niilismo russo e a maneira como Nietzsche vai tratar a morte de Deus, que aponta para a perda dos valores supremos, e o consequente horror característico da sociedade ocidental e cristã.

Mas afinal, como Nietzsche descreve esse niilismo da modernidade? Na terceira dissertação da *Genealogia da moral*, o autor escreve que "desde Copérnico o homem parece ter caído num plano inclinado" (NIETZSCHE, 2007a, p. 142). O que significa "rolar para longe do centro", em direção a nada. Com a perda do centro, ocorre a perplexidade.

Em um belíssimo texto de 1882, Nietzsche faz uso de um personagem para anunciar explicitamente, pela primeira vez, a morte de Deus. Um homem louco, com uma lanterna acesa em plena manhã, procura por Deus no mercado. Na descrição da cena, outros homens presentes se divertem às custas do louco, que, lúcido, carrega alguma luz em suas mãos para iluminar aquilo que já não se ilumina pela razão. Segue o homem inconformado: "Como conseguimos beber inteiramente o mar? [...] Que fizemos nós, ao desatar a terra de seu sol? [...] Deus está morto! Deus continua morto! E nós o matamos!" (NIETZSCHE, 2007d, p. 148). O valor que outrora serviu de guia da civilização agora se nega, se mostra mentiroso, desvalorado, desacreditado.

A questão não é anunciar que o Deus cristão morreu, mas em fazer ver que o mundo suprassensível, em geral, que dava à existência do homem um sentido e uma razão, caiu no descrédito. Essa região que a metafísica inaugurou perdeu sua eficácia, o homem já não sabe em quê se agarrar, nada mais parece conduzi-lo, motivá-lo. Passamos de uma experiência em que orbitávamos em torno de um eixo, de uma luz, de um sol, e passamos a uma errância na escuridão. Caímos em uma topografia aplainada, sem relevos, em que vagamos à deriva. O essencial consiste em detectar as razões desse extravio. Por que, afinal, nos extraviamos de um centro tão seguro, Deus, e passamos a vagar longe do centro, em direção ao nada?

De acordo com Nietzsche, existe uma deplorável falta de sentido histórico nos filósofos que é preciso corrigir, pois é preciso ter esse sentido para se pensar os postulados de nossa moral, conhecimento e religião. Há um esforço de desnaturalizar nossa cultura, cada representação nossa e o próprio ato de representar. O pensamento veio a ser, não é algo natural, e sua origem é obscura, é um aglomerado de impurezas que o filósofo em geral não quer saber. O conhecimento filosófico tradicional expõe a realidade em uma harmonia inexistente, caricaturando a realidade. O motivo em larga medida tem a ver com o fato de que à morte de Deus segue-se a morte do próprio homem, segue-se o desejo inconcebível de o próprio homem ser Deus. Feuerbach dirá que se trata de uma substituição do Deus-homem pelo homem-Deus.[3] Zaratustra dirá: "agora salta um deus dentro de mim" (NIETZSCHE, 1999f, p. 46).

Quando os valores caem e são substituídos, a que responde a sucessão de valores? Dado um valor determinado, jamais se perguntará sobre sua verdade, validade e legitimação, mas sim sobre suas condições de produção. Não se trata de perguntar "o que é?", mas "o que quer aquele que defende determinado valor?", "quem precisa de tal valor para se conservar, para impor seu tipo, alastrar seu domínio?" Um valor é apenas sintoma de um tipo de vida, é sintoma de uma formação de domínio, de uma configuração de forças. Cada valor não passa de uma perspectiva produzida no tempo, e deveria ser concebido assim antes de se universalizar. Nietzsche tenta voltar-se para a perspectiva que produziu o valor e é nesse sentido que se justifica seu trabalho genealógico.

Cada valor é um ponto de vista, tanto mais vitorioso quanto faz questão de ocultar o fato de ser um ponto de vista. Um valor resulta de uma avaliação. Nietzsche vai desfetichizar a ideia de valor. Não existe valor em si, sempre tem algo ou alguém por trás do valor. O valor deriva de um modo de existência, inclui o corpo e muito mais do que ele. É o resultado de um jogo de forças que é sempre variável, diverso. Que modo de existência implica determinado valor? Que tipo de vida? Um valor é uma condição de existência e expansão do indivíduo, é condição para o exercício da vontade de potência. Ao mesmo tempo, é

---

3   Cf. FEUERBACH, 1974.

a vontade de potência que produz valores, é ela também que descarta os valores quando eles já não servem às condições de exigência e expansão.

A transvaloração de todos os valores é um tema recorrente a Nietzsche. Os valores que caducam são substituídos por outros pela história. Nietzsche quer pensar não a mudança de um valor por outro, mas modificar o modo de instauração dos valores. Se o niilismo é a desvalorização dos valores supremos, não há que se frear esse movimento. Se os valores supremos estão revelando o seu valor, que era um valor de nada (eram tudo e, quando se desvalorizaram, mostraram que eram nada), caberia então não frear, mas intensificar esse processo, extrair a última consequência desses valores. Se o problema é o modo de instauração dos valores, é a relação que se tem com eles (subserviência, reverência, reificação, obediência etc.) que nos impõe uma vida de sofrimento. A questão central é, portanto, saber qual o tipo de vida. O valor implica a dominação, mas uma dominação mais ampla, como a de um artista que modela sua matéria e a domina de acordo com os desejos imputados em sua própria existência. Com os valores é que modelamos a vida.

Ainda de acordo com Nietzsche, o niilismo aponta duas possibilidades de futuro, uma positiva e outra negativa, representadas, respectivamente, pelo além-do-homem e pelo último homem. O último homem é aquele que substitui Deus e permanece na reatividade, incapaz de criar, incapaz de encontrar sentidos e valores, é aquele que prefere um nada de vontade. O além-do--homem é aquele capaz de apoiar-se no niilismo para superá-lo, enxerga na derrocada dos valores uma possibilidade para a transvaloração de valores. É nesse sentido que o super-homem nietzschiano aponta para a superação do modo de vida que produz a experiência do horror.

É possível identificar a existência de um niilismo incapaz de fugir do "tudo é vão", aquele que Nietzsche classificou como niilismo passivo, incapaz de escapar à reatividade, em que se processa uma guerra de valores particulares antagônicos, a fraqueza da vontade, a corrupção dos costumes, a busca incondicional de um entorpecente para abrandar o vazio da existência. Seu resultado é uma busca imperiosa por certezas capazes de amenizar a aspereza da vida.

O trecho de Nietzsche "o niilismo não é somente um conjunto de considerações sobre o tema 'tudo é vão', não é somente a crença de que tudo merece perecer: consiste em por a mão na massa, em destruir" (*apud* PELBART, 2006, p. 67) implica a revelação de que a simples identificação das forças morais que corroem o homem não basta. Tampouco serve reformá-las para torná-las mais suportáveis. É preciso destruí-las para que surja uma nova forma de vida humana. Um indivíduo outro, ativo, nobre, capaz de um cuidado com o mundo. Trata-se de perceber que, para os alicerces que foram feitos, nenhum valor se sustenta; é preciso destruir, deixar que a vida, tal como está, entre em colapso, para que um novo olhar seja possível. Isso implica ver a destruição como um processo e reparar que "nada é vão". A experiência do horror, tal como a concebemos, também é fruto de um pensamento maniqueísta, consequência de valores desvalorizados, e, a partir de Nietzsche, somos convidados a encontrar o lado afirmativo do horror.

O niilismo, em seu caráter ambíguo, deve ser visto como uma ferramenta capaz de potencializar uma estética da existência, pela qual do homem é exigido transpor o próprio homem, para que possa ser criativo, ativo, livre.

A experiência do horror, assim como o niilismo, refere-se a fatos que decorrem da forma com que o mundo foi construído pelos homens. Procuramos identificar alguns dos aspectos da modernidade que chamam nossa atenção a ponto de permitir o diagnóstico de uma reação niilista ou mesmo de horror. Ao olharmos para as ideias de Michel Foucault, identificamos algumas dessas características que regem nosso cotidiano, como resultantes de um processo histórico, que dizem respeito às instituições que pertencemos, que atuam diretamente sobre nossas vidas. A dificuldade de se viver coletivamente fica evidente a partir do colapso das velhas formas que garantiam a sociabilidade. Em seu lugar emergiram seus espectros, que reduziram a vida a um espetáculo banal que sugere a fragilidade dos vínculos entre os homens. Michael Hardt e Antonio Negri formularam o conceito de Império e Multidão para designar a forma atual como a sociabilidade e a política ocorrem.

O Império, essa nova estrutura descentralizada de dominação, coincide com a sociedade de controle tal como a descreve Gilles Deleuze, a partir das considerações de Michel Foucault. Somam-se aos dispositivos disciplinares novas modalidades de controle mais flexíveis e difusas que incidem diretamente nos corpos e mentes dos indivíduos, dispensando as instituições tradicionais que na sociedade disciplinar docilizavam os corpos. Trata-se agora de propiciar à população um estado de "alienação autônoma" através dos meios de comunicação e redes de informação, além da fluidez de um cotidiano que posiciona o vivente em um modo de vida habitual que ele absorve voluntariamente, que corrobora, através da atuação na subjetividade, uma vida de rebanho, disposta a fazer o jogo do capital.

> É nesse sentido que a vida torna-se um objeto de poder, não só na medida em que o poder tenta se encarregar da vida na sua totalidade, penetrando-a de cabo a rabo e em todas as suas esferas, desde a sua dimensão cognitiva, psíquica, física, biológica, até a genética, mas sobretudo quando esse procedimento é tomado por cada um de seus membros (PELBART, 2003, p. 82).

Mas é preciso considerar a reação da própria vida diante das biopolíticas, o que implica considerar sua própria potência. De acordo com Pelbart (2003, p. 83), "definir o Império como regime biopolítico implica esse duplo sentido: significa reconhecer que nele o poder sobre a vida atinge uma dimensão nunca vista, mas por isso mesmo nele a potência da vida se revela de maneira inédita". A reação a que se refere o autor diz respeito à análise de Hardt e Negri que demonstra o surgimento da Multidão[4] como um novo sujeito contemporâneo, capaz de produzir novos valores. Diante da experiência do horror potencializada pelo Império, é possível reconhecer a capacidade inventiva da Multidão, sua tendência a resistir às forças dominantes e coercitivas. Há aqui um apontamento dos autores para uma biopotência da Multidão capaz de atuar nas fissuras do capitalismo, mas, ao mesmo tempo, a comprovação de um quadro de controle biopolítico bastante eficiente.

---

4   O conceito de Multidão de Michael Hardt e Antonio Negri implica uma formação distinta da massa. Enquanto a massa é uniforme e compacta, a Multidão é heterogênea e múltipla. Suas vontades não podem ser condensadas, ela não faz pacto com o soberano e inclina-se a formas não representativas de governo. O conceito descrito pelos autores coincide com a necessidade de vislumbrar novas formas de compreender uma população que corresponda ao Império e responda às forças de dominação biopolíticas da sociedade de controle (cf. HARDT & NEGRI, 2000 e 2005).

Quisemos recuperar a maneira pela qual o capitalismo se reorganiza e restaura as próprias forças, estabelecendo novas formas de produção menos rígidas e mais fluidas. Nessa tomada de fôlego, cabe perguntar como ficam seus partícipes. É de se esperar que nos manuais de empreendedorismo surjam fórmulas indicativas do sucesso a partir de posturas cooperativas, estabelecimento de parcerias e cultivo de redes de informação. O pós-fordismo instituiu uma flexibilização na produção que foi capaz de dar ânimo a um sistema cuja lógica suscita ciclos de crises muito bem descritos por Kondratieff.[5] O capitalismo rizomático[6] descreve com propriedade essas estratégias que se cumpriram ao longo do século passado a fim de manter a busca pelo lucro como objetivo maior. Falamos aqui de um sistema que lança mão de modificações na organização do trabalho e amplia a esfera das expectativas, jogando com a subjetividade do trabalhador, além de ampliar a mobilidade do cidadão, que permanece desigual, e valorizar, ao menos enquanto meta e discurso do possível, as realizações pessoais do indivíduo, destacando-o da massa. O lidar biopolítico com a população, que resultou em novos sentidos para o sistema político e econômico e suscitou a abertura de verdadeiras trincheiras no interior do mundo capitalista, resultou na percepção da Multidão como esfera de resistência potencial, que obriga o próprio sistema a reorganizar-se sempre, numa repetição viciosa que, talvez, não aponte para um resistir, mas para um retornar ao sopé do penhasco para, de lá, novamente recobrar o trabalho que não se acaba.

O horror representado por Käthe Kollwitz é diferente do representado por Portinari, Antônio Henrique Amaral ou Karin Lambrecht. No período em que ocorreu a Revolta dos Tecelões, na Alemanha, o industrialismo era ainda embrionário. A ação política do trabalhador é limitada por barreiras visíveis e o processo de alienação a respeito do modo de produção fabril poderia ser solucionado com a atuação de intelectuais orgânicos. Nessa época, Marx pôde vislumbrar uma revolução proletária, porque estava diante de uma situação concreta de alheamento dos trabalhadores e da possibilidade de uma

---

5   Em 1926, o economista russo Nicolai Kondratieff publicou a teoria do investimento de capital, que definia ciclos de expansão e contração do sistema capitalista. O autor é citado por Immanuel Wallerstein em *O declínio do poder americano: os Estados Unidos num mundo caótico* (cf. KONDRATIEFF, 1944, e WALLERSTEIN, 2004).

6   Cf. DELEUZE & GUATTARI, 1995.

retomada por sua própria vontade, uma vez que a proporção dos que padeciam do horror da miséria era substantiva. Na medida em que o tempo permitiu aos operários organizarem-se, possibilitou à técnica e à ciência novas formas de domínio. A vigilância e a disciplina dos indivíduos foram aprimoradas, tanto no trabalho e na vida pública quanto na vida privada, na família, na sexualidade, na moral, na religiosidade. Sobretudo, ao longo do século XX a indústria do lazer passou a ocupar o tempo livre do trabalhador, fazendo da perspectiva de educar as classes trabalhadoras, livrando-as da servidão voluntária, uma quimera. As gravuras de Kollwitz marcam o medo e o sofrimento de uma época bastante diversa da época atual. Suas formas indicam uma apreensão percebida. Os homens, as mulheres e as crianças que a artista retrata estão cônscios de sua tragédia porque a vivem hodiernamente. Não se trata de um horror trazido pelo desconhecido, mas pelo conhecimento da miséria que devora os que não se incluem no mundo do trabalho.

A série *Os retirantes* de Portinari indica um horror das consequências não sabidas. As pessoas retratadas na tela são excluídas de algo que não têm a dimensão. Sentem a miséria nos próprios ossos e caminham rumo ao desconhecido em busca de sobrevivência, sem vislumbrar a combinação de fatores que resultaram em sua situação. Pode ser que se sintam vítimas da natureza, pode ser que se sintam vítimas de Deus. Caminham rumo a uma danação aceita como prova de fé, mas, na dúvida da condenação divina, procuram a esmo por um milagre. Aos que se retiram do horror da realidade em busca de um oásis, aguarda um novo horror, desconhecido, que pulsa no deserto da cidade. O sistema político e econômico que se propõe a dominar e explorar a natureza em nada impede o horror desses retirantes. Tampouco a política e a economia oferecem a eles o milagre que esperam. São indivíduos que devem permanecer vivos, na medida em que interessam ao capital; no momento em que se transformam em ameaça à vida, devem restringir-se à ameaça de seu próprio horror.

As telas de Antônio Henrique Amaral aqui selecionadas vinculam-se à época em que foram produzidas, quando a opressão da política autoritária incidia diretamente sobre o cotidiano dos homens. Há em Amaral uma força política de contestação e resistência à disciplina que a tudo quer controlar e docilizar. O grito de Amaral diante do assassinato brutal de Wladimir Herzog estende-se além do fato pontual e rebela-se contra toda forma de violência, que sedimenta o homem numa condição de animalidade. A simplicidade de suas bananas é logo adulterada por complexas técnicas de suplício, representadas por variadas formas de cortar, dilacerar e esmagar. Vida e morte misturam-se na carne suculenta da fruta, ao percebê-la manchada por sangue humano. O sofrimento é aqui punição aos que, diante do horror da submissão, atuam pela liberdade; mas a metáfora de Antonio Henrique Amaral pode ser ampliada e referir-se a um sofrimento que se alastra como norma.

Mas é na obra de Karin Lambrecht que a representação do horror adquire contorno biopolítico. O manto da mulher, branco, embebido de sangue, concentrado na região do ventre, aponta para um paradoxo do existir. O sangue que pulsa nos corpos é fluido oculto que propicia a vida. Quando se torna visível indica um suspense ou mesmo uma tragédia, porque se sabe que sua ausência significa a suspensão da vida. Karin banha de sangue o ventre de onde surge a vida, como quem faz um mapa da existência. No lugar em que brota a vida, sepulta-se o sangue de uma outra vida sacrificada. A tensão gerada por Karin entre a vida e a morte pode ser um bom pretexto para pensarmos o homem contemporâneo, que sente sua vida fragilizada, sob risco constante, enquanto luta por sua permanência. Aqui a morte pode ser tomada como um símbolo para tudo aquilo que se exaure, que finda e imputa ao homem a derrota irremediável. A morte poderia ser vista como o anúncio de um recomeço, de outra vida, como creem os religiosos; mas, ao depararmos com as ideias de Giorgio Agamben, a hipótese do sacrifício se enfraquece, e o que resta é a morte pura, destino que se cumpre.

A vida adquire uma condição precária no capitalismo. Karin Lambrecht nos alerta para isso. Sua obra nos conduz ao questionamento de quão descartável e efêmera é nossa vida. A inquietação de Karin pode ser cruzada com as ideias de Hannah Arendt, ao enfatizar a vitória do *animal laborans*, mas é Albert Camus quem retoma o horror desse modo de existência. Seu sentimento implica o experienciar cotidiano e rotineiro do trabalho mecânico, que nos afasta do mundo e de nós mesmos, porque nos coisifica.

> Antes de encontrar o absurdo, o homem cotidiano vive com metas, uma preocupação com o futuro ou a justificação (não importa em relação a quem ou a quê). Avalia suas possibilidades, conta

> com o porvir, com sua aposentadoria ou o trabalho dos filhos. Ainda acredita que alguma coisa em sua vida pode ser dirigida. Na verdade, age como se fosse livre, por mais que todos os fatos se encarreguem de contradizer tal liberdade. Depois do absurdo, tudo fica abalado. A idéia de que "existo", minha maneira de agir como se tudo tivesse um sentido (mesmo que, eventualmente, eu diga que nada tem), tudo isso acaba sendo desmentido de maneira vertiginosa pelo absurdo de uma morte possível. Pensar no amanhã, determinar uma meta, ter preferências, tudo isso supõe essa crença (CAMUS, 2008, p. 68-69).

Camus insiste que o desconhecimento coincide com o absurdo da existência. Uma reflexão sobre isso implica considerar a própria liberdade como uma realidade distante. O agir alienado, identificado como tal por um observador outro, representa uma luta pela preservação social e existencial. Mas o indivíduo que é tido por alienado deve ser considerado como tal não apenas pelo desconhecimento de uma realidade, mas também por uma vontade de preservação e aceitação implícita na condição social do homem. É preciso crer na liberdade e, quando o limite se apresenta, é preciso sublimar, encontrar sentidos positivos, colocar numa balança os prós e os contras de modo a reconhecer sempre a vantagem de calar-se diante do limite da ação.

Por trás dessa forma de agir está a sabedoria da preservação, que os corajosos não devem se atrever a julgar. A todos o limite se apresenta de alguma forma. A liberdade é limitada pela própria vida, que se mostra como um fluxo constante de exercícios de poderes e dominações. Às vezes a forma encontrada pelo indivíduo de lidar com uma opressão é não reconhecê-la como tal. Diante do seu reconhecimento, o horror. O sentimento absurdo de vagar pelo deserto, de tentar desvencilhar-se de um labirinto sem jamais conseguir encontrar a saída, eis uma boa imagem do horror. Essa liberdade ilusória está nas ações mais cotidianas, notadamente no mundo do trabalho. É com essa realidade em mente, para além de toda a análise marxista, que Camus recupera a força da imagem de Sísifo, condenado a um trabalho inútil e sem fim. O mito é revelado pelo autor com o detalhe de que Sísifo é consciente de que sua tarefa jamais será cumprida. É nessa consciência que reside a tragédia do mito, e é somente a alienação trazida pela esperança que poderia fazer de Sísifo, no processo de seu trabalho infinito, sentir-se feliz. Há aqui um paradoxo. A condição de alienação é fruto das contingências e não da escolha do indivíduo. A alienação não é exatamente uma questão de opção. No momento em que essa questão se coloca, já está feita uma indagação sobre o existir. Ao mesmo tempo em que a alienação poderia trazer uma ilusão confortável ao homem, sua condição implica uma vontade de saber que o impele a buscar respostas e o risco da consciência torna--se uma realidade.

A mesma metáfora de Sísifo pode referir-se à busca insaciável do homem pela verdade. Há nisso um aspecto tão primordial que podemos entendê-la como parte mesmo do humano. Uma vontade assim resulta numa negação da própria vida, de diferentes formas. Do ponto de vista da ciência, semelhante ao que Klimt e Pollock representam nas obras que aqui selecionamos, há um fastio diante do saber que se revela frágil. O conhecimento seguro que promete a reta razão revela-se como um valor que embriaga o homem e o afasta do mundo e de si mesmo. O assombro de Bacon é sintomático nesse sentido. Sua experiência é de horror na medida em que reconhece uma realidade que não pode ser captada, ainda que seja prometida. A assimetria da existência ocorre por conta de uma concepção falha do existir. Se as exigências apontam para a medida, para o controle, para o civilizado, o momento de percepção da desmedida, do erro, do descontrole é um momento de alerta e de despertar. Seus traços, na medida em que deformam, são violência afirmativa que permite refazer o real desvelando-o. Do ponto de vista da moralidade, a vontade de verdade aponta para a concretização do afastamento do homem, e os ideais ascéticos indicam um modo de vida de rebanho, de ovelhas guiadas por raposas. Os valores morais que encontramos na moralidade cristã implicam consequências diretas na vida dos homens, que León Ferrari assinala em suas obras. Suas críticas são muito menos à instituição religiosa do que ao modo de vida que brota desses valores morais. Ao relacionar o ícone cristão a uma máquina de matar, vincula o modo de existir dominante da sociedade ocidental à guerra.

A experiência do horror é múltipla, desdobra-se a partir das circunstâncias e da consciência, mas é possível mapeá-la em suas nuanças e reconhecer que se trata de um sintoma de um modo de existir que começa a ser firmado no início da sociabilidade. Mas é preciso frisar que não entendemos o *homo horrens* como a denotação de uma natureza universal, mas sim de uma condição, passível de ser demarcada. A guerra seria o ponto mais evidente dessa experiência, a mais sentida e temida pelos homens; a guerra é fruto das contingências, da racionalidade, da difícil sociabilidade, dos valores morais. Diante das obras de Kollwitz, Goya e Picasso, encontramos as consequências sentidas por aqueles que se ligam à experiência da guerra, seja na frente de batalha, seja no suspense que propicia, seja ainda na ameaça que representa. A guerra é um bom exemplo para reconhecermos o horror como algo inevitável ao *sapiens*, uma vez que a consideramos como a consequência da ciência e da consciência.

Tomando esse diagnóstico, que compreende diversas manifestações da vida indicativas de um lado trágico, que percebemos com horror, que apontam para o niilismo, denotam uma dificuldade do viver, um sofrimento imanente frente às nossas impossibilidades, às nossas angústias, à concretude da violência do cotidiano, diante dessa experiência tão íntima a que os homens são submetidos, que os faz olhar para o mundo de um modo específico, é preciso encontrar caminhos de resistência. Nesse sentido, "'se o horror é o fundo das coisas, a cultura e a linguagem [a arte] estariam aí para conter o horror', por meio da astúcia da representação, que consegue elidir a morte" (WARIN *apud* FAVARETTO, 2004, p. 292). Ou dito de outra forma, podemos considerar "que a arte nos é dada para de alguma forma dar conta do fundo horrível das coisas, para que possamos suportar o incomensurável da existência. Ora, para suportar esta condição é que inventamos as representações, a representação do insuportável, do horror" (FAVARETTO, 2004, p. 288).

Em seu primeiro livro, *O nascimento da tragédia*, Nietzsche (2007c, p. 33) descreve como os gregos encontraram no mito uma forma de suportar "os terrores e os horrores do existir". A cultura apolínea é descrita como uma forma de existência que, através de representações e ilusões, é capaz de "fazer-se vitoriosa sobre uma horrível profundeza da consideração do mundo [...] e sobre a mais excitável aptidão para o sofrimento" (NIETZSCHE, 2007c, p. 35). Aqui vemos a constatação da necessidade de se lidar com algo identificado por Nietzsche como "terrível e perigoso" (2007c, p. 12), que está presente na vida. Ocorre que a forma como os homens lidam com a vida acaba por afastá-los da própria vida. A ilusão e a representação alcançarão seu ápice na crença em um deus verdadeiro e bom, capaz de permitir uma valoração moral da existência. "O cristianismo foi desde o início, essencial e basicamente, asco e fastio da vida na vida, que apenas se disfarçava, apenas se ocultava, apenas se enfeitava sob a crença em 'outra' ou 'melhor' vida" (NIETZSCHE, 2007c, p. 17).

É assim que o autor considera a vontade de fazer prevalecer os valores morais sobre todos os demais: "um sinal de profunda doença, cansaço, desânimo, exaustão, empobrecimento da vida" (NIETZSCHE, 2007c, p. 17). Diante de um olhar voltado para certos valores morais, a própria vida se mostra amoral, e como tal, suscita um desdém e surge como indigna de ser desejada. É possível, portanto, atentar para essa consideração como um horror à vida, o que nos remete para o desejo de uma outra existência, eterna, verdadeira. Esse desejo, para Nietzsche, é coincidente com o pensamento metafísico. No entanto, é possível reconhecer a vida como anterior a esse modo de ser, e considerar que a moral cristã, tal como nos apresenta Nietzsche, assim como o desejo ilusório da verdade absoluta, constituem-se, em si mesmos, como horrores, precisamente por esse distanciamento que promovem. Como então aproximar o homem da vida? Como tornar possível essa aproximação, diante de experiências de horror tão intensas? Para Favaretto (2004, p. 293), "ante as forças e potências que rosnam no fundo da existência, o homem reconhece-se nos limites e impossibilidades, e encontra salvação na experiência estética da finitude e da morte, do horror, sondando o abismo entre a natureza e a liberdade".

A arte, que tomamos como uma forma de mapear as expressões visuais das experiências do horror, também pode ser vista como um exemplo de resistência, por ser uma afirmação alegre, positiva, que estimula a vida. Para Nietzsche, a arte trágica não é o sintoma de um moralismo frente ao absurdo da vida sem sentido ou à culpa cristã. Se assim fosse, a tragédia seria um sintoma de decadência. É preciso ressaltar a importância de não encararmos as obras que selecionamos para nosso estudo dessa maneira, como um retrato da decadência humana, pois dessa forma estariam limitadas à figuração da vida, como um último suspiro de quem desiste de existir porque seu pessimismo e sua culpa já são demasiados.

Para Nietzsche, diferente de Aristóteles, a tragédia não é uma forma de catarse em que o espectador livra-se do peso da existência. O autor procura desvincular a arte trágica da finalidade de tornar a vida do homem mais amena e a coloca como um impulso. "O pessimismo presente na arte trágica é o da força ativa" (TÓTORA, 2005, p. 161), atrelada à conjunção de Apolo e Dionísio, que permite encarar a destruição como um desejo de devir, uma força que aponta para o futuro.

É o encontro com o desmesurado dionisíaco que permite à arte trágica livrar o indivíduo do pessimismo, de um nada de vontade que implica um consentimento, uma inércia frente às intempéries e ao insuportável. A arte trágica permite ao homem uma atividade afirmativa, que o faz atuar criativamente no mundo, mesmo diante do sofrimento.[7]

> A arte para Nietzsche é um estimulante para a vida, porque, de um lado, revela a vida na sua essencialidade como produção artística e, de outro lado, como artista da sua própria vida o homem pode liberar os impulsos do cultivo de si, ou numa ética de si que não se cristaliza em normas universais, pois está aberta ao fluxo do devir. Como artista da própria vida sabe livrar-se do peso de uma existência humana mergulhada no círculo estreito de uma consciência atormentada por deveres, responsabilidades e problemas de um cotidiano sufocante. Nenhuma certeza, medida ou fundamento a arte nos oferece, por isso está mais próxima da vida (TÓTORA, 2005, p. 165).

Uma estética da existência implicaria um cuidado de si diferente da máxima apolínea da medida, do "conhece-te a ti mesmo", que nos impõe a racionalidade e a vida tomada pelo cartesianismo. "*Em tempos que estão fora dos eixos* (Shakespeare) surgem soluções, modelos que nada mais fazem do que extrair do homem a potencialidade de ser o próprio criador de sua existência, o agente político capaz de vivenciar a multiplicidade da vida*" (SEGURADO, 2007, p. 48-49). A obra de arte cumpriria o papel de estabelecer uma afinidade com o indivíduo, estimulando-o, para que sua vida mesma se torne arte, através de uma potência criadora, inventiva. Diante do dionisíaco que traz o abismo da desmedida, o apolíneo é o complemento que torna possível a experiência artística através do belo. Esse encontro de Dionísio e Apolo de que Nietzsche se vale para tratar a

---

7   Cf. NIETZSCHE, 2002, p. 153.

arte trágica coincide com o paradoxo que primeiro nos chamou a atenção e que serviu de motivação para o desenvolvimento desse estudo, ao qual nos referimos logo no início do trabalho: que consequências teria a representação do horror através da beleza da arte? Nietzsche permite que arrisquemos, apontando que é exatamente a beleza o que torna possível ao homem encarar a experiência do horror que brota do absurdo da vida e, ao mesmo tempo, colocar-se diante dela de forma ativa, criadora, distanciando-se de um conformismo pessimista.

A força das obras de arte que aqui selecionamos está na virulência com que se referem à tragédia da vida, corroendo a visão dos que encaram o mundo com olhos de ternura e passividade. "Não se libera a vida sem a destruição das formas de uma sociedade decadente, transvalorando seus valores morais e seu modo de constituir-se" (TÓTORA, 2005, p. 167). É nesse sentido que enxergamos o niilismo nietzschiano afinado com a perspectiva que adotamos frente às obras que representam a experiência do horror. Trata-se de uma necessidade que urge diante do absurdo do mundo.

A origem da palavra horror, *horrĕō*, que significa "erguer-se", "colocar-se em pé", referindo-se aos pelos do corpo em uma situação de assombro e terror,[8] sugere uma bela metáfora para olharmos o sentido da experiência do horror para os homens. Essa experiência exerce uma função na forma com que os indivíduos lidam com a vida. Diante dos fatos trágicos, que são violência sentida, mas também violência implícita, que compreende os homens pela teia de relações e forças que o envolvem, brota a consciência dos indivíduos e cumpre-se a experiência do horror. Essa experiência pode ser entendida como ato de preservação e defesa, assim como os pelos eriçados do corpo informam um estado de espírito que pode afugentar um predador. Mas a experiência do horror é também uma reação que indica um posicionamento do homem frente à vida, que o coloca de pé, preparado para o próximo passo. É nesse sentido que o horror pode ser tomado em sua positividade, semelhante ao niilismo nietzschiano, que o utiliza como forma de dizer não, mas em defesa de um sim para a vida, como um impulso ao homem, em direção ao futuro.

No vir-a-ser, as verdades são passíveis de revisão, de adequação. O espírito livre de que nos fala Nietzsche é aquele capaz de despir-se da metafísica, dos

---

8   Cf. TORRINHA, 1942.

conceitos fechados e essencialistas, da ideia de perenidade e imutabilidade. Diante do vir-a-ser, a verdade é sempre uma interpretação provisória, que deve ser revisada e modificada, pois só tem validade no tempo, no momento. O espírito livre nietzschiano possui uma capacidade de interpretar que em muito coincide com a capacidade de criar. Aqui se identificam vida e arte, uma vez que, para esse autor, não existem fatos na vida, apenas interpretações. A arte trágica, que busca representar a experiência do horror, impele o homem à liberdade, ao contato direto com o mundo, sem a necessidade de embriagar-se com o positivismo cartesiano. Nesse sentido, através da arte, o *homo horrens* encontra novo sentido para sua experiência e, nesse ato, desfere sua vontade de potência como forma de vincular-se ao mundo, refazendo-o.

Segundo Peter Sloterdijk, a política surge como uma forma de organizar os laços sociais, e os primeiros gestos nessa direção já indicavam uma propensão à metafísica, a explicações abstratas sobre as origens dos homens e do cosmo. Já ao lado do líder político está o líder religioso e o filósofo, que apostam mais no ascetismo e nas formulações fabulosas que na experiência política. "De fato, o *homo politicus* e o *homo metaphysicus* se pertencem historicamente; prospectores do Estado e prospectores de Deus são gêmeos evolucionários" (SLOTERDIJK, 1999, p. 32). O mapeamento que fizemos, ao passar pelas consequências da moral e da metafísica, traz em si a evidência de um afastamento da política. Diagnóstico semelhante ao de Hannah Arendt, quando fala do ocaso da política.[9] Há uma diminuição de seu espaço, o afastamento do homem do conhecimento do sentido da política, fato que limita sua condição. A experiência artística, no momento em que reafirma o laço do homem com o mundo, fazendo-o pensar e criar, retoma a própria política, o que é suficiente para justificar sua urgência. Tanto a política quanto a arte são processos de criação que não se dissociam da vida; nesse sentido, "a busca da hibridação entre esses domínios, bem como o exercício de reaproximá-los, vincula-se à possibilidade de pensarmos a arte e a política como possibilitadoras da vida e, assim, religá-las à existência humana" (SEGURADO, 2007, p. 41).

Uma das obras da série *Os caprichos*, de Goya, diz que "o sonho da razão produz monstros". Aqui já está dada a ameaça que circunda o homem. O sono lhe garante uma condição indefesa, que o deixa vulnerável às aves de rapina. Os

---

9   Cf. ARENDT, 2007a.

monstros que o circundam são o exato oposto do que se espera da razão. Seu propósito civilizador habita o campo estéril do sonho, que o deixa entorpecido e afastado da realidade que o ameaça. Goya, com essa imagem, reconhece os limites do iluminismo e parece pressentir a necessidade urgente de um despertar. O despertar do homem poderia ser considerado aqui como um despertar político, que o coloca diante do mundo e da ação direta sobre sua vida.

O *homo horrens* nasce a partir da experiência da imprecisão, quando sua vontade de verdade se mostra irrealizável. Essa vontade diz respeito a uma característica eminentemente humana, que possibilita ao indivíduo desenvolver uma forma específica de lidar com o mundo. Procuramos ao longo do livro evidenciar, a partir de diferentes experiências do horror, algumas das características da condição humana. Considerar o *homo horrens*, nesse sentido, implica o reconhecimento de que essa ordem de experiência acompanha o homem em diferentes situações, e que é fruto de um conjunto de forças que atuam sobre a existência. O fato das pretensões de verdade do *homo sapiens* se mostrarem impossíveis abre espaço para uma existência vazia; é assim que a experiência do horror implica uma consciência dos limites da vida. O *homo horrens* toma ciência da assimetria de sua existência diante do mundo e compreende a vida em suas características opressivas. A partir do capitalismo, as forças que atuam sobre seu corpo potencializam experiências que se tornam cada vez mais enfáticas, de tal forma que os sofrimentos causados pelo mundo do trabalho, pela disciplina e pelo controle indicam um modo de existir penoso, do qual a guerra é apenas uma das expressões.

Ao tomarmos o diagnóstico frente ao existir, em que encontramos o absurdo do mundo, a tragédia que avassala os homens, em distintos contextos ao longo do processo conturbado de sua sociabilidade, vimos a necessidade dos homens de existirem inventivamente. Somente a partir de uma postura ativa é que os homens são capazes de passar pela experiência do horror sem que caiam no abismo do pessimismo. O *homo horrens*, portanto, deve ser aquele que passa pelas contingências do cotidiano atento a elas e tem, nessa experiência de lidar intimamente com a vida, a possibilidade de um permanecer no mundo, de forma criativa.

BIBLIOGRAFIA

ADORNO, Theodor W. e HORKHEIMER, Max. *Dialética do esclarecimento*. Rio de Janeiro: Zahar, 1985.

ADORNO, Theodor W. "O fetichismo na música e a regressão da audição". In: ADORNO, Theodor W. *et al*. *Textos escolhidos*. São Paulo: Abril, 1975, p. 173-199 (coleção *Os pensadores*, XLVIII).

_____. *Teoria estética*. Lisboa: Edições 70/Martins Fontes, 1982.

AGAMBEN, Giorgio. *Homo sacer: o poder soberano e a vida nua I*. Belo Horizonte: Editora UFMG, 2007.

ANDRADE, Carlos Drummond de. *Antologia poética*. Rio de Janeiro: Record, 1993.

ARAUJO, Viviane Gil. *Karin Lambrecht: as vestes e o corpo na série registros de sangue*. Dissertação (Mestrado) — Programa de Pós-Graduação em Artes Visuais do Instituto de Artes da Universidade Federal do Rio Grande do Sul. Porto Alegre, 2008. Disponível em: <http://www.lume.ufrgs.br/handle/10183/13351>. Acesso em: 16 jan 2009.

ARENDT, Hannah. *A condição humana*. São Paulo: Forense Universitária, 2007a.

_____. *A vida do espírito: o pensar/o querer/o julgar*. Rio de Janeiro: Relume Dumará, 2002.

_____. *Eichmann em Jerusalém*. São Paulo: Companhia das Letras, 1999.

_____. *Entre o passado e o futuro*. São Paulo: Perspectiva, 2001.

_____. *Origens do totalitarismo*. São Paulo: Companhia das Letras, 2007b.

ARGAN, Giulio Carlo. *Arte moderna: do iluminismo aos movimentos contemporâneos*. São Paulo: Companhia das Letras, 1999.

ARNHEIM, Rudolf. *Intuição e intelecto na arte*. São Paulo: Martins Fontes, 2004.

ARTAUD, Antonin. *Linguagem e vida*. São Paulo: Perspectiva, 1995.

AUMONT, Jacques. *O olho interminável (cinema e pintura)*. São Paulo: Cosac Naify, 2004.

BADIOU, Alain. *Pequeno manual de inestética*. São Paulo: Estação Liberdade, 2002.

BARBOZA, Jair. *A metafísica do belo de Arthur Schopenhauer*. São Paulo: Humanitas/FFLCH-USP, 2001.

BARROS, Manuel de. *Retrato do artista quando coisa*. Rio de Janeiro: Record, 1998.

BAUDRILLARD, Jean. "A fotografia como mídia do desaparecimento". In: Seminário Internacional Imagem e Violência, São Paulo, 29 de março a 1º de abril de 2000. SESC-SP e Centro Interdisciplinar de Semiótica da Cultura e da Mídia (Cisc). Disponível em: <http://www.sescsp.org.br/sesc/images/upload/conferencias/125.rtf>. Acesso em: 11 nov 2007.

BAUMAN, Zygmunt. *Vida líquida*. Rio de Janeiro: Zahar, 2007.

BAZZO, Ana (coord.). *Karin Lambrecht*. Porto Alegre: Margs, 2002.

BEHR, Shulamith. *Expressionismo*. São Paulo: Cosac e Naify, 2001.

BENJAMIN, Walter. "A obra de arte na época de suas técnicas de reprodução". In: ADORNO, Theodor W. *et al*. *Textos escolhidos*. São Paulo: Abril Cultural, 1983, p. 3-28 (coleção Os pensadores, XLVIII).

_____. *Charles Baudelaire: um lírico no auge do capitalismo*. São Paulo: Brasiliense, 1995.

_____. "O narrador". In: ADORNO, Theodor W. *et al. Textos escolhidos*. São Paulo: Abril, 1975, p. 57-74 (coleção Os pensadores, XLVIII).

BLANCHOT, Maurice. *A parte do fogo*. Rio de Janeiro: Rocco, 1997.

BODEI, Remo e PIZZOLATO, Luigi Franco. *A política e a felicidade*. Bauru: Edusc, 2000.

BOURDIEU, Pierre. *A produção da crença: contribuição para uma economia dos bens simbólicos*. São Paulo: Zouk, 2004.

_____. *As regras da arte*. São Paulo: Companhia das Letras, 1996.

BRASSAÏ. *Conversas com Picasso*. São Paulo: Cosac e Naify, 2000.

CAMUS, Albert. *O mito de Sísifo*. Rio de Janeiro: Record, 2008.

CARDOSO, Rui Mota (org.). *Crítica do contemporâneo: Conferências Internacionais Serralves*. Porto: Fundação Serralves, 2008. Disponível em: <http://www.serralves.pt/fotos/editor2/PDFs/CC-CIS-2007-POLITICA--web.pdf>. Acesso em: 2 fev 2009.

CASTORIADIS, C. *A instituição imaginária da sociedade*. Rio de Janeiro: Paz e Terra, 2000.

CATTANI, Iclea Borsa. "O corpo, a mão, o vestígio". In: BAZZO, Ana (coord.). *Karin Lambrecht*. Porto Alegre: Margs, 2002.

CERQUEIRA, João. *Arte e literatura na guerra civil espanhola*. Porto Alegre: Zouk, 2005.

CHAIA, Miguel. "A dimensão cósmica na arte de Tomie Ohtake". In: CHAIA, Miguel e OHTAKE, Ricardo (orgs.). *Tomie Ohtake*. Vol. 1. São Paulo: Instituto Tomie Ohtake, 2001, p. 216-233.

266   RAFAEL ARAÚJO

_____. "Arte da vida nua". *Aurora Revista de Arte Mídia e Política*. São Paulo, Núcleo de Estudos em Arte, Mídia e Política (Neamp) do Programa de Estudos Pós-Graduados em Ciências Sociais da Pontifícia Universidade Católica de São Paulo, nº 3, p. 101-119, set. 2008. Disponível em <www.pucsp.br/revistaaurora>. Acesso em: 15 jan 2009.

_____. "Arte e política: situações". In: CHAIA, Miguel (org.). *Arte e política*. Rio de Janeiro: Azougue, 2007, p. 13-39.

_____. "Karin Lambrecht: arte, natureza e sociedade". In: BAZZO, Ana (coord.). *Karin Lambrecht*. Porto Alegre: Margs, 2002.

CHAIA, Miguel (org.). *Arte e política*. Rio de Janeiro: Azougue, 2007.

CHAIA, Miguel e OHTAKE, Ricardo (orgs.). *Tomie Ohtake*. Vol. 1. São Paulo: Instituto Tomie Ohtake, 2001.

CHAUÍ, Marilena. "Merleau-Ponty: obra de arte e filosofia". In: NOVAES, A. (org.). *Artepensamento*. São Paulo: Companhia das Letras, 2006, p. 467-492.

CLASTRES, Pierre. *Arqueologia da violência*. São Paulo: Cosac e Naify, 2004.

CLARK, Timothy James. *Modernismos: ensaios sobre política, história e teoria da arte*. São Paulo: Cosac e Naify, 2007.

CLAUSEWITZ, Carl Von. *Da guerra*. São Paulo: Martins Fontes, 1996.

COÊLHO, Plínio Augusto. *Os desastres da guerra*. São Paulo: Editora Imaginário/Expressão & Arte Editora, 2003.

COHN, Gabriel. *Comunicação e indústria cultural*. São Paulo: Editora Nacional/Edusp, 1971.

CONRAD, Joseph. *O coração das trevas*. São Paulo: Iluminuras, 2004.

COURTINE-DENAMY, S. *O cuidado com o mundo: diálogo entre Hannah Arendt e alguns de seus contemporâneos*. Belo Horizonte: Editora UFMG, 2004.

DEBORD, Guy. *A sociedade do espetáculo*. Lisboa: Edições Afrodite/Fernando Ribeiro de Mello, 1972.

DELACAMPAGNE, Christian. *História da filosofia do século xx*. Rio de Janeiro: Zahar, 1997.

DELEUZE, Gilles. *Nietzsche e a filosofia*. Porto: Editora Rés, s/d.

_____. *Conversações*. Rio de Janeiro: Editora 34, 1992.

_____. *Francis Bacon: lógica da sensação*. Rio de Janeiro: Zahar, 2007.

DELEUZE, Gilles e GUATTARI, Félix. *Mil platôs: capitalismo e esquizofrenia*. Vol. 1. São Paulo: Editora 34, 1995.

_____. *O anti-édipo: capitalismo e esquizofrenia*. Lisboa: Assírio & Alvim, 1966.

_____. *O que é a filosofia?* São Paulo: Editora 34, 1992a.

DEMPSEY, Amy. *Estilos, escolas & movimentos: guia enciclopédico da arte moderna*. São Paulo: Cosac e Naify, 2003.

DESCARTES, René. *Regras para orientação do espírito*. São Paulo: Martins Fontes, 1999.

DOSTOIÉVSKI, Fiódor. *Os demônios*. São Paulo: Editora 34, 2005.

_____. *Memórias do subsolo*. São Paulo: Editora 34, 2000.

EAGLETON, Terry. *A ideologia da estética*. Rio de Janeiro: Zahar, 1993.

ELIAS, Norbert. *O processo civilizador*. Vols. 1 e 2. Rio de Janeiro: Zahar, 1994.

_____. *Solidão dos moribundos*. Rio de Janeiro: Zahar, 2001.

ELIOT, Thomas Stearns. *Poesia*. Rio de Janeiro: Nova Fronteira, 1981.

EMMERLING, Leonard. *Jackson Pollock*. Köln: Taschen, 2003.

ENGELS, Friedrich. *A origem da família, da propriedade privada e do Estado*. Rio de Janeiro: Civilização Brasileira, 1975.

ENZENSBERGER, Hans-Magnus. *Elementos para uma teoria da comunicação*. Rio de Janeiro: Tempo Brasileiro, 1978.

EPICURO. *Carta sobre a felicidade – a Meneceu*. São Paulo: Editora da Unesp, 1997.

FABRIS, Annateresa. *Cândido Portinari*. São Paulo: Edusp, 1996.

_____. *Portinari, pintor social*. Dissertação (Mestrado) – Departamento de Artes Plásticas da Escola de Comunicação e Artes da Universidade de São Paulo. São Paulo, 1977.

FARIAS, Agnaldo. In: BAZZO, Ana (coord.). *Karin Lambrecht*. Porto Alegre: Margs, 2002a.

_____. *Arte brasileira hoje*. São Paulo: Publifolha, 2002b.

_____. *Iconografias metropolitanas: 25ª Bienal de São Paulo*. São Paulo: Fundação Bienal de São Paulo, 2002.

FAVARETTO, Celso Fernando. *Moderno, pós-moderno, contemporâneo: na educação e na arte*. Tese (Livre-Docência) – Faculdade de Educação da Universidade de São Paulo. São Paulo, 2004.

FERNANDES, Florestan (org.). *Marx & Engels*. São Paulo: Ática, 1984.

FERRAZ, Maria Cristina Franco. *Nietzsche, o bufão dos deuses*. Rio de Janeiro: Relume Dumará, 1994.

_____. *Nove variações sobre temas nietzschianos*. Rio de Janeiro: Relume Dumará, 2002.

FEUERBACH, Ludwig. *A essência do cristianismo*. Campinas: Papirus, 1988.

_____. *Aportes para la crítica de Hegel*. Buenos Aires: Editorial La Pleyade, 1974.

FICACCI, Luigi. *Bacon*. Köln: Taschen, 2006.

FLIEDL, Gottfried. *Gustav Klimt: o mundo de aparência feminina*. Köln: Taschen, 1998.

FLUSSER, Villem. "Campos de batalha". *Artes*, n° 43, p. 7-9, 1975.

FORRESTER, Viviane. *O horror econômico*. São Paulo: Editora da Unesp, 1997.

FOUCAULT, Michel. *Ditos e escritos*. Vols. II e III. Rio de Janeiro: Forense, 2006.

_____. *Em defesa da sociedade*. São Paulo: Martins Fontes, 2005.

_____. *História da sexualidade*. Rio de Janeiro: Graal, 1999a.

_____. *Isto não é um cachimbo*. Rio de Janeiro: Paz e Terra, 1988.

_____. *Microfísica do poder*. Rio de Janeiro: Graal, 1999b.

_____. "Nietzsche, a genealogia e a história". In: FOUCAULT, Michel. *Microfísica do poder*. Rio de Janeiro: Graal, 1999c, p. 15-37.

_____. *Vigiar e punir*. Petrópolis: Vozes, 1977.

FRANCASTEL, Pierre. *A realidade figurativa*. São Paulo: Perspectiva, 1993.

FREITAG, Bárbara e ROUANET, Sérgio Paulo. *Habermas*. São Paulo: Ática, 1993.

FREUD, Sigmund. "Por que a guerra?" In: FREUD, Sigmund. *Obras completas*. Vol. XXII. Rio de Janeiro: Imago, 2002.

GADAMER, Hans-Georg. *Verdade e método*. Petrópolis: Vozes, 2005.

GARRIDO, Coca. *Goya*. Madri: Editorial Escudo de Oro, s/d.

GIACÓIA JR., Oswaldo. *Labirintos da alma*. Campinas: Editora Unicamp, 1997.

_____. *Nietzsche como psicólogo*. São Leopoldo: Editora Unisinos, 2006.

_____. *O Anticristo e o romance russo*. Campinas: Primeira versão, IFCH/ Unicamp, 1994.

GIUNTA, Andrea (ed.). *León Ferrari: retrospectiva – obras 1954-2006*. São Paulo: Cosac e Naify/Imprensa Oficial, 2006.

GLENDINNING, Nigel. *Goya*. Madri: Arlanza Ediciones, s/d.

GOMBRICH, Ernst H. *A história da arte*. Rio de Janeiro: LTC, 1999.

GUATTARI, Félix. *Caosmose: um novo paradigma estético*. São Paulo: Editora 34, 1992.

GUATTARI, Félix e ROLNIK, Suely. *Micropolítica: cartografias do desejo*. Petrópolis: Vozes, 2000.

GUMBRECHT, Hans Ulrich. *Modernização dos sentidos*. São Paulo: Editora 34, 1998.

_____. "Os lugares da tragédia". In: ROSENFIELD, Denis L. (ed.). *Filosofia & literatura: o trágico*. Rio de Janeiro: Zahar, 2001, p. 9-19 (Filosofia política, série III, n° 1).

HANSEN, João Adolfo. "Pós-modernismo & cultura". In: CHALUB, S. (org.). *Pós-moderno & semiótica, cultura, psicanálise, literatura, artes plásticas*. Rio de Janeiro: Imago, 1994.

HARDT, Michael e NEGRI. Antonio. *Império*. Rio de Janeiro: Record, 2000.

_____. *Multidão: guerra e democracia na era do império*. Rio de Janeiro: Record, 2005.

HAUSER, Arnold. *História social da arte e da literatura*. São Paulo: Martins Fontes, 1995.

HEIDEGGER, Martin. "Sobre a essência da verdade". In: HEIDEGGER, Martin. *Conferências e escritos filosóficos*. São Paulo: Nova Cultural, 1991, p. 149-170 (coleção Os pensadores).

HOBBES, Thomas. "Leviathan". In: HOBBES, Thomas. *Textos escolhidos*. São Paulo: Abril, 1975, (coleção Os pensadores, XXIV).

HOBSBAWM, Eric J. *A era das revoluções: Europa, 1789-1848*. São Paulo: Paz e Terra, 1981.

HÖLDERLIN, Friedrich. "Escritos filosóficos". In: ROSENFIELD, Denis L. (ed.). *Filosofia & literatura: o trágico*. Rio de Janeiro: Zahar, 2001, p. 163-174 (Filosofia política, série III, n° 1).

HORKHEIMER, Max. "Teoria tradicional e teoria crítica". In: ADORNO, Theodor W. *et al*. *Textos escolhidos*. São Paulo: Abril, 1975, p. 117-154 (coleção Os pensadores, XLVIII).

IANNI, Octavio. "Cidade e modernidade". In: SOUZA, M. Adélia (org.). *Metrópole e globalização*. São Paulo: Cedesp, 1999, p. 15-25.

_____. *Revolução e cultura*. Rio de Janeiro: Civilização Brasileira, 1983.

JAMESON, Frederic. "O inconsciente político: a narrativa como ato socialmente simbólico". São Paulo: Ática, 1992.

_____. *Pós-modernismo: a lógica cultural do capitalismo tardio*. São Paulo: Ática, 1996.

_____. "Sobre os estudos de cultura". *Novos Estudos*. São Paulo, Centro Brasileiro de Análise e Planejamento (Cebrap), n° 39, p. 11-48, jul. 1994.

JASPERS, Karl. *Nietzsche e o cristianismo* (internet). S/l: elaleph.com, 2000. Disponível em: <http://librosgratisweb.com/pdf/jaspers-karl/nietzsche-y-el--cristianismo.pdf>. Acesso em: 5 nov 2007.

KONDRATIEFF, Nicolai. "The long waves in economic life". *The Review of Economic Statistics*, vol. XVII, n° 6, p. 105-115, nov. 1944.

KOSSOVITCH, Leon. *Signos e poderes em Nietsche*. Rio de Janeiro: Azougue, 2004.

KREMER-MARIETTI, A. *Introdução ao pensamento de Michel Foucault*. Rio de Janeiro: Zahar, 1977.

LA BOÉTIE, Etienne de. *Discurso de servidão voluntária*. São Paulo: Brasiliense, 1982.

LAFARGUE, Paul. *O direito à preguiça*. São Paulo: Claridade, 2003.

LEFEBVRE, Henri. *A revolução urbana*. Belo Horizonte: Editora UFMG, 1999.

_____. *Lógica formal e lógica dialética*. Rio de Janeiro: Civilização Brasileira, 1983.

_____. *Para compreender o pensamento de Karl Marx*. Lisboa: Edições 70, 1981.

_____. *Sociologia de Marx*. Rio de Janeiro: Forense, 1968.

LEFORT, Claude. *Pensando o político: ensaios sobre democracia, revolução e liberdade*. São Paulo: Paz e Terra, 1991.

LIMA, Luiz Costa. *O redemunho do horror: as margens do ocidente*. São Paulo: Planeta, 2003.

LINS, Daniel. *Nietzsche e Deleuze: pensamento nômade*. Rio de Janeiro: Relume Dumará, 2001.

LOPEZ, Telê Porto Ancona. *Mário de Andrade: ramais e caminho*. São Paulo: Duas Cidades/CEC, 1972.

LÖWY, Michael. *A teoria da revolução no jovem Marx*. Petrópolis: Vozes, 2002.

_____. *Redenção e utopia*. São Paulo: Companhia das Letras, 1989.

LÖWY, Michael e SAYRE, Robert. "Dissertação: marxismo e romantismo". In: LÖWY, Michael e SAYRE, Robert. *Revolta e melancolia: o romantismo na contramão da modernidade*. Petrópolis: Vozes, 1995.

_____. *Revolta e melancolia: o romantismo na contramão da modernidade*. Petrópolis: Vozes, 1995.

LUZ, Angela Âncora da. *A fabulação trágica de Portinari*. Rio de Janeiro: Editora da UFRJ/IFCS, 1986.

MACHADO, Roberto. *Nietzsche e a verdade*. Rio de Janeiro: Graal, 2002.

MACHADO, Roberto (org.). *Nietzsche e a polêmica sobre O nascimento da tragédia*. Rio de Janeiro: Zahar, 2005.

MAFFESOLI, Michel. *A sombra de Dioniso: contribuição a uma sociologia da orgia*. São Paulo: Zouk, 2005.

MALPAS, James. *Realismo*. São Paulo: Cosac Naify, 2001.

MALHADAS, Daisi. *Tragédia grega: o mito em cena*. Cotia: Ateliê Editorial, 2003.

MARCUSE, Herbert. *A dimensão estética*. Lisboa: Edições 70/Martins Fontes, 1981.

MARTON, Scarlett. *Nietzsche: das forças cósmicas aos valores humanos*. Belo Horizonte: Editora UFMG, 2000.

MARX, Karl. *Crítica da filosofia do direito de Hegel*. São Paulo: Boitempo, 2005.

_____. "Glosas críticas al artigo 'El rey de Prussia y la reforma social. Por um prussiano'". In: MARX, Karl e ENGELS, Friedrich. *Obras fundamentales*. México: Fondo de Cultura Económica, 1987, p. 505-506.

_____. *Manuscritos econômico-filosóficos*. São Paulo: Boitempo, 2004.

_____. *O 18 Brumário e Cartas a Kugelman*. Rio de Janeiro: Paz e Terra, 2002.

_____. *O capital: crítica da economia política*. Livro I, Vol. I, Tomo 2. São Paulo: Nova Cultural, 1988.

_____. *O capital: crítica da economia política*. São Paulo: Difel, 1982.

MARX, Karl e ENGELS, Friedrich. *A ideologia alemã (Feuerbach)*. São Paulo: Livraria Ciências Humanas, 1982.

_____. *Sobre a literatura e a arte*. Lisboa: Editorial Estampa, 1971.

_____. *O manifesto comunista e Cartas filosóficas*. São Paulo: Centauro, 2005.

MATTÉI, Jean-François e ROSENFIELD, Denis L. (orgs.). *O terror*. Rio de Janeiro: Zahar, 2002.

MATTOS, Olgária C. F. *A escola de Frankfurt: luzes e sombras do iluminismo*. São Paulo: Moderna, 1993.

MERLEAU-PONTY, Maurice. *O olho e o espírito*. São Paulo: Cosac Naify, 2004.

_____. "Vida e obra". In: MERLEAU-PONTY, Maurice e HUSSERL, Edmund. *Textos escolhidos*. São Paulo: Abril, 1975, p. 816-824 (coleção Os pensadores, XLI).

MÉSZÁROS, István. *Para além do capital*. São Paulo: Boitempo, 2002.

MORAIS, Frederico. O corpo contra os metais da opressão. In: SULLIVAN, Edward J. et al. *Antonio Henrique Amaral: obra em processo*. São Paulo: DBA, 1997, p. 35-78.

MORIN, Edgar. *O enigma do homem*. Rio de Janeiro: Zahar, 1979.

MOURA, Carlos Alberto Ribeiro de. *Nietzsche: civilização e cultura*. São Paulo: Martins Fontes, 2005.

NANCY, Jean-Luc. *La comunidad enfrentada*. Buenos Aires: Cebra, 2007.

_____. *La comunidad inoperante*. Santiago de Chile: Arcis, 2000.

NIETZSCHE, Friedrich. *Ecce homo: como alguém se torna o que é*. São Paulo: Companhia das Letras, 1995.

_____. *Obras incompletas*. São Paulo: Nova Cultural, 1999a (Coleção "Os Pensadores").

_____. "Sobre verdade e mentira no sentido extra-moral". In: NIETZSCHE, Friedrich. *Obras incompletas*. São Paulo: Nova Cultural, 1999b, p. 51-60 (coleção Os pensadores).

_____. "O crepúsculo dos ídolos ou Como filosofar com o martelo". In: NIETZSCHE, Friedrich. *Obras incompletas*. São Paulo: Nova Cultural, 1999c, p. 371-389 (coleção Os pensadores).

_____. "O anticristo". In: NIETZSCHE, Friedrich. *Obras incompletas*. São Paulo: Nova Cultural, 1999d, p. 391-408 (coleção Os pensadores).

_____. "Humano, demasiado humano". Segundo volume. In: NIETZSCHE, Friedrich. *Obras incompletas*. São Paulo: Nova Cultural, 1999e, p. 101-133 (coleção Os pensadores).

_____. *Fragmentos finais*. Brasília: Editora da UNB/Imprensa Oficial, 2002.

_____. *Humano, demasiado humano: um livro para espíritos livres*. São Paulo: Companhia das Letras, 2006.

_____. *Genealogia da moral: uma polêmica*. São Paulo: Companhia das Letras, 2007a.

_____. *Além do bem e do mal*. São Paulo: Companhia das Letras, 2007b.

_____. *O nascimento da tragédia, ou helenismo e pessimismo*. São Paulo: Companhia das Letras, 2007c.

_____. *A gaia ciência*. São Paulo: Companhia das Letras, 2007d.

_____. *Assim falou Zaratustra: um livro para todos e para ninguém*. Rio de Janeiro: Civilização Brasileira, 2007e.

NOVAES, Adauto. (org.). *Artepensamento*. São Paulo: Companhia das Letras, 2006.

_____ (org.). *O olhar*. São Paulo: Companhia das Letras, 1990.

PAAS-ZEIDLER, Sigrun. *Goya: caprichos, desastres, tauromaquia, disparates*. Barcelona: Gustavo Gili, 2004.

PASSETTI, Edson e OLIVEIRA, Salete (orgs.). *Terrorismos*. São Paulo: Educ, 2006.

PAZ, Octávio. *Signos em rotação*. São Paulo: Perspectiva, 1972.

PEDROSA, Mario. *Arte, necessidade vital*. Rio de Janeiro: CEB, 1949.

_____. *Modernidade cá e lá: textos escolhidos IV*. Org. por Otília Arantes. São Paulo: Edusp, 2000.

_____. *Política das artes*. Org. por Otília Arantes. São Paulo: Edusp, 1995.

PELBART, Peter Pál. "Niilismo e terrorismo: ensaio sobre a vida besta". In: PASSETTI, Edson e OLIVEIRA, Salete (orgs.). *Terrorismos*. São Paulo: Educ, 2006, p. 57-80.

_____. *Vida capital: ensaios de biopolítica*. São Paulo: Iluminuras, 2003.

PELBART, Peter Pál e LINS, Daniel (orgs.). *Nietzsche e Deleuze: bárbaros, civilizados*. São Paulo: Annablume, 2004.

PORTINARI, Candido. *Poemas: o menino e o povoado, aparições, a revolta, uma prece*. Rio de Janeiro: José Olympio, 1964.

RAMOS, Graciliano. *Vidas secas*. Rio de Janeiro: Record, 2000.

RANCIÈRE, Jacques. *O desentendimento: política e filosofia*. São Paulo: Editora 34, 1996.

RIBEIRO, Renato Janine. *A marca do Leviatã: linguagem e poder em Hobbes*. Cotia: Ateliê Editorial, 2003.

_____. *Ao leitor sem medo: Hobbes escrevendo contra seu tempo*. Belo Horizonte: Editora UFMG, 1999.

RIMBAUD, Arthur. *Poesia completa*. Rio de Janeiro: TopBooks, 1995.

ROCHA, Silvia Pimenta Veloso. *Os abismos da suspeita: Nietzsche e o perspectivismo*. Rio de Janeiro: Relume Dumará, 2003.

ROSENFIELD, Denis L. *Descartes e as peripécias da razão*. São Paulo: Iluminuras, 1996.

_____ (ed.). *Filosofia & literatura: o trágico*. Rio de Janeiro: Zahar, 2001 (Filosofia política, série III, nº 1).

ROUSSEAU, Jean-Jacques. *Discurso sobre a origem e os fundamentos da desigualdade entre os homens*. São Paulo: Martins Fontes, 1993.

SANTOS, Volnei Edson dos. *O trágico e seus rastros*. Londrina: Eduel, 2004.

SARAMAGO, José. *Provavelmente alegria*. Lisboa: Editorial Caminho, 1985.

SCHELLING, Friedrich Wilhelm Joseph. *Filosofia da arte*. São Paulo: Edusp, 2001.

SEGURADO, Rosemary. "Por uma estética da reexistência na relação entre arte e política". In: CHAIA, Miguel (org.). *Arte e política*. Rio de Janeiro: Azougue, 2007, p. 41-58.

SERRALLER, Francisco Calvo. *Pablo Picasso: El Guernica*. Cuenca: Alianza/Cero Ocho, 1981.

SEVERO, André e BERNARDES, Maria Helena (orgs.). *Eu e você, Karin Lambrecht*. Santa Cruz do Sul: Edunisc, 2001.

SHUSTERMAN, Richard. *Vivendo a arte: o pensamento pragmatista e a estética popular*. São Paulo: Editora 34, 1998.

SIMONE, Eliana de Sá Porto de. *Käthe Kollwitz*. São Paulo: Edusp, 2004.

SOUKI, Nádia. *Hannah Arendt e a banalidade do mal.* Belo Horizonte: Editora UFMG, 1998.

SLOTERDIJK, Peter. "A natureza por fazer: o tema decisivo da época moderna". In: CARDOSO, Rui Mota (org.). *Crítica do contemporâneo: Conferências Internacionais Serralves* (internet). Porto: Fundação Serralves, 2008. Disponível em: <http://www.serralves.pt/fotos/editor2/PDFs/CC-CIS-2007-POLITICA-web.pdf>. Acesso em: 2 fev 2009.

_____. *No mesmo barco: ensaio sobre a hiperpolítica.* São Paulo: Estação Liberdade, 1999.

STEER, George. "Bombing of Guernica: original Times report from 1937". *Times online* (internet). 26 abr 2005. Disponível em: <http://www.timesonline.co.uk/tol/news/world/europe/article709301.ece>. Acesso em: 1º fev 2009.

STEINER, Rudolf. *Arte e estética segundo Goethe: Goethe como inaugurador de uma estética nova.* São Paulo: Antroposófica/Centro de Artes São Paulo, 1994.

STRINATI, Dominic. *Cultura popular: uma introdução.* São Paulo: Hedra, 1999.

SULLIVAN, Edward J. "Uma visão do exterior". In: SULLIVAN, Edward J. *et al. Antonio Henrique Amaral: obra em processo.* São Paulo: DBA, 1997, p. 13-32.

SULLIVAN, Edward J. *et al. Antonio Henrique Amaral: obra em processo.* São Paulo: DBA, 1997.

SYLVESTER, David. *Entrevistas com Francis Bacon.* São Paulo: Cosac Naify, 2007b.

_____. *Sobre arte moderna.* São Paulo: Cosac Naify, 2007a.

SZONDI, Peter. *Ensaio sobre o trágico.* Rio de Janeiro: Zahar, 2004.

THOMPSON, John B. *Ideologia e cultura moderna: teoria social crítica na era dos meios de comunicação de massa.* Petrópolis: Vozes, 1995.

TORRINHA, Francisco. *Dicionário latino português*. Porto: Gráficos Reunidos, 1942.

TÓTORA, Silvana. "Tragédia em Nietzsche e Lúcio Cardoso". *Verve*. São Paulo, Núcleo de Sociabilidade Libertária (Nu-Sol) do Programa de Estudos Pós--Graduados de Ciências Sociais da Pontifícia Universidade Católica de São Paulo, nº 8, p. 160-186, 2005.

WAGNER, Eugênia Sales. *Hannah Arendt e Karl Marx: o mundo do trabalho*. São Paulo: Ateliê Editorial, 2000.

WALLERSTEIN, Immanuel. *O declínio do poder americano: os Estados Unidos num mundo caótico*. Rio de Janeiro: Contraponto, 2004.

WEBER, Max. *Conceitos básicos de sociologia*. São Paulo: Moraes, 1987.

WEIL, Simone. *A condição operária e outros estudos sobre opressão*. Rio de Janeiro: Paz e Terra, 1979.

WILLIAMS, Raymond. *Tragédia moderna*. São Paulo: Cosac Naify, 2002.

WOOD, Paul *et al*. *Modernismo em disputa: a arte desde os anos quarenta*. São Paulo: Cosac Naify, 1998.

YUSTA, Constanza Nieto. *Gustav Klimt: el artista del alma*. Madri: Editorial Libsa, 2007.

CADERNO DE IMAGENS

FIGURA 1. Gustav Klimt. *A Filosofia*. Óleo sobre tela, 430 x 300 cm, 1898–1907 (destruído en 1945).

FIGURA 2. Jackson Pollock. *Lavender Mist: Number 1.* Óleo, tinta automotiva e acrílica sobre tela, 221 x 299,7 cm, 1950.

FIGURA 3. Francis Bacon. *Auto-retrato*. Óleo sobre tela, 198 x 147,5 cm, 1973 © The Estate of Francis Bacon/ Licenciado por AUTVIS, Brasil, 2014.

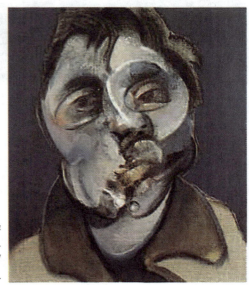

FIGURA 4. Francis Bacon. *Estudo para um Auto-retrato*. Óleo sobre tela, 1969. © The Estate of Francis Bacon/ Licenciado por AUTVIS, Brasil, 2014.

FIGURA 5. Käthe Kollwitz. *A Marcha dos tecelões*. Gravura em água forte, 21,6 x 29,5 cm, 1897.

FIGURA 6. Käthe Kollwitz. *Miséria*. Litografia, 15,4 x 15,3 cm, 1897-1898

FIGURA 7.
Käthe Kollwitz.
Detalhe de *Morte*,
1897-1898.

FIGURA 8. Käthe Kollwitz. *Morte*. Litografia, 22,2 x 18,4 cm, 1897-1898.

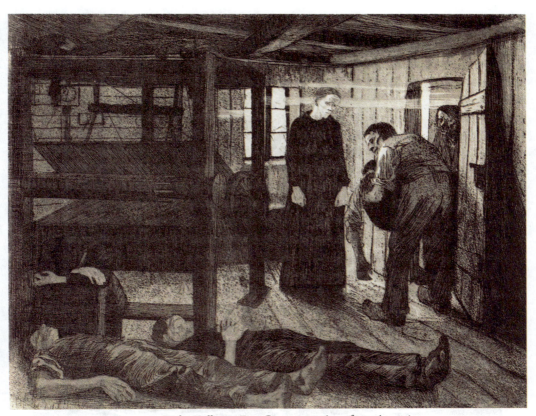

FIGURA 9. Käthe Kollwitz. *Fim*. Gravura em água forte, água-tinta, ponta-seca e esmeril, 24,5 x 30,5 cm, 1897-1898.

FIGURA 10. Käthe Kollwitz. *Morte com mulher no colo*. Xilogravura, 33,2 x 46 cm, 1921.

FIGURA 11. Candido Portinari. *Retirantes*. Óleo sobre tela, 190 x 180 cm, 1944.

FIGURA 12. Candido Portinari. *Criança morta*. Óleo sobre tela, 180 x 190 cm, 1944.

FIGURA 13. Candido Portinari. *Enterro na rede*. Óleo sobre tela, 180 x 220 cm, 1944.

FIGURA 14. Antônio Henrique Amaral. *Brasiliana 9*. Óleo sobre duratex, 104 x 122 cm, 1969.

FIGURA 15. Antonio Henrique Amaral. *Campo de Batalha 3*. Óleo sobre tela, 153 x 183 cm, 1973.

FIGURA 16. Antonio Henrique Amaral. *Campo de Batalha 30*. Óleo sobre tela, 153 x 183 cm, 1974.

FIGURA 17. Antonio Henrique Amaral. *A morte no sábado — tributo a Wladimir Herzog*. Óleo sobre tela, 123 x 165 cm, 1975.

FIGURA 18. León Ferrari. *A civilização ocidental e cristã.* Plástico, óleo e gesso, 200 x 120 x 60 cm, 1965.

FIGURA 19. León Ferrari. *Juízo Final*. Colagem de excrementos de aves sobre gravura do *Juízo final* de Michelangelo, 46 x 33 cm, 1985.

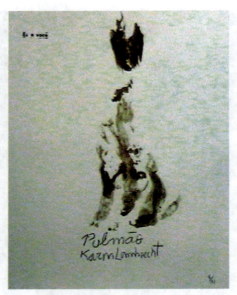

FIGURA 20. Karin Lambrecht. *Eu e você*. 2001.

FIGURA 21. Karin Lambrecht. *Meu Corpo-Inês*, 2005.

FIGURA 22. Karin Lambrecht. *Meu Corpo-Inês*, 2005.

FIGURA 23. Karin Lambrecht. *Con el alma en un hilo*. 2003.

FIGURAS 24-28. Karin Lambrecht. *Con el alma en un hilo*, 2003. Detalhes.

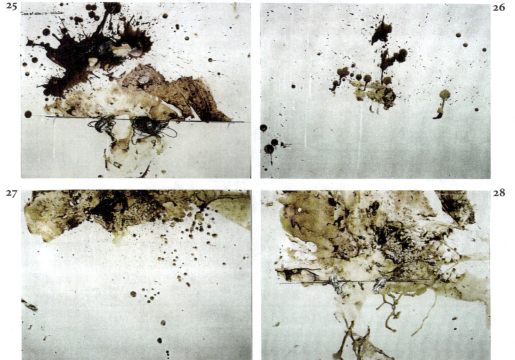

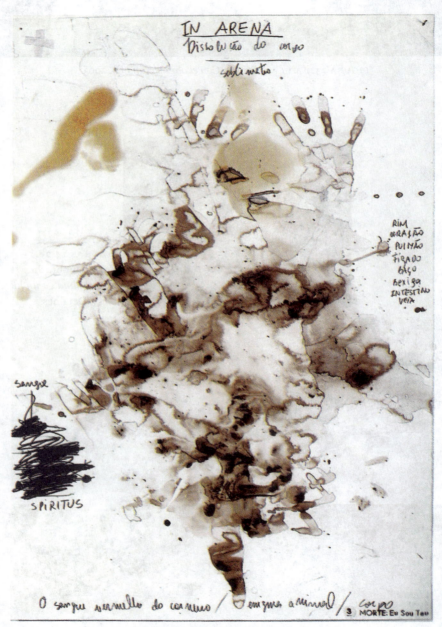

FIGURA 29. Karin Lambrecht. *Morte eu sou teu*. Detalhe, 1997.

FIGURA 30. Goya. *Os fuzilamentos de 3 de maio*. Óleo sobre tela, 266 x 345 cm, 1814.

FIGURA 31. Goya. Detalhe de *Os fuzilamentos de 3 de maio*, 1814.

FIGURA 32. Käthe Kollwitz. *Campo de Batalha*. Gravura em água-forte e verniz mole, 41,2 x 51,9 cm, 1907.

FIGURA 33. Käthe Kollwitz. *As mães*. Xilogravuga, 44,2 x 54,2 cm, 1922-1923.

FIGURA 34. Goya. *Qué valor!* (*Desastres da guerra*). Água-forte, água tinta, ponta-seca, buril e polidor, 155 x 210 cm, 1812-1815.

FIGURA 35. Goya. *Madre infeliz!* (*Desastres da guerra*). Água-forte, água tinta polida e ponta-seca, 155 x 205 cm, 1812-1815.

FIGURA 36. Goya. *Nada ello dirá!* (*Desastres da guerra*). Água-forte, água tinta polida, ponta-seca, buril, 155 x 210 cm, 1812-1820.

FIGURA 37. Pablo Picasso. *Guernica*. Têmpera sobre tela, 354 x 782 cm, 1937.

AGRADECIMENTOS

Este trabalho não seria possível sem a presença e a ajuda de muitas pessoas. Tantas, ao longo de cinco anos de pesquisa, que não poderia listá-las aqui, sem aborrecimentos. Amigos de infância, amigos de trabalho, parceiros de pesquisa, professores, alunos, ex-alunos, família. A todos, meu agradecimento.

É preciso destacar, no entanto, aqueles que sofreram comigo e acompanharam a feitura da pesquisa. Fabíola, pelo cuidado e proteção; Miguel, pela alegria. Pai, mãe e irmãos, por compreenderem minha ausência.

Meu orientador, Prof. Miguel Chaia, pela confiança, amizade e sabedoria.

Agradeço ainda aos pesquisadores do Neamp, especialmente aos que estavam mais próximos, Vera, Syntia, Cris, Eduardo, Silvana, Cláudio, Marcelo.

Aos professores Agnaldo Farias, Rosemary Segurado, Celso Favaretto e Silvana Tótora agradeço pela leitura atenta e pelo debate enriquecedor durante a defesa pública desse trabalho.

Ao CNPq e à Capes pelas bolsas concedidas e à Fapesp pelo auxílio a esta publicação.

Esta obra foi impressa em São Paulo pela Gráfica
Vida e Consciência no outono de 2015. No texto
foi utilizada a fonte Minion Pro em corpo 11 com
entrelinha de 16 pontos.